公共管理硕士(MPA)系列规划教材

公共经济学

王 超 编著

Gonggong Jingjixue

中国矿业大学出版社

内容提要

公共经济学是研究公共部门经济行为的一门经济学学科，强调公共经济活动之所以存在是因为市场失灵，而解决市场失灵问题就需要公共部门有效地提供公共产品。本书主体分为四篇十四章，论述了公共经济学的基本理论、公共支出、公共收入以及公共经济政策。作为MPA教材，本书始终坚持理论联系实际，关注中国市场经济建设中政府的经济职能与定位问题，并试图以公共经济学理论阐释深化经济体制改革的重大举措与战略部署。

图书在版编目(CIP)数据

公共经济学 / 王超编著. —徐州：中国矿业大学出版社，2017.8

公共管理硕士(MPA)系列规划教材

ISBN 978-7-5646-3628-9

Ⅰ.①公… Ⅱ.①王… Ⅲ.①公共经济学－研究生－教材 Ⅳ.①D035

中国版本图书馆CIP数据核字(2017)第169537号

书　　名　公共经济学

编　　著　王　超

责任编辑　史凤萍

出版发行　中国矿业大学出版社有限责任公司

（江苏省徐州市解放南路　邮编 221008）

营销热线　(0516)83885307　83884995

出版服务　(0516)83884895　83884920

网　　址　http://www.cumtp.com　**E-mail**：cumtpvip@cumtp.com

印　　刷　徐州市今日彩色印刷有限公司

开　　本　787×960　1/16　**印张** 16.25　**字数** 308千字

版次印次　2017年8月第1版　2017年8月第1次印刷

定　　价　35.00元

总　序

公共管理硕士(Master of Public Administration)作为一种专业硕士学位，旨在培养在公共部门尤其是政府机构中从事公共事务管理的领导者、管理者、决策者以及中高级管理人员，契合了中国公共管理日益科学化与现代化的需求，能够满足国家和社会对高层次复合型公共管理人才的需要。在20世纪末，国务院学位委员会于1999年5月第17次会议上正式批准在我国设置公共管理硕士(MPA)专业硕士学位。公共管理硕士(MPA)偏重于应用性与实践性，是国际上通行的专业学位，与工商管理硕士(MBA)、法律硕士(JM)并列为文科高层次职业研究生教育的三大支柱。

中国矿业大学顺应我国公共管理学科快速发展的潮流，积极推进公共管理专业建设与学科发展。国家安全生产监督管理局于2004年12月致函国务院学位委员会，推荐在中国矿业大学设立公共管理硕士(MPA)专业学位授权点，并达成委托中国矿业大学每年为其培养一批公共管理硕士(MPA)人才的协议。淮海经济区各级地方政府人事管理部门(如徐州市、连云港市、淮安市、商丘市、宿州市、枣庄市、临沂市等)纷纷与中国矿业大学签订委托培养公共管理硕士(MPA)人才的相关协议。2005年2月，国务院学位办批准我校成为公共管理硕士(MPA)专业学位第三批培养单位。中国矿业大学高起点、高标准开展公共管理硕士(MPA)教育，结合公共管理学科特点及学科特色，设立了区域行政管理、土地(矿产)资源管理、教育经济与管理、社会保障、公共安全与危机管理5个专业研究方向，充分体现了中国矿业大学公共管理硕士(MPA)教育的办学特色和方向。12年来，中国矿业大学MPA教育已经得到了全国MPA教指委、国家安监总局、淮海经济区各级政府部门及非政府公共机构的广泛关注和广大学生的热烈欢迎。在2013年全国第三批MPA培养院校教学合格评估工作中，中国矿业大学MPA教育经过自评、专家匿名评审、专家组实地评估，成绩优秀。为了进一步适应培养更高水平公共管理人才的需要，突出中国矿业大学MPA教育的办学特色，中国矿业大学对公共管理学科有关院系进行重新规划，实现学科与教育资源的优化重组，于2016年11月在文学与法政学院基础上，整合高等教育研究所，成立了“公共管理学院”，打破了院系壁垒，调整完善了专业师资结构，进一步实现教育资源共享，提高了中国矿业大学MPA教育的整体实力和教育质量。

为进一步加强中国矿业大学公共管理硕士(MPA)教育的内涵建设和特色发展，2016年6月公共管理学院筹集专项资金，成立公共管理硕士(MPA)系列教材编写委员会，由段鑫星任编委会主任，王超、王义保任副主任，根据MPA教指委的课程大纲要求，结合我校多年来MPA教育的经验，拟定了公共管理硕士(MPA)系列教材编写方案。

这套教材努力在“专”“精”“实”上突显特色。“专”表现为参与教材编写的教师都是从事MPA教学的一线教师，系列教材融入了他们多年专注、专心与专业的教学经验，特别是对于一些概念的阐释，更贴近MPA学员的实际，案例选择从课堂中来，从学员的现实生活中来；“精”表现为每一部教材的篇幅都要求短而精，努力以精练、简约、规范的学术语言表达思想，让学员易学易懂；“实”表现为注重实效与实用，努力做到内容“管用”，针对MPA学员的学习特点，重视理论与案例相结合、理论与实际相结合，用理论观照现实。

根据这一构思，我们计划编写出版《公共管理学》《公共政策分析》《政治学概论》《公共经济学》《宪法学与行政法学》《非营利组织管理》《公共伦理学》《社会科学研究方法》《电子政务》《公文写作》《领导科学与艺术》《制度分析与设计》《社会主义建设理论与实践研究》等一套13本教材。这些教材既有教指委的核心课程教材，也有一些具有特色的方向课教材。期待这套教材能够受到MPA学员的喜欢，能够对探索MPA教学起到积极的作用。

这套教材的推出，离不开全国MPA教指委的指导，离不开中国矿业大学出版社的鼎力支持！

我们期待MPA同行、MPA学员能够对本套教材提出宝贵的意见与建议！我们也会根据大家的批评、建议不断修改、完善，努力为MPA教育贡献一份绵薄之力！

编委会

2017年8月

目　录

第二篇 公共支出

第三篇 公共收入

第四篇 经济政策

绪 论

本章重点

1. 理解公共经济存在的理由与公共经济学的产生发展过程
2. 把握公共经济学的研究对象与边界
3. 学会运用公共经济学的基本研究方法

现代市场经济是由私人经济与公共经济组成的混合经济。现实中的公共经济无处不在,决定着公共经济学研究范围与研究对象具有广泛性;由于公共经济学是一个交叉性学科,与多门学科密切联系,决定着公共经济学研究方法具有多重性。作为绪论,我们首先研究公共经济学的对象与方法。

第一节 公共经济与公共经济学

公共经济并不是一个现代性范畴,经济史料表明,公共经济产生与发展同市场经济产生和发展一样的古老。人们很容易发现,公共经济始终融合于市场经济并成为其体制内生的一个部分。然而问题出现了:市场经济与公共经济谁最能实现资源的最优配置呢?这个问题是理解公共经济的存在与公共经济学产生的关键。

一、公共经济何以存在

现实生活中的公共经济与人们息息相关,每个人自生到死时时刻刻都与公共经济打交道。公共经济的存在毋庸置疑,但何以存在这个问题显然不是本体论而是认识论的问题。本体论回答的是"事物的本身"是什么,因为"事物"这一概念是包含各种现象和关系在内的哲学范畴;认识论则是探讨人类认识"事物本身"的本质、结构,包括这种认识与"事物本身"的关系。"公共经济何以存在"这一命题就是要解决公共经济是以怎样的理由而存在。这个命题的讨论是确立公共经济学研究的原点和建构其理论体系的逻辑起点。

(一)公共经济存在的理由

1. 市场失灵论

西方主流观点认为公共经济的存在是由于市场失灵。该观点以福利经济学为基础，以市场失灵为逻辑出发点，把提供公共产品作为公共部门活动的基本内容，把满足社会公共需求作为活动的目的，把公共选择作为公共部门决策的政治过程，形成了以公共产品理论为核心的公共经济学理论。

从亚当·斯密开始，学者们的传统思想认为，市场是主导，而公共部门是一种例外。只有产生特定的市场缺陷才需后者的介入。如亚当·斯密认为，受多种力量和动机驱使的人类在“看不见的手”的支配下相互交往，产生合乎社会需要的结果。市场失灵理论认为，完全竞争的市场结构是资源配置的最佳方式，但在现实经济中，完全竞争市场结构只是一种理论上的假设，而这一理论假设的前提条件过于苛刻，在现实中是不可能全部满足的。当市场失灵时，为了实现资源配置效率的最大化，就必须借助于政府的干预，这实际上已经明确了政府干预经济的调控边界。欧洲大陆经济学家的传统思想尤其是德国经济学家的传统思想，则是从两方面来看经济体制，认为公共部门和私人部门天生是平等的，如谢夫勒提出了“按比例满足”公共需要和私人需要的规则，但没有成为主流。凯恩斯之后的经济学主流承认现有的经济是以市场经济为主体的混合经济形式，是以市场失灵为起点论述公共经济的存在。

2. 社会共同需要论

“社会共同需要论”这一观点兴起于20世纪70年代末80年代初，在当时引起了很大的反响和共鸣。我国学者何振一是“社会共同需要论”的倡导者。他指出，“所谓‘社会共同需要’，区别于生产单位、集团和个人的需要，但不是这些需要的简单加总，而是马克思所说的一般需要。它是‘社会’的共同需要而不是任意的‘共同需要’”。他认为，社会再生产过程中为满足社会公共需求而形成的社会集中化的分配关系，这就是财政范畴的一般本质或内涵。① 社会共同需要论在20世纪80年代初期风行一时，很快就冷却下来。这是由于在当时的经济体制下，没有解决财政的“公共性”与“阶级性”同一的问题，但它以“公共性”问题作为核心问题来研究，具有很重大的意义。

（二）本书的立场

研究起点是构建理论体系的开端。它包含了研究对象的矛盾胚芽，并决定着理论研究的内容边界、逻辑框架和思维进路。解读研究起点是深刻领会理论内涵、研究方法的前提，也是对理论进行科学评价的依据。本书研究的公共经济问题，始终坚持以“市场失灵”为讨论问题的出发点。

1. 从社会资源配置方式来看

从理论上讲如果市场经济可以向社会高效率地提供公共产品，那么公共经

---

① 转引自陈志楣：《论公共经济存在的依据》，载《中国特色社会主义研究》2008年第4期。

济就没有存在的必要;反过来说,如果市场经济不能向社会提供公共产品,并且公共产品又不可或缺,那么公共经济的存在就具有了必要性。

历史上有的经济学家就是从研究市场向社会提供公共产品所必须具备的条件入手,然后通过说明这些条件的非现实性,揭示了公共产品的提供方式和途径,并进而论证了公共经济存在的必要性。比如,瑞典经济学家林达尔指出,如果社会上每个社会成员都愿意表达自己对公共产品的偏好,并且都愿意按照自己从公共产品消费中所得到的边际效用的大小来分担公共产品的生产成本,那么市场就可以向社会提供公共产品,这就是所谓的"林达尔均衡"①。然而,不难看出,"林达尔均衡"所要求的条件在现实经济中是不可能出现的。由于公共产品天然具有非竞争性和非排他性的特点,那么每个消费者作为理性的"经济人",为了实现自身效用的最大化,都会寄希望于别人付费购买公共产品,而自己免费享用,做一个"免费搭车者"。这样,从单个消费者来看的确是理性选择的行为,但从消费者整体的角度分析,则是一种非理性的选择。因为如果每个消费者都想做一个"免费搭车者"的话,那么就没有人为公共产品的生产付费,于是也就不会有人生产公共产品了。

2. 从公共经济学发展的逻辑来看

一般而言,界定一个学科需要从其研究的范畴、框架、内容等角度来思考。如何认识公共经济学,就是要清晰地梳理公共经济学的基本研究框架和脉络。在已有文献的基础上,我们可以比较清晰地看到公共经济学基本框架的理论分析线索:市场万能(斯密的看不见的手、福利经济学第一定理②)——→市场失灵(外部效应、公共产品、福利经济学第二定理③)——→政府直接干预经济的增加(凯恩斯主义、公共选择理论)——→政府失灵(对福利经济学第二定理的怀疑、合理界定政府与市场的边界)——→政府和市场边界技术划定。在这样一个经济理

① 1919年由瑞典经济学家林达尔(Lindahl)提出的。林达尔均衡是公共经济理论最早的成果之一,林达尔认为公共产品价格并非取决于某些政治选择机制和强制性税收,恰恰相反,每个人都面临着根据自己意愿确定的价格,并均可按照这种价格购买公共产品总量。处于均衡状态时,这些价格使每个人需要的公共产品量相同,并与应该提供的公共产品量保持一致。因为每个人购买并消费了公共产品的总产量,按照这些价格的供给恰好就是各个个人支付价格的总和。

② 福利经济学第一定理是指经济主体的偏好被良好定义的条件下,带有再分配的价格均衡都是帕累托最优的。而作为其中的特例,任意的市场竞争均衡都是帕累托最优的。第一定理是讲如果企业都追求利润,每个个人都追求自己的效益最大化,市场自然就可以达到一个社会最优的资源配置。

③ 福利经济学第二定理是指在完全竞争的市场条件下,政府所要做的事情是改变个人之间禀赋的初始分配状态,其余的一切都可以由市场来解决。它表明分配与效率是可以分开来考虑的,任何帕累托有效率配置都能得到市场机制的支持。价格在这种市场机制中起到两种作用:一是配置作用,表明商品的相对稀缺性;二是分配作用,确定不同的交易者能够购买的各种商品的数量。

论和实践演进逻辑中,公共经济学诞生于政府大幅度干预经济时期,并随着公共产品理论与公共选择理论的出现而得以迅速发展。

二、公共经济的基本内涵

关于公共经济概念,不同学者往往有不同意指。有的研究者认为公共经济即财政,也有学者认为公共经济就是政府经济、政府部门经济,更有学者用列举公共经济包含内容的方法解释公共经济。根据前面分析,公共经济存在是由于市场失灵,因此,公共经济是相对于私人经济而言的经济形式,公共经济是社会公共部门(主要是政府)为增进公共福利通过政府调控而进行的公共产品的生产、分配、交换、消费等经济活动的总称。但要真正理解公共经济的内涵,就要通过在公共经济与私人经济比较中去把握,离开公共经济与私人经济的比较是无法理解什么是公共经济的。

(一)公共经济与私人经济的联系

公共经济与私人经济的联系在于两者的根基和最终目标相同,即共同植根于人类的交换社会,同样采取货币经济形式,终极目标在于谋求稀缺资源效用的最大化,最终满足个人需要。两者同样适用于市场效率原则和经济学原理,公共部门(主要是政府)行为同样要遵循两个基本的经济学公式:以最少的代价获得既定的目标;以既定的条件获得最大的效用。

(二)公共经济与私人经济的区别

1. 主体不同

公共经济的主体是国家,是政府。从社会学上看,国家起源于(国家的继续存在依赖于)个人以集体方式进行行动、满足某些共同需求的愿望。国家不是一个独立的决策单位,而是许多个人的集合体,是一个政治组织,是个人基于共同的目标、需要联合行动而构成的一个政治共同体。国家是一个司法组织,具有公共的人格或集体的资格。共同体精神乃是支撑国家的本质特征,是维系国家的根本力量。因此,公共经济的基础和对象是集体。而私人经济的主体是市场中的企业和家庭个人。相应地,私人经济适用于个人行为理论和企业行为理论。

2. 具体目标不同

不同的经济活动主体决定了经济活动有着不同的具体目标。政府行为追求的是社会效用的最大化,或者说公共福利的最大化,而不是政府自身纯收入的最大化。由于社会效用的最大化是许多变量的函数,受到多种因素包括经济因素和非经济因素如政治因素、人权因素、文化因素、民族因素及社会等因素的影响,所以,政府行为的具体目标可以展开为效率目标、公平目标、宏观经济稳定增长目标。私人经济活动的目标是利润的最大化,是为了追求超过成本的剩余,对利润的追求和贪婪成为私人经济永恒的内驱力,因而私人经济行为的具体目标只有效率目标。

3. 制度因素不同

不同的经济活动主体决定了两种经济具有不同的制度因素和制度安排形式。公共经济主要采取政治行政机制，当然为了提高效率也适当地引入了市场机制。而私人经济主要采取市场机制。私人部门主要通过价格机制来协调生产者和消费者，实现资源的效率配置，引导私人经济达到均衡状态。而公共经济主要通过政治过程，或者说通过预算过程来协调供给者和消费者，实现资源的有效配置，引导公共经济达到均衡状态。相应地，公共经济的制度因素自然涉及政治权力、强制，或者说权威与服从。而私人经济的制度因素只涉及自然权力、经济权力和自愿。

4. 满足的需求对象及其手段不同

公共经济主要通过提供公共产品满足公共需求，私人经济主要通过提供私人产品满足私人需求。虽然公共需求与私人需求在性质上是同质的，从终极意义上讲，都属于人类需求或个人需求，但公共需求是一种共同的、公共的个人需求，需要用特定的方式去满足。

5. 资源的获取方式与使用方式不同

公共经济的主体主要通过政治价格（即税收价格）或准政治价格的形式，按照能力支付原则获得经济资源。公共经济获取资源不是按照利润原则确定，也不是按照等价交换的原则确定，多是按照能力支付原则确定，按照更好地服务于公共利益的原则确定。私人经济的主体主要通过经济价格，按照等价交换的原则获取经济资源。经济价格的本质在于它是以经济所有权为依据，多由市场竞争决定，具有竞争性，体现了利润最大化的原则。因此，从形式上看，私人收入一般是通过直接的生产经营活动获得；公共收入的绝大部分都是一种特殊形式的派生收入，是私人收入的转移，与生产经营活动没有直接的关系。

三、公共经济学的缘起与发展

（一）公共经济学的渊源

现代西方公共经济学是在 20 世纪 60 年代以来发展起来的，是一门年轻的学科。但其理论渊源久远，它是由财政学发展而来的。公共经济学的形成和发展，与财政学有着非常密切的关系。

被马克思誉为“现代政治经济学的创始者”和“统计学创始人”的威廉·配第于 1663 年出版了《赋税论》，详细论述了各种公共经费，各种征税方法，政府筹集资金的方式和手段，为财政学的创立奠定了基础。在这部著作中，威廉·配第系统地阐述了公共支出的必要性及其影响，认为应削减国防费、行政费、宗教事务费，同时增加生活救济费及公共事业费。

现代经济学的奠基人亚当·斯密1776年在其宏伟巨著《国民财富的性质及其原因的研究》(亦称作《国富论》)中,在运用价值、货币、价格、社会分工、交换、工资、利润、地租等一系列经济范畴对资本主义市场经济进行分析说明的基础上,专门列出一篇(第五篇)研究财政问题,论述了君主或国家的费用("经费论")、一般收入或公共收入的源泉("收入论")和国债问题("国债论"或"平衡论")。亚当·斯密把财政学融于政治经济学之中,从流通领域到生产领域,从现象到本质,揭示了财政与经济的内在联系,建立了比较系统的财政理论体系,是财政学作为一门学科诞生的里程碑式标志。

大卫·李嘉图继承和发展了威廉·配第和亚当·斯密的财政思想。大卫·李嘉图1817年完成其主要经济学代表作《政治经济学及赋税原理》。本书被誉为是继亚当·斯密《国富论》之后的第二部最著名的经济学著作。李嘉图在该书中详细论述了赋税的来源、税收原则、地租税、利润税、工资税和农产品税等财税问题。李嘉图接受了斯密提出的"公平、确实、便利、经济"四项税收原则,并据此详细地分析了各种税收的利弊及其对各阶级收入的影响。

(二)公共经济学的产生

20世纪30年代初,西方资本主义爆发了空前严重的经济危机,从而宣告了自由放任的古典经济理论的破产。英国经济学家凯恩斯的宏观经济理论为国家干预经济、稳定经济运行提供了重要依据。美国总统罗斯福的新政使得国家宏观调控这只"有形之手"的作用得以充分发挥。这一时期,公共部门的经济行为发生了重大变化,政府的经济作用日益扩大,从传统单纯的财政收支扩大到对经济的调节和干预,进而形成许多公共事业和公共企业。公共经济学已经超越了传统财政学研究的范围,其方法、理念和内容均发生根本性的变革。

萨缪尔森1954年发表的《公共支出的纯理论》一文掀开了公共经济学核心理论——公共产品理论研究的新一页。他在该文中给出了"公共产品"完整的定义:纯粹的公共产品指的是这样的物品或劳务,即每个人消费这种物品或劳务不会导致别人对该种物品或劳务消费的减少。随后,公共产品的概念在西方财政学中被广泛接受和应用。

到了1959年,美国著名学者理查德·马斯格雷夫出版了被奉为经典著作的《财政学原理:公共经济研究》,首次引入了"公共经济学"概念。马斯格雷夫在该书的一开始就指出,"的确,我一开始就不愿把本书看作是对财政理论的研究。从很大程度上说,问题不是财政问题,而是资源利用和收入分配问题……因此,最好把本书看成是对公共经济的考察"。在马斯格雷夫看来,公共经济理论的任务更多的是研究公共预算管理中出现的经济政策问题。按照马斯格雷夫自己的说法,公共经济学就是研究政府所从事的经济活动的主要后果及其与社会目标的关系。特别是他在1964年和1965年分别以法文和英文出版的《公共经济学基础:国家经济作用理论概述》和《公共经济学》,直接以"公共经济学"为书名,标志着现代公共经济学的产生。他也因此被称为"公共经济学之父"。

（三）公共经济学的发展

在马斯格雷夫的带动下,许多著名财政学家如费尔德斯坦、斯蒂格利茨、阿特金森、杰克逊等人相继出版的著作都开始把财政学改称为"公共经济学"或"公共部门经济学"。从1966年开始,又有了在公共经济学名义下召开的定期会议和阿特金森主持的公共经济学会及会刊。1969年亨德逊和卡梅隆出版了《公共经济》一书,立足于公共需要的自动交换论,并试图以之去说明公共产品的需求与定价是经由政治程序确定的,是市场机制行为的一种转变和表现。此后,相同与相似书名的财政学教科书接连问世,它们都不仅是书名上的变更,而且在相当程度上还反映了财政学实质内容的转变,反映了关于财政与政府关系看法的变更。

1972年,美国《公共经济学学报》创刊,可以视为公共经济学形成的一个重要标志。在此之后,公共经济学进入了一个快速发展时期,一批高水平的公共经济学著作也不断涌现出来。1974年温弗雷出版《公共财政学:公共抉择与公共经济》,将财政的微观与宏观问题分开论述,即该书第三篇为"微观经济学与公共部门",分析税收与公共支出;第四篇为"宏观经济学与公共部门",分析凯恩斯主义、货币主义等财政政策。

20世纪80年代,公共经济学理论被西方经济学界广为接受。公共经济学被经济学家们称为"经济学的令人激动和富于挑战性的分支"。同时,在20世纪初期以来逐渐形成的福利经济学日臻成熟,为公共经济学提供了更为坚实的理论基础,而公共选择学说的发展,则为公共经济学的问世提供了有效的思维路径和研究方法。时代的发展、经济环境的变化以及经济理论的创新,都在很大程度上推动了公共经济学的产生与发展。

20世纪90年代以来,许多著名的西方财政学家撰写的相关著作都将"Public Finance"(公共财政学)改称为"Public Economics"(公共经济学)或者"Public Sector Economics"(公共部门经济学),从这种变化不难看出,这绝不仅仅是简单的名称变化,而是存在着深刻的背景原因。这种变化说明,随着经济的发展和社会的进步,经济结构和经济环境日益复杂,这些变化都从客观上要求对公共部门的经济活动作更为广泛和更为深入的研究,而研究的重点,已经从财政学主要研究的政府收支问题转向更加注重研究这种收支活动的经济影响,转向分析公共部门经济活动的合理性和绩效水平,转向对各种类型的公共政策进行评价等。

（四）公共经济学在中国

在中国，公共经济学直到20世纪90年代中期才为人关注。20世纪90年代以来，伴随着中国经济体制改革的不断深入，这种以专门研究市场与政府关系、界定政府职责和规范政府行为为主要内容的公共经济学理论在中国迅速流行起来，"公共经济学"的译著和著作陆续出版。与国外相比，中国公共经济学尚处于起步阶段，甚至在某种程度上讲，尚处于"前公共经济学"时代。这主要体现在：第一，以公共产品的供求及其经济效应为主线构建框架体系。尽管各种版本的公共经济学教材和专著，在框架体系上各有千秋，但基本上是围绕公共产品这一核心概念展开讨论的。因为人们认识到公共需要、公共部门、公共支出、政府税收、公共预算、公共债务、政府分权、公共企业、公共定价等都与公共产品紧密相关。第二，公共收入研究方面，比较注重收入，如税收对"效率"的影响，但税收之另一极"公平"的研究，无论是文章数量，还是从研究的深度和广度上都有很大空间。第三，对公共支出的研究还处于标准公共经济研究阶段，即大多数文章是讨论应当（或不应当）增加（或减少）某项支出，但某项公共支出"是否达到了预期政策效果""受者行为有何改变"以及在此基础上的政策重新设计尚比较少见。虽然一些中国学者也在政府预算编制、政府采购、政府规制、公共产品、公共支出等方面进行了一些有益的探索，但是这些研究成果还主要停留在一些局部的专题研究领域。第四，有的著作虽然冠名为"公共经济学"，但其研究内容、方法等仍限于传统财政学的范围和方法。与财政学相比，公共经济学不仅只是名称上的改变，更为重要的是研究的范围、内容和方法的变化。而且，目前中国公共经济学领域主流的研究方法仍然是文本性、描述性的。无论是公共收入研究、还是公共支出研究，基于大量统计数据的数量化、模型化的研究尚处于兴起状态。值得一提的是，国内部分高校已先知先觉，启动了公共经济问题的数据挖掘工作，这一工作一旦成功，必将在中国公共经济研究领域登高一呼。

第二节　公共经济学研究对象

从公共经济学的名称上不难看出，它是以公共部门经济活动规律为研究对象的经济学分支，应该属于应用经济学的一部分。

一、公共经济学的研究范围

关于学科性质，理论研究中有两种规定：一种说法就是由它的研究范围决定的，还有一种说法是由它的研究方法来决定的。比如历史上的哲学曾被称之为科学之科学，现阶段的经济学帝国主义都是从它的方法论来考察学科性质的。但本书基本持"研究范围决定学科性质"的保守态度，始终认为一门学科的性质主要是由它的研究范围决定的。但同时认为研究方法将会为它的研究开拓疆域,扩大它的研究范围。

要准确地认识公共经济学的研究范围,首先需要对公共部门做出科学的界定。公共部门包括政府部门、各种非政府公共组织(NGO)和非营利机构(NPO),它泛指拥有公共权力,依法管理社会公共事务,以谋求社会公共利益为目的的组织体系以及由政府投资开办,并以国有形式运行的公营企业、学校、医院等组织体系。伴随着经济社会的发展,公共部门也相应地得到了迅速的发展,其规模和范围都在日益扩大,而且在公共事务和经济发展中发挥着重要的作用。公共部门介入社会经济活动,需要运用各种经济资源,需要讲求经济效率和进行成本—收益分析。在由公共部门向社会提供各种类型的纯公共产品和准公共产品的过程中,需要确定合理的目标,并依据特定时期的目标,在对社会公共利益进行选择、综合、分配和落实的过程中制定合理的公共政策,公共政策以其所特有的导向功能和调控功能,保障市场经济的持续健康发展,满足社会成员对公共产品和服务的消费偏好,以达到既定的效果。越是发展市场经济,就越是需要强化政府的宏观调控作用、提高公共部门经济活动的效率,并为此制定和执行目标明确和切实有效的公共政策。归纳起来说,公共部门经济学方面的研究领域主要包括三项内容:一是清晰地界定公共部门应该主要从事哪些经济活动以及如何有效地加以组织和实施;二是尽可能地把握和预测公共部门经济活动的各种结果;三是对各种政策的制定和实施情况科学、公正地进行评估。从这个意义上讲,各种类型公共产品的供求、公共部门的经济行为及其效应问题等,均是公共经济学研究体系中的重点内容。

二、公共经济学的研究内容

通过前面的论述,我们清楚公共经济学是一门研究公共部门经济活动,旨在研究如何有效提供公共产品的学科。因此,综合已有文献,我们认为可以从两个角度来对公共经济学研究内容进行界定:

(一)经济行为

公共经济学是研究公共部门经济行为的一门经济学学科,强调公共经济活动之所以存在是由于市场失灵,要求政府或公共部门来提供公共产品以满足人们的公共需求,因此是一种基于公共经济主体的经济行为。

(二)组织行为

公共经济学是研究公共部门如何组织公共产品的生产与提供以满足人们的公共需求的一门学科,强调公共经济活动的本质就是通过公共经济部门的组织行为来提供公共产品以最大限度满足公共需求。主要集中在公共部门(主要是政府)对社会经济的管理、控制、调节等组织作为。

在第一种界定中，公共部门通常指那些有政府力量或非市场力量存在并发挥作用的领域，包括完全由政府力量或非市场力量作用的领域，也包括由政府和市场共同作用的领域，即图 0-1 中的 A 和 C 的部分。

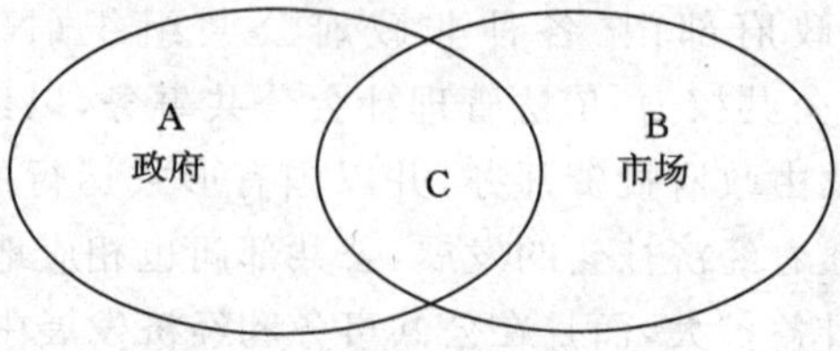

图 0-1 公共经济学研究内容界定

理论上我们可以画出 ABC 之间清楚的边界，但在实践中政府与市场之间的边界却很难清楚地界定，尤其是中国处在经济转轨时期，政府与市场之间的关系非常模糊。按照市场经济条件的要求，政府在经济中存在着许多的越位、缺位和错位现象，因此，公共经济活动与私人活动之间的关系也就变得更为微妙和难以把握了。

在第二种界定中，作为一种组织行为，分为两个方面：一是涉及公共产品的生产、提供，以及满足公共需求三个环节，我们认为公共经济学所研究的公共部门行为活动的重点应是在有限的公共资源约束下如何最有效率地提供公共产品。二是伴随着市场的波动，政府应该怎样以有效的组织方式对社会经济进行管理、控制、调节，在此主要是以公共经济政策形式来校正市场失灵。

综上所述，我们主张公共经济学应以政府与市场的关系为核心内容，包括两个方面：公共部门本身的经济行为，政府对社会经济的管理、控制、调节等组织作为。政府的经济活动和干预经济都会对经济产生影响，因此公共经济学的研究对象应是公共部门在经济中的作用，其基本内容包括公共部门的经济行为，主要有公共收入与支出；还包括政府对经济的管理，主要有政府对宏观经济的调控、对微观经济行为的规制、对国民经济活动的管理和控制；还包括政府对市场经济的后果的校正，主要有政府的再分配措施、社会保障制度等。公共经济学还包括规范性内容，即关于政府在选择、制定和调整经济体制、经济战略和经济政策时受政治因素影响的分析。

三、公共经济学的理论体系

（一）基础理论篇

第一篇作为基础理论篇，主要包括四章内容：第一章主要从市场效率入手，说明市场存在失灵现象，在明确市场失灵概念的前提下，提出如何判断市场失灵标准，进而分析市场失灵的基本类型，为市场失灵分析奠定基础；第二章分析外部效应，在对外部效应本质分析后，指出外部效应对资源配置具有不利影响作用，提出纠正外部效应方法与措施;第三章研究公共产品,分析公共产品两大特性,并对公共产品概念进行扩展认识后,提出多维判定公共产品标准,并对公共产品进行经济学分析,提出公共产品供给的主体与模式;第四章主旨是为有效纠正外部效应、提供公共产品,引入公共选择理论与方法,分析公共选择的决策机制问题。

(二) 公共支出篇

第二篇作为公共支出篇,主要包括四章内容:第五章论述公共支出基本理论,在明确公共支出的内涵并进行分类后,提出了公共支出要注意的两个问题即公共支出结构与规模,重点分析了公共支出的增长原因;第六章研究公共投资问题,在做一般理论分析后,具体分析公共投资两大领域:基础设施投资与农业投资;第七章研究公共消费,在对公共消费意义考察后,重点分析了行政事业支出、国防支出、科教事业支出三大领域的公共消费;第八章研究公共支出管理,主要从控制总量、优化结构与绩效评价三个方面来加强公共支出的管理。

(三) 公共收入篇

第三篇作为公共收入篇,主要包括三章内容:第九章是对公共收入作一般性分析,在确立公共收入原则后,分析了公共收入的规模与水平,提出了强化公共收入的绩效管理;第十章研究了公共收入的基本方式——公共税收,在明确公共税收含义与特征后对公共税收的构成因素进行分析,提出公共税收应坚持的原则,分析了公共税收的转嫁与归宿问题;第十一章介绍公共收入的重要方式——公共债务,界定公共债务,考察公共债务的经济效应,分析公共债务的适度规模问题,最后讨论我国地方政府公共债务问题。

(四) 经济政策篇

第四篇作为经济政策篇,主要包括三章内容:第十二章分析公共经济政策基础理论,明确公共经济政策内涵,对公共经济政策目标体系进行分析,提出公共经济政策工具变量与选择;第十三章分析了需求管理,主要分析需求管理的两大政策,即财政政策与货币政策及其相互关系和相机抉择问题;第十四章分析供给管理,重点分析了供给管理理论与政策主张,分析了中国供给侧结构性改革宏观背景、本质内涵与政策建议。

第三节 公共经济学研究方法

一、多元方法

(一) 逻辑方法与历史方法相统一

逻辑方法,要求在研究社会经济现象时,按照经济范畴的逻辑关系,从比较简单的逻辑关系和经济范畴,逐步上升到复杂的具体的经济关系和经济范畴,阐明经济现象和经济活动逻辑发展的过程。历史方法，则是在研究经济现象和经济过程时，按照它的历史发展真实过程来把握其规律。经济学的研究要把逻辑方法与历史方法有机地结合起来。一般地说逻辑的进程要符合经济历史发展的进程，是社会经济历史发展过程的反映，历史发展进程是不断地从低级形式向高级形式发展的，是有着内在的逻辑和规律的。但是历史发展常常有一些偶然现象和因素，呈现曲折和复杂过程。因此运用历史方法研究社会经济现象和经济过程时，就必须排除历史发展进程中的偶然现象和因素干扰，按照历史发展过程的分析来发现和证明内在规律。

（二）实证分析和规范分析相统一

实证分析方法是在分析经济问题和建立经济理论时，撇开对社会经济活动的价值判断，只研究经济活动中各种经济现象之间的相互联系，运用“大胆假设、小心求证，在求证中检验假设”的方法，在做出与经济行为有关的假定前提下，分析和预测人们经济行为的后果。实证分析力图说明和回答的问题是：一是经济现象是什么？经济事物的现状如何？二是有几种可供选择的方案，将会带来什么后果。它不回答是不是应该做出这样的选择的问题。即它企图超脱和排斥价值判断（即关于社会的目标应该是什么，经济事物是好是坏，对社会有无意义的价值判断），实证分析所研究的内容具有客观性，是说明客观事物是怎样的实证科学。规范分析方法是以一定的价值判断作为出发点和基础，提出行为标准，并以此作为处理经济问题和制定经济政策的依据，探讨如何才能符合这些标准的分析和研究方法。规范经济学研究和回答的经济问题是：一是经济活动应该是什么或社会面临的经济问题应该怎样解决；二是什么方案是好的，什么方案是不好的；三是采用某种方案是否应该，是否合理，为什么要做出这样的选择。规范分析涉及经济行为和经济政策对人们福利的影响和评价问题，涉及是非善恶、合理与否问题，与伦理学、道德学相似，具有根据某种原则规范人们行为的性质。由于人们的立场、观点、伦理和道德观念不同，对同一经济事物、经济政策、同一经济问题会有迥然不同的意见和价值判断。对于应该做什么，应该怎么办的问题，不同的经济学家可能会有完全不同的结论。实证分析与规范分析是两种相互区别而又相互依存的方法。规范分析方法是实证研究建立假设的前提条件之一，也是实证研究的结论上升到理论高度的必经途径；同时，实证分析是规范分析立足实践、不断随实践发展而发展的基础，也是规范分析具有经验的可检验性和科学性的保证。因此，要注重实证分析与规范分析相结合。

（三）个人主义方法与整体主义方法相统一

个人主义与整体主义的分野是经济学方法论的重要理论维度。个人主义方法论强调从个体目标、利益和行为出发理解经济现象，认为即使群体现象、集体行为和宏观经济现象也可从个体特征与行为中找到原因。方法论的整体主义则强调从整体的功能和运行特征出发理解经济现象，认为即使个体的行为、特征也可以从其在整体中的地位和功能上发现原因，由于从整体的功能和特征出发需要探究社会现象的本质和描述环境特征，满足严格的演绎逻辑难度太大，主流经济学一般采用个人主义方法论。但是，方法论的个人主义并非不承认个人之外的经济主体，只要经济主体是独立的决策单元，能够赋予行为动机和最大化目标，个人主义方法论的演绎分析的逻辑形式就能得到满足。公共经济学的诞生是主流经济学范式扩张的结果，因此也体现出个人主义方法论特征，不少公共经济分析把公共部门作为独立的行为主体看待，赋予公共部门人格化特征，具有自身的偏好，有着自己的最大化目标。整体主义方法论在宏观层面上对经济社会现象进行总体把握，有利于既见树木又见森林，而个人主义方法论则从微观层面人手，就个人及其行为进行全面细致的分析，因此在研究的过程中，两种方法应当是相互结合、相辅相成的关系。

二、经济学方法

（一）均衡分析法

均衡分析法是经济学研究的一种重要方法和必要抽象。首先，均衡是指经济学中的均衡，任何一个经济决策者都不能通过改变自己的决策以增加利益时的状态；而均衡分析，是指在假定各经济变量及其关系已知的情况下，考察达到均衡状态的条件和状况的分析方法。其次，一般均衡分析是指在充分考虑所有经济变量之间关系的情况下，考察整个经济系统完全达到均衡状态时的状况和达到均衡的条件；局部均衡分析，是指假定在其他条件不变的情况下，考察单一的商品市场达到均衡的状况和条件。当然均衡分析法也存在着缺陷，均衡分析法的最大缺陷是把经济系统中参与人看作是互不联系的单个人（仅研究单个生产者或消费者的行为），不能把其所考察的问题放在一定的环境中去，该方法完全忽略了制度环境、社会环境及人文环境等对参与人行为的影响，单纯考察某个条件与结果之间的一一对应关系。因而，无法对现实中出现的诸多现象给予合理的解释。

（二）边际分析法

在经济学上，边际是指每单位投入所引起的产出的变化。边际分析方法在经济学中有较多的应用。它主要分析企业在一定产量水平时，每增加一个单位的产品对总利润产生的影响。可以用以下的公式来说明：

$$边际值=\Delta f(x)/\Delta x$$

其中，x 代表投入，$f(x)$ 代表产出，表现为 x 的函数；Δ 表示变量。假设基数 x 处在变化中，那么，每增加一个单位的投入，这个单位所引起的产出的增量是变化的。边际分析方法的两个重要概念：① 边际成本：每增加一个单位的产品所引起的成本增量；② 边际收益：每增加一个单位的产品所带来的收益增量。企业在判断一项经济活动对企业的利弊时，不是依据它的全部成本，而是依据它所引起的边际收益与边际成本的比较。若前者大于后者，这项活动就对企业有利，反之则不利。

(三) 成本—收益分析法

一般地说"成本—效益分析"作为一种经济决策方法，将成本费用分析法运用于政府部门的计划决策之中，以寻求在投资决策上如何以最小的成本获得最大的效益。常用于评估需要量化社会效益的公共事业项目的价值。

成本—效益分析方法的概念首次出现在19世纪法国经济学家朱乐斯·帕帕特的著作中，被定义为"社会的改良"。其后，这一概念被意大利经济学家帕累托重新界定。到1940年，美国经济学家尼古拉斯·卡尔多和约翰·希克斯对前人的理论加以提炼，形成了"成本—效益"分析的理论基础，即卡尔多—希克斯效率①。不过在公共经济学研究中的成本—收益分析中的成本是机会成本。

① 卡尔多—希克斯效率是指第三者的总成本不超过交易的总收益，或者说从结果中获得的收益完全可以对所受到的损失进行补偿，这种非自愿的财富转移的具体结果就是卡尔多—希克斯效率。

第一篇　基础理论

作为基础理论篇，本篇从政府与市场的关系入手，揭示市场失灵与公共部门提供公共产品之间的内在关系，分析政府与市场配置社会资源各自特点与缺陷，提出了公共选择是解决政府失灵的重要途径。主要内容：第一章主要从市场效率入手，说明市场存在失灵现象，在明确市场失灵概念的前提下，提出如何判断市场失灵标准，进而分析市场失灵的基本类型，为市场失灵分析奠定基础；第二章分析外部效应，在对外部效应本质分析后，指出外部效应对市场的资源配置产生影响，提出纠正外部效应的方法与措施；第三章研究公共产品，分析公共产品两大特性，并对公共产品概念进行扩展认识后，提出多维判定公共产品标准，并对公共产品进行经济学分析，提出公共产品供给的主体与模式；第四章引入公共选择理论与方法，目的是为解决政府失灵问题，更好地纠正外部效应、提供公共产品，为达此目标必须深入研究公共选择的决策机制。

第一章　市场失灵

本章重点

1. 了解市场机制在资源配置中的决定性作用
2. 掌握市场失灵的基本内涵与判断依据
3. 理解市场失灵的基本类型与表现

公共经济学产生的逻辑起点是市场在资源配置上存在缺陷，市场失灵是理解公共经济学存在的既定前提。因此，我们的分析将从市场失灵开始。

第一节　资源配置与市场机制

市场经济是以市场机制为基础自动实现社会资源配置的一种方式，是以市场为中心的经济体制，是发达商品经济社会的经济运行方式。

一、资源配置

人类社会所面临的基本问题是人类需要的无限性和用来满足人类需要的各种资源的稀缺性之间的矛盾。而经济学就是为了解决这一基本经济问题而产生的。可以说，资源配置问题一直是经济学研究的焦点，也是研究公共经济学的核心和基础。

（一）资源配置的含义

资源配置（allocation of resource），亦称资源分配。《简明不列颠全书》将其定义为生产性资产在不同用途之间的分配，而美国《现代经济词典》则概定为资源在不同用途和不同使用者之间的分配。虽然经济学家们认为，资源配置就是资源分配，而没有提到资源分配后的使用问题；但是这并不是说经济学家们没有考虑到资源的使用问题。其原因在于经济学是分析改善资源配置形式所需要的代价和可能得到的利益，经济学是研究“稀缺资源的最佳利用”的学问。因此，在西方经济学中，资源的使用问题包含在资源配置之中。

资源配置包括如下几个方面的含义：第一，资源配置是资源在不同主体、不同用途之间的分配，实际上是经济主体之间以权能和利益为内容的交易关系，亦即产权主体之间的交易关系；第二，资源配置是微观经济活动和宏观经济活动的有机结合过程;第三,资源配置是各种资源在一定地表空间的组合的过程,具有系统性、专门性、综合性等基本特征;第四,资源配置是在不同用途、不同使用主体上配置利用某一资源的过程,是一个动态的过程。

从一般意义上来讲,资源配置也就是指人类在一定的自然社会条件下,按照一定的比例将各种资源实行组合与搭配,生产和提供各种相应产品或服务,以满足人类各种社会需求的经济活动。

(二)资源配置的方式

从资源配置理论上看,资源配置方式可以简单地概括为四种主要方式:其一,资源配置市场论,这是一元论的一种方式。该方式认为市场交换是实现资源合理配置的唯一方式,政府只是一个"守夜人",而企业不过是市场活动的主体,并从属于市场。这一观点为古典经济学派所特有,并对西方社会的资源配置行为产生了百余年的影响。其二,资源配置的计划论。这是与资源配置市场论对立的另一种一元论的资源配置方式。该方式认为自由放任的市场导致经济危机的周期性产生,带来资源无节制的浪费使用,主张通过社会制度变革产生新的社会形式,以计划方式来配置各种资源,在资源配置过程中强调公平的观念。其三,资源配置的二元论。该观点认为不仅市场机制可以配置资源,政府操作也可以配置资源,只是方式与适用范围不同。这一观点为凯恩斯所诱发后经萨缪尔森发展而形成的新古典综合派的思想结晶,对西方世界第二次世界大战前后的资源配置产生重大指导作用。其四,资源配置多元论。该观点将资源配置方式大致划分为市场协调制度、企业协调制度、政府协调制度以及家庭制度和社团制度,以制度运行的交易费用分析为主线,给资源配置的不同方式提供了一个统一的比较基础,逐步形成了一个资源配置方式多元论的理论体系。目前世界通行的资源配置方式为市场与计划两种基本方式。

二、市场机制

(一)市场机制的含义

"机制"一词,来源于希腊文,其原意是指机械、机械装置、机械机构及其运行原理,实际上是指机器在运行过程中内部各种构件之间的相互联系、互为因果的联结关系。所谓市场机制(market mechanism),是指市场运行中各种构成要素之间相互制约、相互联系的作用和方式。价格、供求和竞争是其三个基本的要素。在现实经济运行实践中,市场机制具体表现为价格机制、供求机制、竞争机制、工资机制、利率机制、风险机制等。市场机制的核心是价格机制和竞争机制。市场机制在现实经济运行实践中虽然具体表现为价格机制、供求机制、竞争机制、工资机制、利益机制、风险机制等,但在市场的运作和调整过程中,起核心作用的则主要是价格机制和竞争机制。价格机制作为市场机制的信号系统,承担着反映供求状况、引导市场上各种经济主体行为的双重任务,具有资源配置和作为经济核算尺度的双重功能。如果价格信号不真实,发生了扭曲,就会导致各种微观经济主体行为的连锁变化,使市场机制的调节功能失灵甚至失效。竞争机制是指各经济主体根据信号调整自己的经营。

(二)市场机制的特征

1. 市场机制具有客观性

市场机制的客观性,指的是市场机制的自然协调组织能力是各种市场要素相互之间存在的客观联系自然运动产生的结果,并不是人们的主观设计。这也就是说,在具备了相应特定条件的基础上,市场机制或市场机制中的某些具体机制必然会发挥作用;而当不具备相应的条件时,市场机制的作用就不存在。市场经济体制是市场机制充分发挥其作用的前提条件,只要实行的是市场经济体制并且市场要素都适应市场经济体制的要求,那么,各种市场要素之间就会发生相互联系、相互制约的运动,从而对市场主体的市场活动产生调节作用。

2. 市场机制具有内在性

市场机制的内在性,指的是市场机制的自我协调组织能力是由于市场机制内部各种市场要素的相互作用而产生的,并不是由外部力量的作用形成的。在市场正常有序运行过程中,整体市场机制以及各种具体市场机制的作用,都是由市场要素的相互作用所引起的。例如,价格机制所引起的商品供求变化,就是商品价格与商品供给、商品需求之间的相互联系、相互制约的作用决定的,即由市场要素之间相互作用的内在机制决定的,而不是市场机制之外的人为力量决定的。人们可以遵循市场机制的内在机理,去促进市场机制发挥作用,但是不能违背或损伤市场机制的内在机理,一旦人们的行为违背或损伤了市场机制的内在机理,就会破坏市场的正常有序运行,市场机制就难以发挥作用了。这样一来,市场机制的内在性特点就为我们提供了重要的启示,那就是市场机制作用的发挥必须以不损害市场机制的内在机理为前提。

3. 市场机制具有连锁性

市场机制的连锁性是指市场机制是一系列市场要素环环相扣、互为因果的运动过程。也就是说,市场机制中任何一个机制作用的发挥都会引起其他机制的相应反应,并要求其他机制的积极配合。

4. 市场机制具有制约性

市场机制的制约性,指的是市场机制通过对市场主体利益的盈亏来发挥作用。每个市场主体都追求自身利益的最大化,同时,也都会趋利避损。市场机制就是通过制约市场主体的利益来发挥其对市场活动的调节作用。

5. 市场机制具有动态性

市场机制的动态性，指的是市场机制在各种市场要素相互作用的运动过程中发挥调节作用。当市场运动过程中出现了某种市场信号，市场机制针对这种信号进行市场运行协调时，总是需要一个运动过程才能反映出市场机制作用的结果。因为市场以及其中的各种市场要素都是在不断运动着的，当市场运行中出现了某种市场信号、市场机制发挥调节作用时，各种市场要素都会针对这种市场信号发生一系列连锁反应，当这种连锁反应持续一个周期时才会改变市场要素的运行状态，产生新的市场信号。也就是说经过一系列连锁反应，市场机制对市场活动的调节后果才能显现出来。如果没有市场要素之间相互作用的一系列连锁反应的运动过程，市场机制就无法发挥作用并产生实际效果。

三、市场机制对资源配置的作用

（一）市场机制把资源配置到人们最需要的领域

在市场经济的运行过程中，当某种商品供不应求时，它的价格就会上涨，价格的上涨使得生产这种商品的企业收入增加，这些企业就会努力扩大生产，新的企业也会办起来。这样资源就在价格的引导下流进这个部门，从而增加这种商品的供给。与此同时，价格的上涨促使这种商品的消费者减少消费量，使用其他替代品，从而减少需求。供给的增加和需求的减少将会使市场达到均衡。反之，当某种商品供给大于需求时，它的价格就会下降。价格的下降使得生产这种商品的企业收入下降，部分企业甚至会破产倒闭，这个部门的企业就会减少生产，资源就会从这个部门流出，流向能够有效满足人们需要的部门。同时，商品价格的下降刺激消费者增加这种商品的消费。资源的流出、供给的减少和需求的增加又会使市场达到均衡。当市场上所有的部门都处于均衡状态时，社会生产和社会需求的总量、结构就会完全吻合，从而实现社会经济的协调发展和资源的优化配置。

（二）市场机制把资源配置到最好的企业里

从经济学意义上讲，任何社会资源总是稀缺的，而人的欲望是无限的。因此，要想使有限的资源生产出尽可能多的商品，满足人们不断增长的物质文化需要，就必须提高资源的使用效率。在市场经济的运行过程中，企业通过激烈的竞争实现了优胜劣汰，那些适应市场的企业生存下来并得到发展，那些不适应市场的企业破产倒闭，被市场竞争所淘汰。这样社会资源从低效益企业向高效益企业流动，从而提高了整个社会的使用效率。

（三）市场机制使资源配置到最先进技术上

在市场配置资源条件下，生产者不可能操纵商品的价格，它仅仅是价格的接受者。要想获得比较高的收益，企业只有不断地改进生产技术和经营管理办法，降低商品的成本。而追求最大利益的内在动力和市场竞争的外在压力又会迫使生产者在生产技术和管理方面不断创新，降低生产成本，以充分利用资源。

第二节 市场失灵的内涵与判断

市场经济具有两重性：一方面，它能实现资源有效配置，为经济增长提供动力；另一方面，也会因市场经济内在功能性缺陷和外部条件限制，引起市场机制在资源配置的某些领域运转不畅，造成市场失灵，引起市场秩序混乱。所谓市场失灵是指缘于市场机制自身的某些缺陷和一些外部条件的限制，使得市场无法把资源配置到最优状态。

一、市场失灵的内涵

（一）市场失灵理论演进

在斯密时代，虽然自发调节的市场万能思想居于支配地位，但现实世界与理想市场状态参照系之间的差距，已经使一些学者承认市场在国防、司法、公用事业等很多领域是难以“完美”的。马歇尔在《经济学原理》第十二、十三、十四章就分别论述了报酬递增、垄断等市场失灵（market failure）的现象。瓦尔拉斯（Walras）则认识到由于自然垄断、消费者无知、公共产品、分配不公等问题，市场并不是“万能”的。进入 20 世纪，学者们对外部效应、分配不公等市场不能发挥作用的领域给予了更多的关注。庇古（Pigou）在《福利经济学》中由分配关系考察社会福利最大化时，提出了市场失灵的主要表现之一——外部效应的概念，并给出了税收或补贴的政府矫正对策。张伯伦（Edward Chamberlin）、罗宾逊（Joan Robinson）则分别在《垄断竞争经济学》和《不完全竞争经济学》中对完全竞争的理想市场状态提出了挑战。1954 年萨缪尔森（P. A. Samuelson）发表《公共支出的纯理论》一文，分析了公共产品的最优供给问题。市场失灵一词首次见诸文献资料是在 1958 年美国《经济学季刊》秋季号，麻省理工学院国际研究中心贝特（Bator）教授在《市场失灵》一文中将外部效应、公共产品和不完全竞争概括为市场失灵。此后，学者们开始广泛地使用这个概念。

从 20 世纪 70 年代中后期开始，经济学家开始把市场失灵的内涵向宏观经济领域拓展。1977 年，美国经济学家加尔布雷思（Galbraith）在《不确定的年代》中把“宏观经济不稳定”“微观经济无效率”“社会不公平”看作是市场缺陷的三个重要表现。1985 年，萨缪尔森和诺德豪斯（Nordhaus）在《经济学》第 12 版中认为“市场经济有时会产生难以接受的收入和财富的不平等、商业周期和低经济增长等宏观经济问题”。在他们看来，上述这些“不完美”是市场机制的“三种始终存在的失灵之处”。到了90年代，得到拓展的市场失灵内涵被越来越多的学者接受，1992年科勒在《经济学》教科书中把市场失灵描述为：“市场经济显示出被叫做市场失灵的若干典型的缺点……这些缺点的任何一张清单都必定包括无效率、不公平和不稳定”。很明显，这种市场失灵所涉及的问题已经不是市场机制本身缺乏效率的问题，而是市场机制自身无法解决的问题。

（二）市场失灵的定义

学者们对市场失灵的描述尽管有所相同，但是有一共同点不能不引起我们的关注，那就是他们都着眼于微观经济与宏观经济两个方面对市场失灵考察。但是他们也毫不例外地都注意到了市场失灵的另一表现——社会分配不公平问题。这一问题与其说与微观经济相关联，不如说它本身就是宏观经济问题。为了归类分析与逻辑自洽，我们将社会分配不公平归结为市场在宏观经济上的失灵，以便我们的分析专注经济领域问题。因此本书将市场失灵的内涵界定为微观经济和宏观经济两个层面上：

(1) 微观经济上的市场失灵：是指由于市场机制本身的某些缺陷和外部环境的某些限制，单纯的市场机制不能或难以达到最优状态所表现出的微观失灵，包括公共产品、垄断、信息不充分、外部效应等。

(2) 宏观经济上的市场失灵：是市场机制达不到国家在经济总体上的宏观要求而产生的失灵，与市场机制自身有无缺陷无关，主要指通货膨胀、收入分配不公、经济不稳定等，这是随着人们认识的深入，内涵得到拓展的市场失灵，在宏观上当然包括不公平和不稳定。

二、判断市场失灵的标准

（一）判别市场失灵的具体标准

1. 绝对标准——帕累托效率

帕累托效率(Pareto efficiency)这一概念是以19世纪末20世纪初意大利经济学家帕累托(Vilfre-do Pareto)的名字命名的，由他在《政治经济学讲义》和《政治经济学教程》中提出。他给出的定义是：资源配置已达到了这样一种境地——无论作任何改变都不可能使一部分人受益而没有其他的人受损。也就是说，当经济运行达到了高效率时，一部分人改善处境必须以另一些人处境的恶化为代价。这种状态被称为“帕累托最优”(Pareto optimality)或称“帕累托效率”(Pareto efficiency)。

帕累托效率的定义比较抽象，我们可以借助图1-1来进一步说明帕累托最优的含义。假定社会中只有 A、B 两个人，横轴代表 A 的福利水平，纵轴代表 B

的福利水平,A 和 B 的经济福利取决于他们各自消费多少产品和劳务。由于社会总的资源是有限的,他们消费的总量也是有限的。图中的 WW' 曲线就表示总量有限的产品和劳务全部分配于 A 和 B 之间两人可能达到的福利水平的各种可能的组合。WW' 曲线被称为福利边界(welfare frontier)。也可以说,福利边界代表 A(或 B)的福利水平既定时,B(或 A)能够达到的最高的福利水平。WW' 曲线以外区域的点,如 C 点,是任何资源配置方式都不可能达到的,只有 WW' 曲线上及曲线内的各点才是可能的福利水平组合。

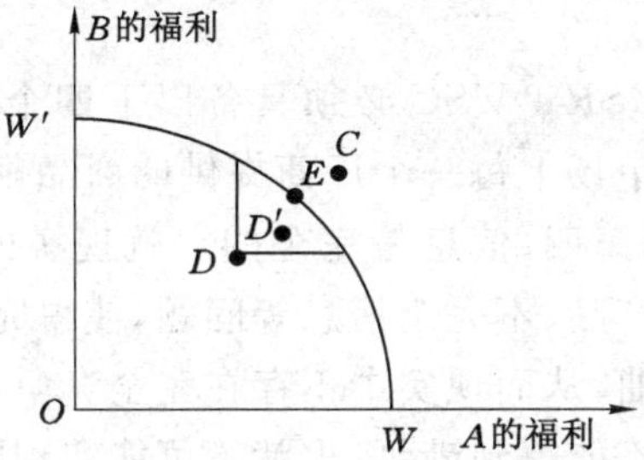

图 1-1 福利边界与帕累托最优

如果某一种资源配置使 A 和 B 的福利水平处于 D 点,那么 D 点是低效率的,因为从 D 点到曲线上的 E 点,A 和 B 的福利水平可以同时提高,而 E 点也是可以达到的。但是,到达 E 点以后,无论从 E 点移到 WW' 围成区域内的哪一点,一个人福利水平的提高必然伴随着另一个人福利水平的下降或者两个人的福利水平同时下降。所以我们可以说明,WW' 曲线上的任何一点都满足效率的定义。

要达到某种产品的有效生产,必须符合下面两个条件:一是产品供给的净社会收益非负;二是总社会收益与总社会成本的差异最大化,即净社会收益最大化。一种产品的社会总收益(total social revenue,TSR)是指人们从消费一定量的该种产品中所得到的总的满足程度。一种产品的社会总成本(total social cost,TSC)指的是为生产一定量的该产品所需要消耗的全部资源的价值。这里第一个条件保证某项目能够实现"帕累托改进",是最基本的要求。但要达到"帕累托最优",还必须在满足第一个条件的基础上满足第二个条件。当配置在每一种产品或劳务上的资源的社会边际收益等于其社会边际成本时,可实现总的社会净效益的最大化,用公式表示就是:

$$MSR = MSC$$

MSR(marginal social revenue)是指一种产品的社会边际效益,表示人们对该种产品的消费量每增加一个单位所增加的满足程度。MSC(marginal social cost)是指一种产品的社会边际成本,表示该种产品每增加一个单位的生产量所需增加的资源消耗的价值。社会边际收益可以通过人们为增加一个单位的某种产品的消费量而愿付出的货币高额来测定。由于存在着产品的边际效用递减规律,所以一种产品的社会边际收益随其数量的增加而倾向于减少。社会边际成本可以通过为补偿增加一个单位的某种产品的生产量所消耗的要素价值而需付出的货币高额来测定。由于要素的边际产量递减规律决定了产品的边际成本在短期内是递增的,所以产品的社会边际成本随其数量的增加而倾向于增加。

除此之外,要达到 $MSR=MSC$ 必须具备以下四个条件:第一,市场上有大量的买者和卖者;第二,市场上每一个厂商提供的商品都是同质的;第三,所有的资源具有完全的流动性;第四,信息是完全的。就现实的经济运行来看,由于存在着垄断、外在性、公共产品、不完全信息等问题,使得完全竞争市场赖以成立的条件受到或多或少的扭曲,从而现实中不存在完全竞争市场。进一步推论,帕累托效率赖以成立的条件不能得到满足,也就不可能实现帕累托效率。反言之,如果以帕累托效率为标准,那么现实中的市场总是失灵的,或者说市场失灵在现实中是绝对的。

2. 相对标准——交易费用

当将市场本身视为一种制度作为分析对象时,这种制度是失灵还是有效,显然离不开对这一制度本身效率的分析。在经济学中,分析制度效率的一个最贴切的指标是交易费用,通常制度效率与交易费用成反比,即:交易费用越低,表明制度效率越高,从而可能有效;交易费用越高,表明制度效率越低,从而可能失灵。一项制度(包括市场制度)是有效还是失灵,在现实中往往取决于与其他制度的交易费用的相对比较。“交易费用”概念来源科斯(R. H. Coase,1937)的著名论文《企业的性质》,在追问“如果价格机制是完全有效的,为什么会存在企业”这一问题答案的过程中,科斯指出利用价格机制是有成本的,并认为:① 当市场交易费用大于企业内部资源配置的成本时,可通过企业这种组织形式来配置资源以节约交易费用;② 当市场交易费用小于企业内部资源配置的成本时,资源的配置仍应交给市场来完成。根据科斯的思想,当把市场视为与企业等其他组织并列的资源配置方式或制度时,只有通过对不同资源配置方式或制度下交易费用的比较,才有可能提出市场失灵这一概念。显然,只有在上述第一种情形下,才能说市场失灵;在第二种情形中,尽管交易费用为正(而不为零),但市场仍然是相对有效的。而按照帕累托效率的绝对标准,只要交易费用为正就不可能实现帕累托效率,就会出现市场失灵。采用交易费用作为分析和比较各种制度效率、评判市场是否失灵的相对标准,比帕累托效率的绝对标准更为贴近实际。

（二）判别市场失灵的抽象标准

亚当·斯密指出，在市场经济中个人无意识地追求其私利的同时，会促进国民财富的增加。借用“理性”这一哲学概念来表述斯密的思想，其实质是：市场有效的充分必要条件是个体理性与集体理性的相容。当个体理性与集体理性实现相容时，表明市场有效；反过来说，要使得市场有效，个体理性必须与集体理性实现相容。据此可得到判别市场失灵的抽象标准。

当个体理性与集体理性相容时，市场有效；当个体理性与集体理性冲突时，市场失灵。并且，前述绝对标准（帕累托效率）和相对标准（交易费用）均可转化为个体理性与集体理性之间的关系来加以理解。个体理性可表现为私人成本与私人收益的相等，集体理性可表现为社会成本与社会收益的相等。《新帕尔格雷夫经济学大辞典》指出，“消费者和企业行为的最优化，意味着私人成本和效益将是相等的。如果这些与社会成本和效益一致，则社会成本和效益也是相等的；而如果不一致，则有一定程度的市场失灵。市场失灵意味着已经不能达成所有的互利交易，而且有可能在不使一人境况变坏的条件下，使另一人或更多的市场参与者的境况变好。有效率的市场（或帕累托效率）就是指所有这类机会完全被用尽了”。可见，按照帕累托效率标准，当体现个体理性的私人成本和收益与体现集体理性的社会成本和收益出现差异时，市场失灵就产生了。

个体理性与集体理性之间既存在着相容，又存在着冲突。在斯密的分析框架下，他认为在市场机制下，个体理性与集体理性是相容的，从而市场是有效的；而非合作博弈理论却通过经典的案例和数学证明告诉我们，个体理性与集体理性之间的冲突和矛盾是普遍的，从而市场失灵是普遍存在的。那么，上述两种见解孰是孰非呢？进而，影响个体理性与集体理性相容与否的关键变量是什么呢？一个可能的解释是，斯密所讨论的情形属于合作博弈；而非合作博弈理论所讨论的情形则属于囚徒博弈。在两种不同的博弈类型中，实现了两种不同的博弈均衡：合作博弈中实现了个体理性与集体理性的相容，囚徒博弈中则出现了二者的冲突。那么，又是什么导致了这两种不同博弈类型的产生呢？关键在于制度环境及其交易费用。在不同的制度环境中，博弈参与人对支付矩阵有着不同的看法，从而导致他们做出不同的策略选择。在斯密设置的制度环境下，博弈参与人之间实现合作共赢，市场有效；在非合作博弈理论设置的制度环境下，博弈参与人陷入“囚徒困境”，市场失灵。当由于制度环境出现问题，导致个体理性与集体理性出现冲突，表现为市场失灵。

第三节 市场失灵的类型、表现与理论的新发展

一、市场失灵的类型

（一）局限性市场失灵

这指的是由于超越了市场作用的限度、市场处于不能发挥作用的领域里所产生的市场失灵。即使是在市场体系完善、市场能充分发挥作用的条件下，市场的作用也是有限度的。在市场发挥作用的限度之内或在市场发挥作用的领域内，市场能充分发挥它对经济运行的调节作用，可是，一旦超越了市场发挥作用的限度或领域之后，市场就会由于不再具有调节作用而出现失灵。也就是说，市场的作用总是局限于一定的限度或领域之内，超越了这个限度和领域市场就会失灵，因此，市场作用的局限性同时也决定了这种市场失灵的范围。所以，凡是由于市场作用的局限性所引起的市场失灵，都属于局限性市场失灵类型。这种市场失灵，产生的根本原因，不在于市场机制不完善，而只在于市场机制自身所固有的功能局限性。

局限性具体表现在两个方面：第一，在超越了市场作用限度的某些经济领域内，市场无法发挥调节作用，显示出市场无能为力。例如，在公共产品的生产和公共资源利用的领域里，市场会由于无能为力而失灵。第二，在超越了市场作用限度的某些经济领域内如果让市场去调节，则会发生消极影响。例如，市场调节会限制公共产品生产和公共资源利用的效率等。

（二）缺陷性市场失灵

这指的是由于市场发育不完善、市场自身不具备某些功能或者在功能上存在着某些缺陷而产生的市场失灵。具体表现在许多方面，或者由于市场条件不完善造成市场机制缺陷而产生市场失灵，或者由于市场自身本来就不具备某些功能而产生市场失灵，或者由于在市场功能上存在某些缺陷而产生市场失灵，等等。这些市场失灵，要么是由于市场内部机制不健全、不完善产生市场缺陷使市场机制不能完全发挥调节作用，要么就是由于市场外部条件的限制产生市场缺陷使市场机制不能完全发挥调节作用。总之，缺陷性市场失灵就是由于市场条件的不完全或者说是由于市场机制的缺陷而引起的。

（三）负面性市场失灵

负面性市场失灵，指的是在市场条件下，由于市场运行的结果不符合社会需要的价值判断标准，从而对社会产生负面影响而导致的市场失灵。例如，在市场机制的作用下，市场是按照投入的生产要素份额与质量来分配经济收入的，不同的要素所有者拥有的要素与投入的要素及竞争能力差异极大，因而，以投入要素

为依据来分配收入，必然导致收入分配不公，产生两极分化。这种消极社会后果是市场本身原因引起的，因而也是市场无力解决的。

二、市场失灵的表现

（一）市场不能保持国民经济稳定协调发展

市场调节实现的经济均衡是一种事后调节并通过分散决策而完成的均衡，它往往具有相当程度的自发性和盲目性，由此产生周期性的经济波动和经济总量的失衡。此外，市场经济中个人的理性选择在个别产业、个别市场中可以有效地调节供求关系，但个人的理性选择的综合效果却可能导致集体性的非理性行为，如当经济发生通货膨胀时，作为理性的个人自然会做出理性的选择——增加支出购买商品，而每个人的理性选择所产生的效果便是集体的非理性选择——维持乃至加剧通货膨胀；同样，经济萧条时，也会因每个个体的理性选择——减少支出而导致集体的非理性行为——维持乃至加剧经济萧条。再者，市场主体在激烈的竞争中，为了谋求最大的利润，往往把资金投向周期短、收效快、风险小的产业，导致产业结构不合理。

（二）自由放任的市场竞争最终必然会走向垄断

垄断有狭义和广义之分。狭义的垄断是指一个行业只存在唯一卖者的市场结构；广义垄断是指一个或几个企业控制一个行业的大部分或全部供给的情况。因为生产的边际成本决定市场价格，生产成本的水平使市场主体在市场的竞争中处于不同地位，进而导致某些处于有利形势的企业逐渐占据垄断地位。同时，为了获得规模经济效益，一些市场主体往往通过联合、合并、兼并的手段，形成对市场的垄断。在此情况下，那种通过“看不见的手”来调节资源，从而达到有效率地满足需求便不复存在。若按垄断价格售商品就会导致低效率，生产能力过剩，社会资源不能得到最优配置，导致资源分配的扭曲，从而破坏正常的市场运作，使其不能发挥自发而有效的调控功能。

（三）市场机制无法补偿和纠正外部效应

所谓外部效应，就是指在相互联系、相互作用的市场主体之间，某一市场主体对其他市场主体的影响，而该市场主体又没有根据这种影响从其他市场主体获得报酬或向其他市场主体支付赔偿。外部效应有积极和消极的影响，积极的影响被称为外部经济，即某一经济活动或某一项目所产生的效益被与该项目无关的人所享用；消极的影响被称为外部不经济，即某一市场主体的经济活动虽然造成了经济损失，但该市场主体并不承担外部成本的情况。当外部效应存在时，市场是无效的，达不到帕累托效率。因为，市场主体采取行动之前要对成本与收益进行比较。在外部经济的情况下，市场主体采取行动的收益小于行动成本、行动成本小于社会收益时，虽然该活动对社会有益，但因对个人无利可图，就不会采取这项行动。而在外部不经济的情况下，市场主体采取行动的收益高于个人成本，低于社会成本，即使这项行动对社会有害，但因对个人有利，就会采取行动。这就意味着有些市场主体可以无偿地取得外部经济，而有些则蒙受外部不经济造成的损失而得不到补偿。前者常见于经济生活中的“免费搭车”现象，后者如工厂排放污染物会对附近居民或者企业造成损失，对自然资源的掠夺性开采和对生态环境的严重破坏等。这类外部效应和“免费搭车”一般不可能通过市场价格表现出来，当然也就无法通过市场交换的途径加以纠正。

（四）市场机制无力组织与实现公共产品的有效供给

公共产品是指那些能够同时供许多人共同享用的产品和劳务，并且供给它的成本与享用它的效果，并不随着人数的变化而变化，如国防、外交、安全、医药、卫生、环境保护、道路等公共设施与服务。正是因为公共产品具有消费的非排他性和非竞争性特征，一个人对公共产品的消费不会导致别人对该产品消费的减少，只要有公共产品存在，大家都可以消费，因此，对一种物品未付费的每个人不能被阻止享用该物品的好处，若由市场来提供这种物品就会造成成本和收益的外部化，表现为不能保证只有承担费用的人才能获得该物品，市场的交换制度就不起作用了。另外，在经济发展过程中，一些投资金额大、回收周期长、经济效益低，同时对国计民生具有重大影响的项目，如果只是通过市场来供给，同样不能满足日益增长的需求。更严重的是，人人都希望别人来提供公共产品，而自己坐享其成，其结果很可能是大家都不提供公共产品。而缺乏必要的公共产品，就不能满足经济社会发展的客观需要，大大降低社会资源配置的效率。

（五）市场分配机制会造成收入分配不公和贫富两极分化

一个国家在经济发展过程中始终存在着怎样把“蛋糕做大”和怎样“合理分割蛋糕”这两个涉及全局的重要问题，即效率与公平的问题。市场虽然能促进经济效率的提高和生产力的发展，但不能自动带来社会分配结构的均衡和公正。奉行等价交换、公平竞争原则的市场分配机制，会由于各地区、各部门、各单位发展的不平衡以及个人的能力、教养素质及其所处社会条件的不同，造成收入水平的差别，产生事实上的不平等。竞争规律往往导致强者愈强，弱者愈弱，财富越来越集中，收入差距越来越大。由于市场调节本身不能保障充分就业，失业现象会加剧贫富悬殊，这对经济持续增长是极大的威胁。少数巨富控制经济命脉，潜在的资金外流，众多的贫困者导致社会总消费的不足，会使市场难以发育。更严重的是，过度的贫富分化不仅影响经济效率的提高，而且削弱了社会的内聚力，因而不可避免地会破坏维系社会的政治纽带，甚至会引发社会动荡。

（六）市场不能自发界定市场主体的产权边界和利益分界

在市场经济活动中，个人、企业等市场主体的各种经济行为及其目的的实现固然受到市场各种变量（原材料成本、价格、可用的劳动力、供求状况等）的支配，并且这些变量以其特有的规律调整着他们的行为，自发地实现着某种程度的经济秩序，但作为“经济人”以谋求自我利益最大化为目标的市场主体又总是在纷繁复杂的经济联系中进行竞争，产生利益矛盾和冲突是不可避免的，而当事人自己以及市场本身却不具备划分市场主体产权边界和利益界限的机制，更不具备化解冲突的能力。市场竞争优胜劣汰的残酷性还容易诱发人们铤而走险，产生非法侵犯他人权益的犯罪行为，扰乱社会经济生活秩序。对此，市场主体更是无能为力。

三、市场失灵理论的新发展

传统理论认为只有完全竞争市场或充分竞争市场，才被认为是对经济资源的配置最富有效率的。但是，完全竞争市场只有在严格的假设条件下才能存在，同时，即使是完全具备充分竞争条件的市场，也不可能在所有领域里和一切情况下都能有效率地配置经济资源，从而导致市场失灵。现在许多西方经济学家对市场失灵有了更新、更深刻的认识。他们认为传统理论对市场失灵的看法是有局限性的，实际上市场涉及政治的、文化的和经济的组织制度等方面，应该说市场同样是文化的组织制度和政治的组织制度，其程度与市场是经济的组织制度一样，因而，市场失灵必须扩大到包括市场对权力结构和人文发展进程两个方面的影响。法国学者罗奈·勒努阿从以下几个方面来分析与市场失灵相联系的市场局限性（即市场的界限）。

（一）市场有政治上的界限

尽管政治民主可以保护和促进市场经济的发展，但是市场与政治民主并没有直接的联系。希特勒和皮诺切特都主张市场经济，但在政治上他们却都是独裁者。他们的失败并不是经济上的失败。因而，市场不能自发地产生政治上的民主。虽然市场经济与资本的所有制形式无关，它可以同私有企业、也可以同国家和私人混合企业或混合经济的企业一起运行，同时，企业的资本也可以由私人、国家或外国人来掌握，但是任何资本主义国家都不会让外国资本完全控制对国民经济具有重要意义的部门。这种政治上的界限不是由市场来确定的，而是只能由国家来确定。这也就是说，市场有政治上的局限性。

（二）市场有分配上的界限

市场本身并不能保证公平分配，因为它不能阻止纯租金的出现。纯租金的主要形式有三种：第一种是同物质财产的所有权相联系的纯租金。例如，国家或集体开发基础设施给私人带来的土地收入的增加，这种收入的增加很明显是与财产所有者的经营活动无关的。第二种是由市场的不确定性和不稳定性产生的纯租金。例如，通货膨胀或通货紧缩造成的货币混乱，使某些人收入增加，而另一些人则遭受收入损失。第三种是垄断条件下产生的纯租金。纯租金只能由国家通过税收和货币等方面的政策来消除，市场是无法解决纯租金问题的。这就是说市场有分配上的局限性。

（三）市场有社会化上的界限

社会化的发展暴露了市场的短期行为局限性。作为市场经济主体的企业所关心的只是消费者的直接需要以及物价、利率、汇率的变动等方面的情况，而对长期的经济发展不感兴趣，因此，像高速公路、高速火车、运河、机场等基础设施与公共设施以及基础科学研究等等投资大、利润小和风险大的长期发展项目，就只能由国家来承担或组织，而无法由市场来调节。虽然这些项目将保证一个国家长期的经济繁荣，从而使市场经济达到预期目的，那也是无法由市场来调节的。这也就是说，市场在社会化过程中是有局限性的。

（四）市场有伦理上的界限

经济自由主义创始人斯密和洛克的时代是伦理价值高于效率价值的时代，后来资本主义的发展进入了效率高于一切的时代，而当今是伦理—政治的时代。首先，市场经济需要并创造了日益完善的社会保障制度，但这种制度并不是市场机制的产物。其次，社会伦理要求限制和取消某些市场，例如近些年来兴起的精子市场、卵子市场、子宫市场等，因为这些市场买卖引起了复杂的道德问题和法律问题。最后，社会舆论还要求保护少年儿童免受色情市场的危害。以上社会伦理问题都是市场无法解决的问题，也就是说市场在社会伦理上有局限性。

（五）市场有生态环境上的界限

生态环境的平衡与生态环境问题，是不能交给市场去解决的。人类的生产活动必须与生态环境例如土壤、植物区系、动物区系、大气等保持平衡，这种人类生产活动与生态环境的平衡必须由国家进行监督、管理和保护，而不能由市场进行调节。从人类社会的长期发展和可持续发展相结合的角度来看，必须坚持生态原则高于市场原则的立场，就是因为市场在生态平衡方面有局限性。

（六）市场有作用上的界限

市场在经济运行中具有多方面的积极作用，但是，市场并不能保护自身不产生消极作用。在经济运行的实践中，市场就像一把“双刃剑”，在发挥积极作用的同时还会自发地产生一些消极的和破坏性的作用。例如，垄断的倾向、无效益竞争、过度投机、舞弊等市场行为，就是市场自发产生的消极作用因素。再如，贩毒、洗黑钱、走私和暴力等行为，也是与市场直接联系的社会犯罪，它对市场和市场经济的发展起着破坏作用。由于这些消极的和破坏性的作用是市场自发产生或由市场引发的，因而，无法由市场自身来加以解决，必须依靠国家的力量才能克服。这也是由市场自身作用的局限性所决定的。

第二章　外部效应

本章重点

1. 深刻理解外部效应的内涵、分类与本质
2. 全面把握外部效应在资源配置中的影响与治理

外部效应源于人们对自由市场经济的运行机制及其失灵的认识。当外部效应存在时，人们在进行经济活动决策中所依据的价格，既不能精确反映其全部的社会边际效益，也不能精确反映全部的社会边际成本。因而造成了市场价格信号失真，从而做出的经济决策使社会资源的配置发生错误，从而达不到帕累托最优状态，这就需要政府运用各种手段进行干预。

第一节　外部效应的内涵

关于外部效应的内涵与外延的研究，至今仍然是经济学上的一个难题。许多研究者都把外部效应的概念看作是经济学文献中最难捉摸的概念之一。所以，很多教科书就干脆不提外部效应的定义。就是提到外部效应定义的教科书，其定义也各不相同，以致出现各种不同的理解。为了更好地学习与研究，我们将从理论渊源入手，分析布坎南(James McGill Buchanan)定义，明确外部效应的内涵。

一、外部效应理论渊源

(一) 斯密的"看不见的手"

最早对市场经济运行机制进行系统论述的经济学家是亚当·斯密。斯密在1776年出版的经典巨著《国富论》中，深入而系统地阐述了经济自由主义的理论和政策主张，并据此分析了政府在社会经济活动中的职责和作用。斯密认为，市场经济是一种自然的经济制度，该制度具有无比的优越性。在市场经济中，每一个人改善自身处境的自然努力，都能够被一只无形的手引导着去尽力达到一个并非他本意想要达到的目的，即促进社会"公共利益"。在斯密眼里，国家富强和经济发展的根本动力来自于个人对自身经济利益的追求，只有最大限度地利用市场机制这只"看不见的手"来协调和引导私人经济活动，允许人们自主经营、自

由贸易，才能增加资本积累、扩大劳动分工并最终促进国民财富的积累。

显然，在斯密看来，“社会利益”和“个人利益”是高度相关的，人们在追求个人利益的同时就能够增进社会福利，这种对个人利益和社会利益一致性的乐观态度必然导出了经济自由主义思想。在亚当·斯密看来，协调个人利益和社会利益的关键是市场机制，而市场机制是近乎万能的，任何对市场交易的人为干预都是不利于经济增长的，政府的作用就是保证市场机制的良好运作，为此，他主张将政府的职能严格限定在提供国防、司法等最基本的公共产品方面，坚决反对政府以任何形式干预私人经济活动。“如果政府企图指导私人应如何运用他们的资本，那不仅是自寻烦恼地去注意最不需要注意的问题”，而且“这种规制几乎毫不例外地必定是无用的或有害的”。①

亚当·斯密提出的以自由放任为核心，以不干预为政府行为基本准则的思想，不仅在那个时代成为英国和法国古典经济学的理论基础，而且对现代经济学的影响也是不可低估的。19世纪后期出现的以马歇尔为代表的新古典经济学，本身就被视为英法古典经济学的延续和发展，其理论本质上仍然以斯密的经济自由主义思想为基础。即使在凯恩斯革命以后，在国家干预主义盛行的年代，仍然有以弗里德曼、卢卡斯等人为代表的新古典经济学继续坚持国家不干预经济运行的政策主张。甚至对当代经济学已经产生重大影响的新制度经济学和公共选择理论，在代表人物的著作中也不难看出斯密关于政府是经济活动“守夜人”这一思想的痕迹。

（二）西奇威克的“灯塔”

在经济学三百年的发展史中，用案例来阐明一个定理或寓意一个规律已经成为一种常见的经济学方法，正如一提起“看不见的手”人们就会联想到市场机制，一提起“灯塔”，人们就知道这是指公共产品使用中收费难的“免费搭车”问题。最初以灯塔为例来说明经济问题的是约翰·司图亚特·穆勒(J. S. Mill)，他在1848年出版的《政治经济学原理》一书中首先提到这个问题。在此后的一个半世纪里，灯塔问题便频繁地出现在经济学文献之中，一直流传到今天。

亨利·西奇威克(Henry Sidgrwick)最初对外部效应的认识，体现在他对穆勒“灯塔”②问题的继续探讨。他在《政治经济学原理》一书的“生产关系中自然

① 亚当·斯密：《国民财富的性质和原因的研究(上卷)》，商务印书馆1974年版，第27～28页。

② 灯塔出现在经济学家的著作中，是因为它可能有助于理解政府的经济功能问题。它常被作为必须由政府提供而不是由私人企业提供的物品的一个例子。经济学家们通常似乎认为，由于不可能向受惠于灯塔的船只的所有者收取可靠的费用，任何私人或企业建造和维修灯塔就不可能赢利。

自由的体系”一章中这样写道：在大量的各种各样的情况下，这一论断（即通过自由交换，个人总能够为他所提供的劳务获得适当的报酬）明显是错误的。首先，某些公共设施，由于它们的性质，实际上不可能由建造者或愿意购买的人所有。例如，这样的情况经常发生：大量船只能够利用灯塔而得到好处，但灯塔所有者（管理者）却很难向它们收费。在西奇威克这段话的表述中，虽然没有直接提到“外部效应”，但他已经认识到，在自由经济中，个人并不是总能够为他所提供的劳务获得适当的报酬，这种个人提供的劳务与报酬之间的差异，正是我们所研究的“外部效应”。因此，拉丰（J. J. Laffont）把西奇威克作为外部效应问题研究的奠基者之一。

（三）马歇尔的“外部经济”

一般认为，外部效应概念最初源于阿尔弗雷德・马歇尔（Alfred Marshall）在1890年出版的《经济学原理》一书中提出的“外部经济”概念。在该书中，马歇尔在讨论作为第四种生产要素的“工业组织”时提出了“内部经济”（internal economies）和“外部经济”（external economies）的概念。他认为：“我们可把因任何一种货物的生产规模之扩大而发生的经济分为两类：第一是有赖于这工业的一般发达的经济；第二是有赖于从事这工业的个别企业的资源、组织和效率的经济。我们可称前者为外部经济，后者为内部经济。”①可以认为，内部经济主要来自于企业由于规模扩大从更细的分工和专业化、管理的改善等因素导致的生产效率的提高；而外部经济则是指受益于其他企业而导致的效率的提高，比如集聚效应、信息和技术的交流、市场容量的扩大等因素。马歇尔从企业内部和外部两个方面考察影响企业生产成本的分析方法给后来者研究外部效应问题提供了一个新角度。

马歇尔当时并没有提及与他的外部经济相对应的概念——外部不经济，即负外部效应。而且，他的外部经济概念也仅仅对经济规模扩大的原因做了理论上的抽象和概括，并没有提出具体的例证。因此，约翰・克拉彭（John Clapham）在1922年将马歇尔的外部经济称作是一只“空盒子”，认为现实世界中没有与之相对应的事实，其言下之意就是说，马歇尔没有像西奇威克那样引用生动的案例对“外部经济”加以阐述。虽然马歇尔当时提出的外部经济主要是指由于企业外部的各种因素所导致的生产费用的减少，与正外部效应的含义并不一致，但外部经济这一概念从此进入了经济学家的视野，并在此后的一百多年中不断引起经济学家的关注和争论。

① 转引自沈满洪、何灵巧：《外部性的分类及外部性理论演化》，载《浙江大学学报（人文社会科学版）》2002年第1期，第155页。

二、外部效应的定义

外部效应概念是研究外部效应理论的起点。现在我们以布坎南的定义来分析外部效应。

（一）布坎南的定义

当前，在经济学教科书中较为流行的关于外部效应概念的定义，均来自布坎南等人的论述。1962年，布坎南和斯塔布尔宾（Stubblebine）给外部效应下了这样一个定义：只要某人的效用函数或某厂商的生产函数所包含的某些变量在另一个人或厂商的控制之下，就表明该经济中存在外部效应。该定义用数学语言较为准确地描述了外部效应行为的基本特征，因此成为后继经济学家研究外部效应问题的基本工具之一。

按照布坎南的定义，如果一个消费者的效用函数中包含了受控于其他经济主体的变量，就可以将该外部效应表达为：

$$U_A = U_A(X_1, X_2, \cdots, X_n; U_B) \tag{2-1}$$

式中，$X_1, X_2, \cdots, X_n$ 是消费者 A 所消费的商品量，U_B 则是另一市场主体 B 的效用或产量。该式表明，消费者 A 的效用函数中包含了一个由市场主体 B 所控制的自变量，而 A 又没有向 B 索取补偿（负外部效应）或提供报酬（正外部效应）。

相应地，如果一个厂商的生产函数中包含了受控于其他经济主体的变量，该外部效应就可以被表示为：

$$F_A = F_A(L_A; F_B) \tag{2-2}$$

式中，L_A 表示 A 厂商的要素投入，而 F_B 则是 B 厂商的产量。该式表明，厂商 A 的生产函数中包含了一个由 B 厂商所控制的变量，而厂商 A 没有向 B 索取补偿（负外部效应）或提供报酬（正外部效应）。

（二）对布坎南定义的理解

从布坎南等人的定义中可以看出，外部效应概念包含三个基本要点：

1. 经济主体之间的外部效应影响是直接的，而不是间接的

也就是说，这种影响不是通过市场价格机制，以市场交易的方式施加的。如果没有这个限定，那外部效应概念就过于宽泛。因为每个经济主体的利益总会受到来自价格变动的影响，而这种价格变动无疑是由其他主体的行为造成的。因此，外部效应是市场交易机制之外的一种经济利益关系。

2. 外部效应有正也有负

从外部效应的发生主体来看，其行为可能对他人带来未获补偿的效用或产量的损失，也可能带来未付报酬的效用或产量的增加。前者即为负外部效应，或称外部不经济；后者则为正外部效应，或称外部经济。

3. 外部效应会出现在消费领域，也会出现在生产领域

也就是说，外部效应影响的承受者可能是厂商，也可能是消费者。

第二节　外部效应的分类与本质

一、外部效应的分类

在进行外部效应分类前，为了能更清晰地表述问题，我们引进一个简单的两人外部效应模型：

$$R^A = R(X_{1A}, X_{2A}, X_{3A}, \cdots, X_{NA}, C_{NB}) \tag{2-3}$$

在式(2-3)中，R^A 表示行为人 A 的成本—收益函数，$X_{1A}, X_{2A}, X_{3A}, \cdots X_{NA}$，表示 A 为了增加自身的收益而消耗的各种经济资源，C_{NB} 表示经济主体 B 的行为对 A 所造成的影响，这个影响可以看作是 B 对 A 的成本的影响，而且 C_{NB} 不受 A 的控制，即 B 的行为对 A 产生了外部效应。B 是外部效应行为的实施者，A 是外部效应结果的接受者。

（一）正外部效应与负外部效应

正外部效应即马歇尔(Marshall)提到的“外部经济”，负外部效应即庇古(Pigou)提到的“外部不经济”。借助式(2-3)，正外部效应和负外部效应是根据此式中作为外部效应结果接受者 A 的成本—收益情况进行区分的。当 B 的行为增加了 A 的成本时，我们就说 B 对 A 具有负外部效应，如果用微积分表示，则可以说，当 $d(R^A)/d(C_{NB})<0$ 时，B 对 A 具有负外部效应；反之，当 $d(R^A)/d(C_{NB})>0$，B 对 A 具有正外部效应，因为 B 的行为降低了 A 的成本，增加了 A 的收益。

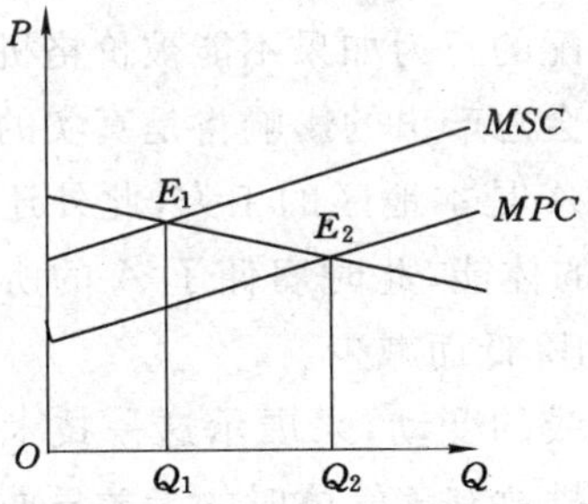

图 2-1　负外部效应

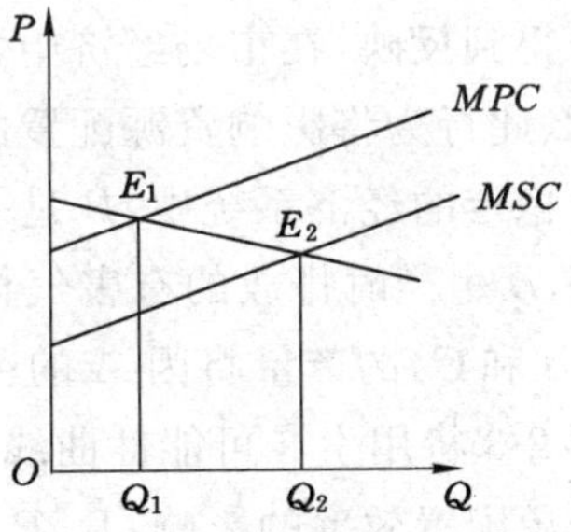

图 2-2　正外部效应

举个例子，如果 B 是一家发电厂，A 是该地区的居民，由于 B 所排放的烟尘对本地区居民的衣服具有污染性，因此增加了 A 清洗衣服的难度，即增加了居

民的生活成本，据此，我们认为 B 对 A 具有负外部效应影响；如果 B 不是一家发电厂，而是一家公园，这时，A 从 B 那里获得赏心悦目的机会增多了，即增加了 A 的效用，因此，我们说 B 对 A 具有正外部效应影响。如果借用庇古(Pigou)的分析方法，我们可以清楚地看到，如图 2-1 所示，如果 B 实施负外部效应，那么他的边际私人成本 MPC 小于边际社会成本 MSC，在需求 D 不变的条件下，B 会增加产出 Q_2-Q_1；如图 2-2 所示，而如果 B 实施正外部效应，那么他的边际私人成本 MPC 大于边际社会成本 MSC(如图 2-1)，在需求 D 不变的条件下，B 会减少产出 Q_2-Q_1，所以，无论是正外部效应，还是负外部效应，它们的存在都会导致社会总产出偏离均衡产量 Q，从这个意义(传统市场失灵理论)上说，正、负两种外部效应都是低效率的。

(二) 技术外部效应与货币外部效应

技术外部效应和货币外部效应的分类是瓦伊纳(Viner,1931)提出的。他对外部效应的这种区分，其标准在于外部效应是否对社会总产出这一真实变量具有影响，即外部效应是否会影响资源配置的效率。

货币外部效应的影响可以通过价格的变化得以体现，而在市场经济中，价格机制保证了这种外部效应并不会影响资源的配置效率，即对社会总产出这个真实变量不会造成影响。借助式(2-3)，假定 B 是一家纺织厂，A 是一家服装加工厂，当 B 提高棉布的价格以后，A 的生产成本提高了，于是 A 的服装售价提高，购买此服装的消费者就会多支付一部分货币，如果 B 厂的职工是这些消费者的一部分，那么先前因棉布提价而增加的货币工资将被抵消。此时，棉布、服装的产量并没有发生变化，变化的仅仅是价格，所以我们可以说 B 的提价行为对 A(服装厂的产量)的影响是货币外部效应。技术外部效应的影响并不能够通过价格信号得到反映，在市场经济中，影响资源分配的行为如果不能被价格机制所调节，那么此行为将影响资源配置的效率，对社会总产出的影响将是真实的。假定在一个稳定的经济系统中，B 是一家化工厂，A 是本地区的工人，此外还有一家企业 C，B 生产时排放的有害气体损伤了 A 的体能，此时雇佣了 A 的所有企业(包括 B 和 C)的产量将因 A 的劳动生产率的降低而减少。

图 2-3 将用生产可能性曲线和无差异曲线的变动，来展示这一技术外部效应对资源配置效率的影响，I_1、P_1 分别是没有排放有害气体时的无差异曲线和生产可能性曲线，两者相切于 D_1 点，此时的社会总产出是 X_1+Y_1；而 I_2、P_2 是存在有害气体排放时的无差异曲线和生产可能性曲线，由于劳动者体能的下降，所以原来的生产可能性 P_1 向原点移动到 P_2，P_2 与无差异曲线 I_2 相切于 D_2 点，此时的社会总产出是 X_2+Y_2，$X_1+Y_1>X_2+Y_2$，说明社会产出下降了。

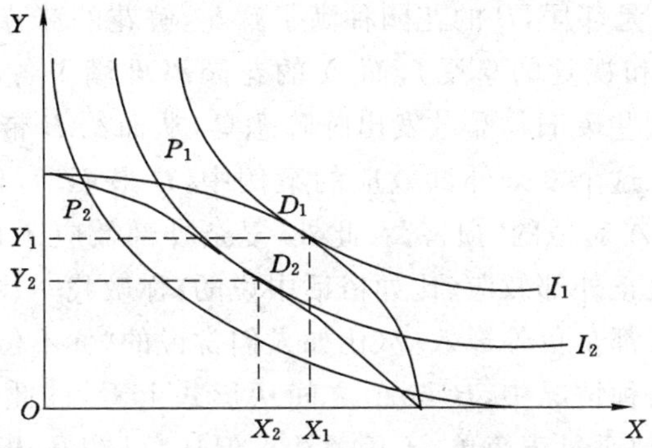

图 2-3 生产可能性曲线和无差异曲线

（三）生产外部效应与消费外部效应

借助式(2-3)，当外部效应行为的实施者 B 是生产者时，我们把 B 实施的外部效应叫作生产外部效应，即外部效应源于生产领域；当外部效应行为的实施者 B 是消费者时，我们把 B 实施的外部效应叫做消费外部效应，即外部效应源于消费领域。无论是生产外部效应，还是消费外部效应，其影响对于 A 而言，有可能是"正"的，也有可能是"负"的，而 A 本身，也许是生产者，也许是消费者。当 B 以生产者的身份对 A 实施了负外部效应的影响时，B 的部分生产成本转嫁给了 A，即 B 的边际私人成本小于边际社会成本，于是 B 就会过度生产（如图 2-1）；反之，当 B 以生产者的身份对 A 实施了正外部效应影响时，B 的部分收益外溢给了 A，即 B 的边际私人成本大于边际社会成本，于是 B 就会生产不足（如图 2-2）。同理如果 B 是消费者，当 B 的消费对 A 产生了负外部效应影响时，B 就会过度消费；当 B 的消费对 A 产生了负外部效应影响时，B 就会消费不足。当然，以上结论只是理论的逻辑推论，在现实经济生活中，无论是作为生产者的 B，还是作为消费者的 B，其生产或消费还受到诸多因素的制约，如预算线，因此有可能 B 明知可以通过负外部效应把成本转嫁给 A，但 B 仍然不会过度生产。

（四）简单外部效应与复杂外部效应

借助式(2-3)，当 B 对 A 实施外部效应影响，而 A 对 B 未实施外部效应影响，我们把这种外部效应称为简单外部效应；当 B 对 A 实施外部效应影响时，A 对 B 也实施了外部效应影响，即 B 与 A 之间的外部效应影响是双向的，此时的外部效应是多重的，我们将其称为复杂外部效应。如图 2-4 所示。我们在大多数时候列举的外部效应例子都是简单外部效应，如发电厂 B 排放的烟尘对洗衣店 A 的负外部效应，一般情况下人们认为必须动用某种措施（如庇古税、排污权交易等）来克服这个负外部效应。事实上，现实经济生活中大量存在的是复杂外部效应，如 B 和 A 是邻居，B 的花园种满了鲜花，鲜花的芬芳和艳丽对 A 产生了正外部效应（嗅觉和视觉的享受），而 A 的花园里堆满了各种回收来的废旧物品，在炎炎夏日，这些废旧物品散发出阵阵恶臭，从而给 B 带来了负外部效应影响（嗅觉污染）。在这个复杂外部效应的案例中，B 最不幸，他在“施益”于 A 的同时，得到的却是 A 对他的“损害”。此外，复杂外部效应还有可能是 B 与 A 相互给予对方的都是正外部效应（比如俗话中说的“你敬我一尺，我敬你一丈”就属于这种情形），或者都是负外部效应（比如人们常说的“你不仁，我不义”就属于这种情况），在这后两种情况中，B 与 A 之间从形式上看，彼此之间的外部效应可以得到相互抵消，似乎过于简单，不用关注。但从数量上分析，虽然 B 对 A 实施正外部效应的同时，A 也给予了 B 正外部效应影响，但影响的强弱是不同的，此时彼此之间的外部效应不能得到抵消，仍然要通过一定的手段加以解决，在法律纠纷的案例中，与这后两种外部效应相关联的情形并不少见。

图 2-4 简单外部效应与复杂外部效应示意图

(a) 简单外部效应；(b) 复杂外部效应

（五）可预期的外部效应和不可预期的外部效应

借助式(2-3)，我们可以知道，可预期的外部效应和不可预期的外部效应是针对 A 进行分类的。当 A 对于 B 给自己带来的外部效应影响 C_{NB} 是能够及时进行预期的，从而 A 可以采取各种措施加以规避，或者可以与 B 进行协商，最终使这个外部效应对自己的负面影响减至最低，这种外部效应就属于可预期的外部效应。当 A 对于 B 给自己带来的外部效应影响 C_{NB} 是不能够及时进行预期的，因此 A 也不可能采取各种措施加以规避，或者可以与 B 进行协商，最终可能使 A 失去避免损失的机会。我们把这种外部效应称为不可预期的外部效应。科学技术在给人类带来巨大福音的同时，其副作用有可能难以及时预期的。例如，在农药和化肥的使用中，起初农民发现农药、化肥的使用不仅可以大大提高农作物的产量，而且使农产品既大又靓，于是使农民增产又增收。但是伴随经济与科技的发展，人们越来越意识到先前大规模使用农药、化肥种植的作物，由于农药化肥的残留问题，其实已经给食用这些作物的大量消费者造成了健康损害，而这种负外部效应损害已经发生，消费者之前是无法预期和规避的。当前环境保护者所关注的诸多问题，都属于不可预期的外部效应。

（六）代内外部效应与代际外部效应

借助式(2-3)，代内外部效应指：当B对A实施外部效应时，B与A处于同一个时间内，这时A也许由于缺乏信息等原因而并不能够参与B实施外部效应行为的决策。但是一旦A知晓了自己受到的外部效应影响，A就有可能运用各种方法与B达成协议（消除外部效应或减轻外部效应的协议）。比如，假定B是A的邻居，B在花园里堆放了大量的垃圾，A十分讨厌垃圾散发的难闻气味，此时B对A具有外部效应影响，由于B与A处于同一个时间空间内，所以A有可能通过与B谈判，或者给予B一定的补偿而解决消除外部效应影响。所以，代内外部效应的危害性会由于当事人的同在而加以控制。代际外部效应指：当B对A实施外部效应时，B与A处于不同的时间内，而等到A真正承受此外部效应影响的时候，B也许早已经不存在，因此A对于B实施的这种代际外部效应是束手无策的。比如，B是我们这一代的石油开采者，A是下一代才出生的消费者，B对石油的过度开采造成下一代的A消费石油的困难。

（七）物质外部效应与制度外部效应

前面所举的外部效应例子大多属于物质外部效应，物质外部效应的影响通常是具有物理意义的物质特性，比如有害烟尘、难闻的气体、资源的耗竭等，这些结果是具有感观上的物质性。借助式(2-3)，我们发现物质外部效应的实施者B通常是具体的行为人，B通过某种行为对A直接产生外部效应影响。在现实世界里，存在着大量的外部效应是非物质的，它们虽然不可见、不可闻、不可触摸，但它与物质外部效应一样，也会对成本—收益产生真实的影响。借助式(2-2)，在制度外部效应中B并不是通过具体行为对A直接实施外部效应影响，而是由于B（通常是集体）制定的某种制度（正式或非正式的制度）改变了A的价值取向，而A的价值观的变化可能直接改变了A的成本—收益函数。比如，消费信贷制度的实施，大大改变了消费者的消费行为习惯，进而改变消费者的成本—收益函数，此时，我们就说消费信贷制度对消费者产生了制度外部效应。制度外部效应存在较大的普遍性（一项制度所作用的A也许是无数的），因此，制定最优制度的过程可以被看作是寻找最优外部效应的过程。

二、外部效应的本质

我们不能穷尽外部效应的各种分类，但我们可以从各种表现之中概括出它的本质特征，这些特征也可以作为判断外部效应存在的标准。

（一）外部效应是一定社会环境中的人或组织的一种行为结果

外部效应是由作为主体生活于社会中的个人或组织的行为引起的。没有人的行为（包括经济的、政治的、文化的、社会的），就无所谓外部效应。纯自然的变化如火山爆发、地震等不属于外部效应范畴。

（二）外部效应是一种偏离主体目标的非目标行为结果

人的行为以动机为动力，以目标为导向，而行为结果未必都合乎目标要求，有目标结果，也有非目标结果。例如，某一钢厂以生产和加工各种钢材为目标，但同时也向周围环境排放了各种污染物，生产出各种钢材是它的目标结果，而排放污染物则是它的非目标结果。外部效应就存在于它的非目标结果之中。倘若政府主管部门（如环保部门）向钢厂征收排污费，那么钢厂在组织生产之前就会把控制排污量列入计划之内，把缴纳的排污费列入财政预算之中，这样排污就在目标结果之内了。当缴纳完排污费后，解决排污所造成的外部效应问题这一责任实际上就已经转移到公共部门身上了（这种责任就是如何用所收费用来治理污染）。

（三）外部效应是行为主体对外部的影响的结果

勒温认为，人的行为（B）是主体（P）和环境（E）的函数，即：$B=f(P,E)$。这说明外部环境直接影响人的行为，但反过来行为结果又直接作用于环境，其目标之外的溢出作用即为外部效应。如若行为主体是一个组织，组织内部成员之间的影响和作用，不管是否在其目标之内，相对于整个组织来说，都不是外部效应，而是内部性；但相对于单个成员（即以组织内个人为参照物）来讲，就有可能存在外部效应。倘若某国所辖企业对环境的污染没有超出该国范围，那么该国没有对国际造成外部效应；但如果该国所辖企业对国际公用资源（如大气、水等）造成了污染，则不仅在该国内具有外部效应，而且应视为该国对其他国家造成负外部效应，受害国有权根据有关国际环境公约向污染国提出赔偿要求。

（四）外部效应根源于人的自利性和社会的公共性

外部效应根源于人的自利性和社会的公共性。公共环境和公共资源具有非排他性，由此决定了其利用的一定程度的无偿性，从而引起外部效应。下面几位学者对外部效应的阐述可以说明为什么环境与资源的公共性能够产生外部效应。“外部效应是对第三者福利的影响。这种影响是由别人带来的，它既没有由带来者补偿，也没有使带来者受益”（皮尔斯·沃福德，1996）。“当一个厂商或居民户的活动引起对其他厂商或居民户的一些后果，且这些后果并不是故意的，也未出现在与这一活动有关的费用或效益之中，这就存在着外部效应”（Collllnon，1998）。所谓外部效应，是指在经济活动中发生的一种价值无偿转移的现象，它是经济活动有关主体相互联系、依赖和作用的一种类型。从行为结果的施予方看，是指某一经济活动主体的行为给其他经济主体带来某种效益（或费用损失），而施予方并未得到相应的报酬（或对损失给予补偿），这时就发生了从该行为主体向其他主体的正（或负）的价值无偿转移。归纳起来，以上三者的论述都强调了价值转移的无偿性。我们可以接着探讨价值转移的无偿性是怎样发生的。假如一个企业向外排放了污染物，影响了附近居民或其他企业或事业单位的生活和生产，该企业不会向他们给予损害赔偿，原因是他认为自己把废物排放到了公共环境中，而公共环境是每一个人可以无偿使用的；同样，附近居民等承受方也认为公共环境为公众所共有，不是对自己的专门损害，个人无权索偿。这样借助于公共环境就实现了企业排污的价值成本向附近居民等承受方的无偿转移，从而形成外部效应。

第三节　外部效应对资源配置的影响与治理

一、外部效应对资源配置的影响

（一）负外部效应与资源配置效率

负外部效应是指未能在价格中得到反映的、对交易双方之外的第三者所带来的成本，其实质是，产品或劳务的价格不能充分反映用于生产或提供这种产品或生产要素的社会边际成本。由于生产者没有偿付生产过程中的全部成本，就会过多生产产品，使产量超过社会最优的产出水平，这也会导致社会福利的损失。

借助外部边际成本这一概念，可以解释负外部效应是如何导致资源配置扭曲的。所谓外部边际成本（marginalexternalcost，MEC）是指因提高一个单位的某种产品产量而给第三者带来的额外成本。例如，造纸厂污染了环境，给除造纸厂之外的其他人造成了损失，而造纸厂并不把这种损失计算到它的纸张价格之中，那这种损失就是外部边际成本。

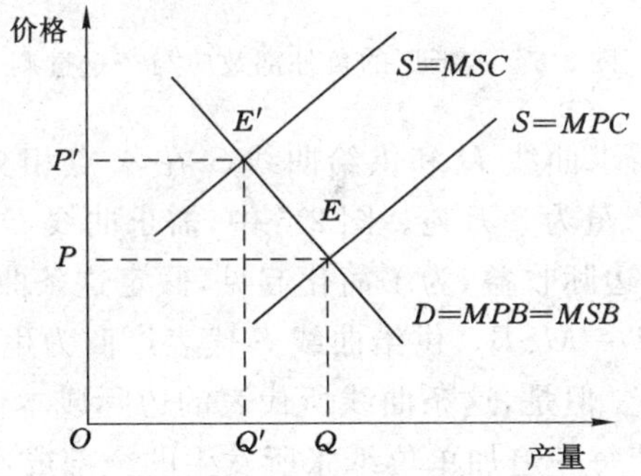

图 2-5　负外部效应与产量过剩

如图 2-5 所示，纵、横轴分别表示价格和产量，D 曲线是以社会边际收益 MSB 为基础的需求曲线，S 曲线是以私人边际成本 MPC 为基础的供给曲线。

假定此时社会边际收益等于私人边际收益，即 $MSB=MPB$，那么，S 曲线与 D 曲线相交于 E 点，分别形成价格 P 和产量 Q。

问题在于，E 点并非效率要求的均衡点，因为 S 曲线所代表的边际成本仅仅是私人边际成本，即 $S=MPC$，而未将外部边际成本 MEC 计算在内。反映社会边际成本 MSC 的曲线应为 S'，它与 D 曲线相交形成均衡点 E'，E' 点所决定的均衡价格 P' 和均衡产量 Q' 才符合资源配置的效率要求。S 曲线与 S' 曲线之间的距离就是外部边际成本 MEC，即 $S'=S+MEC=MPC+MEC$。从 E 点到 E' 点，不难看出，价格 P' 高于 P，产量 Q' 却小于 Q，即私人最优产量 Q 大于社会最优产量 Q'。这说明，负外部效应的存在会引起产量过剩，从而损害社会福利。

负外部效应在现实经济生活中是普遍存在的，下面以造纸厂为例进行说明。假定造纸工业处在完全竞争的市场条件下，即在纸张市场上，任何买卖双方之一都不可能对其价格进行操纵。

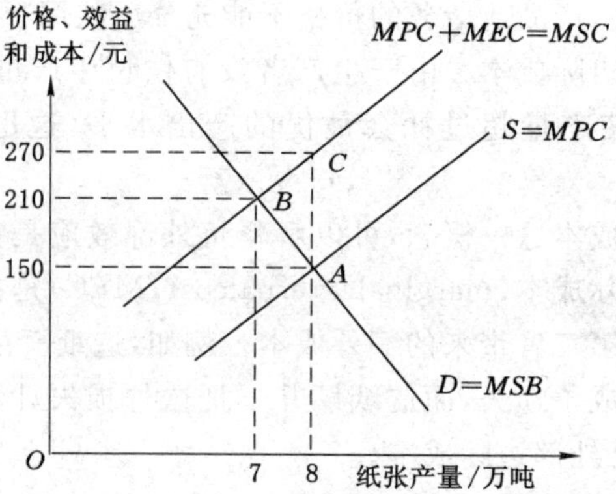

图 2-6 造纸厂的负外部效应与产量过剩

如图 2-6 所示，需求曲线 D 和供给曲线 S 在 A 点相交，这一点决定了均衡价格是 150 元，均衡产量为 8 万吨。图 2-6 中，需求曲线 D 代表购买者可能从纸张的消费中所得到的边际收益，为了简化起见，假定这条曲线所代表的就是纸张的社会边际收益，即 $D=MSB$。供给曲线 S 代表厂商为生产每一追加单位的纸张所付出的边际成本。但是，这条曲线所代表的边际成本仅是私人边际成本，即 $S=MPC$，而未将生产每一追加单位纸张所发生的全部成本包括在内，也就是未计入外部边际成本(MEC)这一数额。

再假定生产每吨纸张的外部边际成本(MEC)为 120 元，且固定不变。这 120 元的外部边际成本(MEC)显然未在生产者的产量决策中被考虑到，生产者所考虑到的仅是私人边际成本。除非私人边际成本与社会边际成本一致，不然的话，仅依据私人边际成本做出的产量决策肯定不是最佳决策。

要得到社会边际成本（MSC），就必须把私人边际成本（MPC）与外部边际成本（MEC）相加，可用公式表示为

$$MPC+MEC=MSC$$

这意味着，在负的外部效应存在的条件下，某一种物品或劳务的私人边际成本小于其社会边际成本，即 $MPC<MSC$。

如果要得到图 2-6 中的社会边际成本（MSC），可将 MPC 与 MEC（120 元）加总，即 $MPC+120=MSC$。由于假定外部边际成本（MEC）固定不变，不随产量变动而变动，因此，MPC 曲线应按相当于 120 元的幅度向上平行移动至 MSC。也就是说，MSC 曲线与 MPC 曲线之间的垂直距离为 120 元。如果 MEC 不是固定不变的，而是随产量的增加而递增的，则 MSC 曲线与 MPC 曲线之间的垂直距离将呈逐渐扩大状态。在现实经济生活中，MEC 的变动趋势往往是随着产量而递增的。

结果分析：如图 2-6 所示，不加干预的纸张市场的均衡会在 A 点实现。在 A 点上，$MPC=MSB$。但 A 点所决定的产量水平显然不是最佳水平。这是因为，资源配置效率的实现条件应是 $MSC=MSB$，而不是 $MPC=MSB$。也就是说，有效的均衡应当在 B 点实现，均衡价格是 210 元，均衡产量为 7 万吨。在 B 点上，私人边际成本（MPC）和外部边际成本（MEC）加总之后计算出的社会边际成本（MSC）与社会边际效应（MSB）正好相一致，其公式为

$$MSC=MPC+MEC=MSB$$

可见，A 点所决定的 8 万吨的年产量水平是缺乏效率的。因为在这一产量水平上，社会边际成本（MSC）为每吨 270 元（如 C 点所示），而其社会边际效益（MSB）只有每吨 150 元（如 A 点所示）。由于纸张生产的社会边际成本大于其社会边际效益，所以，必然导致纸张以高于其最佳产量的水平在市场上出售的结果。当纸张产量由 8 万吨减少至 7 万吨，即降至 B 点所决定的年产量水平时，就会因此而产生相当于△BCA 面积大小的社会净效益。从另一个角度讲，如果不对纸张生产的外部负效应进行矫正，社会将会产生相当于△BCA 面积大小的净效益损失。当然，此时纸张的价格也便由每吨 150 元上涨为每吨 210 元，以促使消费者将年消费从 8 万吨减少为 7 万吨。这就是说，纸张的最佳产量水平是 7 万吨。因为在这一产量水平上，纸张生产的社会边际成本（MSC）与其社会边际成本效益（MSB）正好相一致。

由此可以得出结论：当存在负的外部效应时，物品或劳务的生产与销售将会呈现过多态势，从而造成该产品生产规模过大，资源浪费严重，配置效率低下。

（二）正外部效应与资源配置效率

当存在生产的正外部效应时，情况则恰恰相反。正外部效应关键的问题，就是带有正的外部效应的物品或服务的价格不能充分反映该种物品或服务所能带来的社会边际效益。在价格既定的情况下，当存在生产的正外部效应时，生产者没有获得全部的社会效益，产量就会低于社会的最优水平，使得潜在的生产能力无法得到充分发挥。

借助于外部边际收益这一概念，可以解释正外部效应是如何导致资源配置扭曲的。所谓外部边际收益（marginal external benefit，MEB），是指因增加一个单位某种产品或劳务而给第三者所带来的额外收益。

下面借助图形分析正外部效应与资源配置效率，如图 2-7 所示。

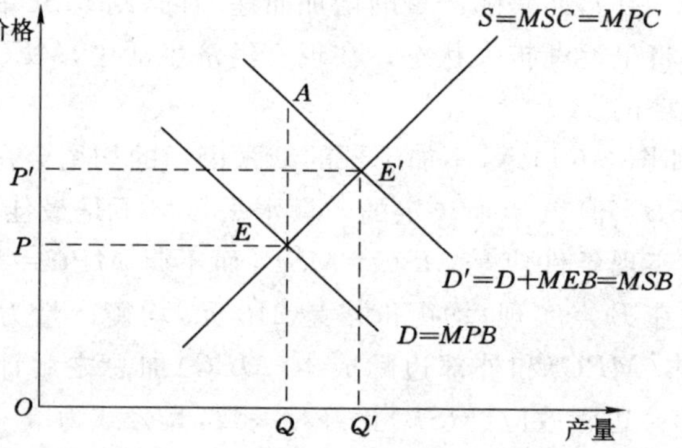

图 2-7　正外部效应与产量不足

图 2-7 中横、纵轴分别表示产量和价格，S 曲线是以社会边际成本为基础的供给曲线，D 曲线是以私人边际收益 MPB 为基础的需求曲线。假定此时社会边际成本与私人边际成本相等，即 $MSC=MPC$，则 D 曲线与 S 曲线相交于 E 点，分别形成价格 P 和产量 Q。

问题在于，E 点并非效率所要求的均衡点，因为 D 曲线所反映的边际收益仅仅是私人边际收益，即 $D=MPB$，它没有把外部边际收益计算在内。真正全面反映社会边际收益的是 D' 曲线，它与 S 曲线相交于 E' 点，E' 点所决定的均衡价格 P' 和均衡产量 Q' 才符合资源配置的效率要求。D 曲线与 D' 曲线之间的距离就是外部边际收益，即 $D'=D+MEB=MPB+MEB$。从 E 点到 E' 点，不难看出，价格 P' 高于 P，产量 Q' 也大于 Q，即私人最优产量 Q 小于社会最优产量 Q'。这说明，正外部效应的存在会引起产量不足，造成社会福利净损失。

常见的正外部效应包括教育、科学研究、技术进步、疫苗接种等，下面以疫苗接种为例加以分析。

疫苗接种的外部边际效益就是给疫苗接种者之外的其他人所带来的减少感染病菌的可能性的好处。竞争市场上的疫苗接种服务及其效应如图 2-8 所示。

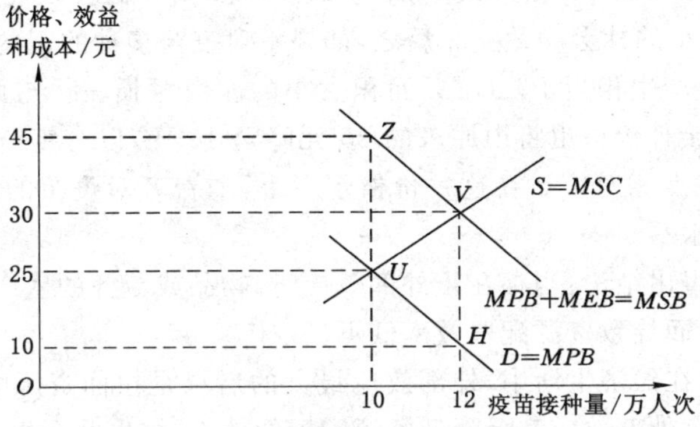

图 2-8 疫苗接种的正外部效应与资源配置

从图 2-8 可以看出，疫苗接种的需求曲线 D 和供给曲线 S 在 U 点相交，U 点决定的均衡价格和均衡产量分别为 25 元和 10 万人次。显而易见，10 万人次的疫苗接种量不是最有效率的。其原因在于，需求曲线 D 能反映的仅仅是消费者自身可以从疫苗接种中得到的边际效益，即消费者决策所依据的仅仅是 25 元的私人边际效益，而未包括 20 元的外部边际效益。这样一来，在 D 与代表疫苗接种的社会边际成本的供给曲线 S（为简化起见，这一例子假定提供疫苗接种的私人边际成本恰好等于其社会边际成本）相交点 U 所决定的产量水平上，疫苗接种的实际社会边际效益（45 元）就超过了私人边际效益（25 元）。而只要社会边际效益和私人边际效益有差异，那么，仅依据私人边际效益做出的产量决策肯定就不是最有效率的决策。

为了得到社会边际效益，必须使私人边际效益与外部边际效益相加，公式为

$$MPB+MEB=MSB$$

可见，在正的外部效应存在的条件下，某一种物品或劳务的私人边际收益要小于其社会边际收益。

如果要得到图 2-8 中的社会边际效益。就可以将 MPB 与 MEB 相加，于是得到：$MSB=MPB+MEB=25+20=45$（元）。也就是说，原来的 $D=MPB$ 曲线应当向右上方平行移动相当于 20 元的垂直距离，并被 $MPB+MEB=MSB$ 所代替。$MPB+MEB=MSB$ 曲线同 $S=MSC$ 曲线在 V 点相交，由此而决定的疫苗接种量为 12 万人次。显而易见，这一产量水平是最佳的产量状态。原因在

于，它可以满足实现效率的边际条件，即在 V 点上，疫苗接种的社会边际效益与社会边际成本正好相一致，可用公式表示为

$$MSB=MPB+MEB=MSC$$

当疫苗接种量从10万人次增加到12万人次时，就会因此而得到相当于 $\triangle UZV$ 面积大小的社会净效益。反之，如果不对疫苗接种的正的外部效应进行矫正，社会将会产生相当于 $\triangle UZV$ 面积大小的净效益损失。与此同时，向消费者收取的疫苗接种价格也将由原来的25元降至10元，以与疫苗接种的市场需求曲线上的 H 点相对应。在这一价格水平上，消费者对疫苗的需求量正是12万人次的最佳水平。

由此可以得出结论：当存在正外部效应时，物品或劳务的生产与销售将会呈现不足态势，从而导致资源配置效率低下。

综上所述，在经济生活中，外部效应最大的后果是扭曲资源配置，无论是正外部效应还是负外部效应都会降低资源配置的效率，损失社会福利。因此，约瑟夫·斯蒂格利茨(Joseph E. Stiglitz)说："只要存在外部效应，资源配置就不是有效的"。根据利润最大化原则，自由竞争市场中的企业在决定生产量时，尽量追求收益与成本(费用)相等。还以上述河流污染的例子为例，从社会的观点来看，企业在核算成本时，应考虑生产的所有费用，包括私人费用和外部费用。但是，钢铁厂只将私人费用纳入成本核算，而未考虑外部费用。在收益不变的前提下，钢铁厂将继续增加产量，直到私人费用接近理论上的社会费用。也就是说，该钢铁厂的最佳产量(利润最大，且不考虑外部不经济性)大于社会考虑的该厂最佳产量(社会利润最大，且考虑外部不经济性)，其差值代表了该企业的"过剩"产量。该企业生产这部分产品的资源(生产要素)，可以用于别的企业或行业生产，且具有更大的生产价值。这表明，在存在外部不经济性时，理论上的社会生产状况要比实际的生产状况好，即在这个经济系统中，一些产品生产不足或没有生产，资源没有达到最佳配置，所以市场失灵或失效了。

从以上分析可以知道，在存在负外部效应的情况下，私人成本和社会成本存在差异，私人成本等于价格，而社会成本却高于价格。当私人成本等于价格时，私人收益最大。可是，由于社会成本高于私人成本，社会收益遭到损失。同时外部不经济性对单个企业资源配置的影响分析表明，当该企业存在外部不经济性时，其产出水平过剩，而其他产品的产出水平过低，从而改变了资源的最佳配置状况。这就是经济学中常提到的"市场失灵"。用类似的方法同样可以分析，对一个行业部门来说，如果各企业都存在程度不同的外部不经济性现象，将导致整个行业投入的资源太多而使生产过剩，其他一些行业则不能进行充分的生产，整个社会将偏离了资源最佳配置状态。

二、外部效应的治理

（一）经济规制

庇古提出了著名的修正税，即对产生负外部效应活动的经济主体课征正的税收，同样，对于产生正外部效应活动的经济主体课征负的税收——实行价格补贴，就会消除私人边际成本（或收益）与社会边际成本（或收益）之间的差异，使资源配置重新回到帕累托最优状态。庇古税的基本原则与现行有关国际组织、国家政府及大多数经济学家所认同并倡导的"污染者付钱原则"是相一致的。事实上，征收污染税是目前被各国政府所采纳的最普遍的控制污染措施之一。但庇古办法本身存在一定缺陷。第一，庇古办法没有考虑到外部效应活动的相互性。施害者因征税而增加成本，受害方不会因为政府对施害者征税而改变其决策，结果可能造成低效率。有经济学家认为，在对施害者征税的同时，也应对受害者征税。第二，庇古税要求政府需要掌握的信息量较多。第三，在征收庇古税后，消费者面临较高的价格和更少的需求量，使得消费者剩余减少造成福利净损失。补贴和税收是一对孪生子。一般来说，有三种情况需要补贴。首先，对外部效应中受损者要给予补贴。例如，庇古在《福利经济学》中曾经举过这样的例子，即受火车火花影响的车轨旁的种田者应该受到政府的补贴。其次，产生外部经济的一些厂商或公共产品应当受到政府或社会给予的补贴，例如考古队、博物馆、医院等。再次，给外部效应产生者予以补贴。但有人把这种补贴称之为向污染者行贿。许多经济学家认为，这种方法实施的结果并不能达到社会资源最优配置，因为厂商在决定其产出水平时所考虑的仅仅是私人边际成本。就补贴与税收来说，厂商偏好的当然是前者，而不愿意缴纳税金，因为获得补贴能够获得较高的利润，而且没有使厂商的股东们产生反对控污的压力。

（二）行政管制

管制是由行政机构制定并执行的直接干预市场配置机制或间接改变企业和消费者的供需决策的一般规则或特殊行为。管制手段是政府运用行政权力直接处理外部效应问题的方式，它是世界各国政府解决外部效应问题最基本、最常用的方式。如果经济主体所产生的负外部效应极大，在为社会提供的财富所带来的社会总体福利增加远不及他所造成的对社会总体福利的减少时，政府就需要制定一系列的"一般规则"或采取一系列的"特殊行为"来限制或制止该行为的发生。如从行政上指示生产者提供最优的产量组合，调整电力和石化等高污染工业生产布局，严格限制厂址的选择，发放"排污许可证"。有时还可指示把产生外部效应和受外部效应影响的双方厂商联合起来，使外部效应"内在化"。以污水排泄工厂为例，如果把它和下游的工厂合并，污水净化成本将变成联合企业的私人成本，这样，作为利润最大化的自然结果，外部效应也将受到限制。其中，在政府管制方面最具有代表性的就是直接规定外部不经济的允许数量。例如在污染物方面，规定排污标准成为了一种典型的并为许多政府所采用的行政手段，即由管制部门指定并依法强制实施的每一污染源特定污染物排放的最高限度。通常排污标准和惩罚相联系，超过标准，排污者将受到惩罚。在税收方法中，所有没有消除的污染排放量都要纳税，而按照排放标准，只要符合标准要求就不受惩罚，因而也就没有推动污染物继续消除的动力，保留了一个"污染者特权"，未能充分体现出"污染者付费"的原则。不仅如此，规定排放标准还存在技术上与操作成本上的困难，而且，有效的罚金还可能使政府受到"污染者集团"在服从标准与认罚上的强大政治压力。

（三）产权协商

在 20 世纪 60 年代以前，经济学理论界基本上沿袭了庇古的思想，认为在处理外部效应过程中应该引入政府干预力量，外部效应生产者被课税、惩罚或给予津贴，外部效应受损者则受补贴。但是这一传统被科斯所打破，科斯在其著作《社会成本问题》中强调，应从庇古的研究传统中走出来寻找新的途径，即以社会产值最大化为出发点来观察和研究问题。科斯举了"走失的牛群损坏邻近土地的谷物"的案例加以说明。他在市场运作充分完好即交易费用为零的假定前提下，分别讨论了养牛人对农场主的损失负责赔偿（即养牛人无权让牛群去吃农场主的作物），以及养牛人不向后者提供赔偿（即牛有吃麦的权利）时的情形。由此他得出的结论是：这两种情形的结果是相同的，即都能使生产总价值最大。因为在有对权利的最初明确界定后，参与谈判的双方就会利用市场机制通过订立合约而寻找到使各自利益损失最小化的安排。后来科斯的这一思想被斯蒂格勒归纳为"科斯定理"①，即只要市场交易费用为零，无论产权属于何方，通过协商交易的途径，都可以达到同样的最佳效果。也就是说，在交易费用为零的条件下，效率结果与产权无关。但是零交易费用的既定前提是不切实际的，那么科斯定理的真正意义并不在于说明了在交易费用为零的条件下效率与产权无关的结论，而在于它说明了在存在交易费用时，产权制度或制度安排是如何作用或影响经济效率的。所以应用科斯定理更多的是：只要交易费用不为零，就可以通过明

① 关于科斯定理，比较流行的说法是：只要财产权是明确的，并且交易成本为零或者很小，那么，无论在开始时将财产权赋予谁，市场均衡的最终结果都是有效率的，实现资源配置的帕累托最优。当然，在现实世界中，科斯定理所要求的前提往往是不存在的，财产权的明确是很困难的，交易成本也不可能为零，有时甚至是比较大的。因此，依靠市场机制矫正外部效应（指某个人或某个企业的经济活动对其他人或者其他企业造成了影响，但却没有为此付出代价或得到收益）是有一定困难的。但是，科斯定理毕竟提供了一种通过市场机制解决外部效应问题的一种新的思路和方法。在这种理论的影响下，美国和一些国家先后实现了污染物排放权或排放指标的交易。

晰产权或用新的制度安排方式来达到资源配置的最佳效率，从而克服外部的不经济性，而不是要抛弃市场机制。其原因在于只要产权界定明确，交易各方就会力求降低交易费用，使资源使用到产出最大、成本最低的地方，从而达到最优配置。科斯在他后来的研究中又进一步拓广了交易费用的内涵。他认为任何交易都是人们在资源交易过程中对使用资源的某些权利的安排，也就是说任何一种权利安排都需费用，问题的实质在于选择一种费用相对较低的权利安排方式，从而社会的经济运转和资源配置过程就是一个以交易费用最低为原则，主要依赖制度变革，不断调整权利结构的过程，即从决定较劣均衡的制度结构向决定较优均衡的制度结构的过渡。科斯为解决外部效应问题提出的这种全新的思路启发了一代经济学家，也促进了对外部效应问题的研究。从上面的分析也可以看到，产权明晰在解决外部效应问题时可以用市场交易形式解决了政府干预所不能解决的问题。

（四）社会准则

即对人们进行社会准则的教育以解决外部效应问题。斯蒂格利茨认为：社会准则的内容就是“黄金律”。他认为，用经济学的语言来解释黄金律就是“要产生外部经济性，不要产生外部不经济性”。由于人们的行为是相互影响的，所以人们要时时刻刻用社会准则来要求自己。这种黄金律在家庭中一般来说成功地避免了外部效应，但就社会化过程来说却没有成功地解决现代社会产生的各种外部效应问题。例如，乱扔东西被课以重罚，但还是有人在公共场所不能保持环境的清洁。

与此类似，澳大利亚经济学家黄有光提出了“良心效应”。他认为任何外部效应事件的产生，都或多或少存在着良心效应，即“良心”发挥着一定的作用。一般说来，良心效应在下述两种情况下将产生两种不同的作用。第一，当外部效应产生者给他人的福利带来不利的影响，而且不给予补偿时，良心效应将会降低自身的整体福利水平。例如某厂商产生污染时，对厂主来说虽然感到内疚，但他是不在乎的，对雇员来说也许会由于生产污染而感到内疚，为了补偿其内心的创伤他们会要求厂主给予一定的附加工资，或是要求参与抗议污染的活动等。这样，良心效应的存在就降低了产生污染的该厂商的整体福利水平。第二，由于良心效应的缘故，庇古税实际上可能反而会提高产生外部效应活动的水平。个人和厂商都有一种这样的心理状态：既然缴纳了“污染税”，那就不必再有顾虑了，可以心安理得地或更加放肆地我行我素了。实际上，黄金律和良心效应无非是一种不依赖于政府和市场，而是依赖于社会机制的道德教育，运用这种思想教育的方式来解决外部效应问题在某种范围内可以发挥作用，但由于缺乏激励和强制，只能作为一种辅助手段。

以上几种外部效应治理方法可分为两大类：一是以“庇古税”为手段的政府规制治理方法，包括行政管制（实施管制）和经济规制（征税、补贴）；二是以“科斯市场”为手段的市场治理方法，包括界定双方产权和排污权交易。在假定交易成本为零（包括政府规制的成本为零和产权界定、市场交易的成本为零）和信息对称的条件下，所有治理手段的效率都是等同的，即科斯定理等价于“庇古定理”。但现实经济生活中，交易成本不可能为零，信息也不可能完全对称，因此最优的治理方法必须依据成本—效益分析的结果做出选择。上述几种方法除补贴方法不具现实的操作性外，其他四种方法都各具优缺点。对“庇古式”的管制、征税方法而言，优点是事前的交易成本比较小（政府权威代替了市场产权界定），缺点是事后成本比较大，一方面政府与被规制者的信息不对称，造成被规制者最大限度隐藏信息；另一方面规制者因寻租和官僚体系等原因而容易出现规制失灵。对“科斯式”的产权界定、市场治理而言，优点是事后的信息因市场竞争得到部分显露而相对对称，治理效率得到提高，缺点是事前的交易成本比较大，因为产权模糊、交易者普遍想“免费搭车”的原因，可能使交易成本大到“科斯市场”无法运行。

所以，外部效应治理优化的途径是：第一，应根据外部效应的种类和形式确定最适合的治理方法，如污染损害很大的项目应采用直接的政府管制治理；公共资源的双向负外部效应宜采用明确产权的方法治理等。第二，不同类型的规制方法要结合使用。许多外部效应同时具有产权不清、影响者众、规制信息很难把握等特点，只有结合使用多种规制方法，才能找到成本最小、效果最好的规制方法。第三，能让“科斯市场”发挥作用的地方，尽量让市场机制发挥作用。政府虽然在纠正市场的负外部效应“供给过度”失灵上有优势，但政府在规制过程中也容易出现规制者寻租、被规制企业采取隐藏信息等策略而产生规制失灵问题，以一种失灵代替另一种失灵可能导致更大的经济失效。而市场的竞争机制和价格机制都有利于信息显露、对称和成本降低，对政府规制失灵形成有效的制约，有利于外部效应治理效率的整体提高。

第三章 公共产品

本章重点

1. 掌握公共产品的含义与分类
2. 把握公共产品的判断标准
3. 懂得公共产品的经济学分析
4. 了解公共产品的供给主体与模式

公共产品是公共经济学的核心概念，公共产品又是市场失灵的主要表现形式。没有公共产品，就没有市场失灵，自然就没有政府提供公共产品的可能。所以公共产品、市场失灵与政府职能是逻辑上密切相关的三个方面。

第一节 公共产品的含义与分类

“公共产品”一词，英文为“public goods”，它有许多中文译名，诸如“公共品”“公共物品”“共用品”“公共财货”“公共商品”等。公共产品是相对于私人产品(private goods)而言的，在英文中，公共产品常常等同于集体产品(collective goods)、社会产品(social goods)等。

一、萨缪尔森定义与特征

(一) 萨缪尔森经典定义

公共产品理论的开创性研究，始于美国经济学家保罗·萨缪尔森。1954年，萨缪尔森在《公共支出的纯理论》一文中给出了公共产品的经典定义：“所有人共同享有的集体消费品(X_{n+1}，…，X_{n+m})，每个人对该产品的消费不减少任何其他人的消费，从而对每个居民和各个集体消费产品而言都有 $X_{n+j}=X_{n+1}^{i}$”。从定义中可以看出，只要这种集体消费品被提供，每个人对该产品的消费都将等于该产品的供给总量，这就意味着每个人的消费互不影响，增加消费者对这一产品的消费的边际社会成本为零，即消费者对该种产品的消费具有非竞争性。这一定义得到了最广泛的认同。

(二) 公共产品的特征

虽然萨缪尔森在这里没有明确提出公共产品的两个特征：消费的非竞争性

和受益的非排他性，但通过逻辑推理，我们可以发现实际上这一概念包含了这两个特征。

1. 非竞争性

公共产品定义的数学等式说明了定义中的这种产品只要被提供，则每个人对该产品的消费等于该产品的供给总量，既然每个人对该产品的消费都等于其总量，说明各人的消费互不影响，增加消费者对这一产品的消费的边际社会成本为零，从而对该种产品的消费具有消费的非竞争性。

2. 非排他性

从公共产品定义的数学等式也能逻辑地推导出公共产品的第二个基本特征——受益的非排他性。从其数学等式可以看出，既然每个人都能消费整个的这种产品，说明只要愿意(有时甚至就算消费者不愿意也必须消费总量的这种产品，例如国防)，每个人都有权不被排除在受益范围之外，某一公共产品一旦被提供，则所有社会成员都可以同时享受同样质量和数量的公共产品，一部分人对该公共产品的享受不能将其他人排除在外，也就是说排除其他人对该产品的享受或者技术上不可行，或者虽然技术上可行，但排他成本非常高。

这一工作是由马斯格雷夫进一步完成的，他在著作《财政学原理》(1959 年)中首先提出了按照消费上的非竞争性和非排他性来划分公共产品和私人产品。他认为在市场失灵情况下，公共产品是“非竞争性消费的货物”。但在具备非竞争性的同时还存在两种情况：排他性不可行或排他性无意义，从而将非排他性引入分析范围。马斯格雷夫认为，非排他性和非竞争性是公共产品的两大基本特性，并且是相互独立的，只要某种物品满足其一或二者兼备，那么它就是公共产品。照此标准，马斯格雷夫将物品分为四类(见表 3-1)。

表 3-1　　公共产品的性质与分类

	竞争性	非竞争性
排他性	纯私人产品	准公共产品(俱乐部产品)
非排他性	准公共产品(公共资源品)	纯公共产品

二、公共产品概念的拓展

(一) 布坎南的“俱乐部产品”

美国的经济学家詹姆斯·布坎南(James McGill Buchanan)在 1965 年发表的“An Economic Theory of Clubs”中指出，“有趣的是这样的物品和服务，它们的消费包含着某些公共性，在那里，适度的分享团体多于一个人或一家人，但小于一个无限的数目，公共的范围是有限的”。俱乐部产品就是介于纯公共物品和私人产品之间的物品。根据布坎南的理论，俱乐部产品具有两大特征：一是消费的有限竞争性（非竞争性），即在一定的规模下，会员数量的增加不会影响其他会员的消费质量，一旦会员数量突破了最优数量，俱乐部就会出现拥挤；二是受益的局部排他性，即俱乐部产品对局内人是非排他的，对局外人却是排他的。

（二）将公共产品的内涵与制度联系起来

这种观点将制度在一定程度上等同于公共产品，非竞争性和非排他性只是某物品成为公共产品的可能，决定该物品成为公共产品可能取决于政策的建构和制度的安排，即非竞争性和非排他性是受制于一定制度和技术的现实属性；非排他性是指无论是从技术上，政治上，或是经济上都不能将某个社会成员排斥在消费过程之外，没有什么物品或者服务是天然或者固定的公共产品或具有外部效应。这种解释认为，一定的制度安排和集体选择是产品成为“公共”和“私人”的前提基础，而制度安排和集体选择的制度也就是公共产品的一部分。

（三）将公共产品和社会组织、政府结合起来

持这种观点的学者认为，公共产品是政府为满足社会和民众需要而形成的，没有政府和相应的社会组织，就不会产生公共产品，萨缪尔森和马斯格雷夫以消费特征界定的公共产品属于狭义的公共产品，即纯公共产品，这种产品是权威机构对该物品在市场机制下的消费水平不满意时，他可以在违背消费者个人意愿的情况下对该物品进行行政干预，公共产品是由政府来提供的。布坎南的以供给特征和以外部效应界定的公共产品属于广义的公共产品，广义的公共产品是与社会组织相联系的，是社会组织为满足民众的多元化需求而形成的。

三、公共产品与外部效应的关系

从市场经济的角度来看，可以说公共产品就是外部效应问题的产物，而外部效应就是一种公共产品——一种第三方公共产品，认识这一点会加深我们对外部效应和公共产品的理解。

（一）外部效应就是一种公共产品

外部效应是“交易外”产品，是一种副产品，即外部效应效果并非因交易而产生，它并不反映在正式的价格机制内，而是因生产或消费某一产品在交易价格之外产生的副产品——外部效应，并无意或有意给交易外的社会他人带来了收益或损害。因此，在公共领域，外部效应往往表现为“第三方公共产品”。外部效应的本质与公共产品有许多相似之处，例如都存在多个消费者（受益者或受损者），他们都在主动或被动消费或使用同一公共产品，都具有产权不可界定或界定需要付出极大的成本的问题，并且都往往需要以公共产权的形式提供才可解决相关问题。外部效应虽是公共产品的一个特殊情况，但与公共产品一样都有公共性、非排他性及信息难以披露等特点。

(二)公共产品是由外部效应问题诱发的产物

在公共领域的公共产品消费中,由于"免费搭车"行为的普遍存在,致使公共产品提供者的生产成本与收益不一致,由此产生外部效应问题。正由于这一原因,公共产品不宜由私人(企业)提供。为克服上述的外部效应,公共产品更宜由政府提供。政府提供公共产品正是为了克服公共产品的外部效应问题,弥补由于私人不愿提供公共产品而造成的公共产品短缺,弥补市场失灵而引发的种种问题,因而公共产品从某种意义上来说正是外部效应诱发的产物。

四、公共产品分类

(一)根据萨缪尔森定义分

1. 纯公共产品

纯公共产品指那些为整个社会共同消费的产品。该类产品不能分割,具有非竞争性与非排他性。消费者只能共享而不能拒绝,如气候、国防、基础教育等。

2. 准公共产品

与纯公共产品相比较,准公共产品只符合其中一个特征:消费具有非竞争性,但却可以轻易地做到排他,如公共桥梁、公共游泳池及公共电影院等;消费具有竞争性但却无法进行有效地排他,如公共渔场、牧场等。前者被称为俱乐部产品,后者被称为共同资源产品,两种统称为"准公共产品",即不能同时具备非排他性和非竞争性。

准公共产品都具有"拥挤临界点",当消费者数目增加到"临界点"后,每增加一个人,将减少其他人的消费收益。俱乐部产品就其属性而言是介于纯公共产品和私人产品之间的物品。布坎南指出俱乐部产品具有两大特征:第一,消费的有限竞争性(较之于非竞争性),即在一定的规模下,会员数量的增加不会影响其他会员的消费质量,但一旦会员数量突破了最优数量,俱乐部就会出现拥挤(临界点);第二,受益的局部排他性,即俱乐部产品对局内人是普遍受益的,对局外人却是排他的。

(二)根据存在形式分

根据公共产品的形式可以把公共产品划分为资源形态的公共产品、物质形态的公共产品、服务形态的公共产品、制度形态的公共产品、文化形态的公共产品等。

1. 资源形态的公共产品

资源形态的公共产品主要是指自然界客观存在的人人都可以加以利用的自然资源,比如原始森林、公海等。

2. 物质形态的公共产品

物质形态的公共产品是指必须借助有形的产品才可以满足人们的需求的物

品，如道路、桥梁、公园、排水系统等。

3. 服务形态的公共产品

服务形态的公共产品是指借助于一种公共服务来满足人们需要的公共产品，如天气预报、国防服务等。

4. 制度形态的公共产品

制度形态的公共产品，虽然也是一种服务形态的公共产品，但是由于制度是一种准则或原则，制度形态的公共产品侧重于准则或原则性的服务形态，如产权、公司、政府等形态。相比较与其他形态的公共产品，制度形态的公共产品通常具有强制性，人们遵守的是制度形态下的价值分配或权威结果，排除个人意志，通常会贯穿到社会或整个社会领域。

5. 文化形态的公共产品

文化形态的公共产品更倾向于器物、精神和意识方面。文化形态的公共产品的由于对于个体的反应不同而具有显著特点，即面对共同的文化形态的公共产品，个体的反应和适应性是有着显著的不同。

（三）从空间范围上分

从空间范围上可以把公共产品划分为：地方性公共产品、区域性公共产品、全国性公共产品及全球公共产品。

1. 地方性公共产品

地方性公共产品指的是产品的受益区域囿于特定行政区的公共产品，这些公共产品在民主制国家可以通过民主政治选举来显现选举者的消费偏好。

2. 区域性公共产品

区域性公共产品则表明其受益范围扩展为至少两个行政区域的公共产品，公共产品的供给则需要两个行政区域进行协商，此时，通过民主选举来实现选民消费者偏好显现的公共选择机制并不能当然地发挥作用，中央政府的干预则往往表现为必要的。

3. 全国性公共产品

全国性公共产品则是指受益范围遍及整个国家，此时，公共产品更多地表现为纯公共产品，公共产品的供给主要由中央行政系统加以协调和提供。

4. 全球公共产品

全球公共产品是指全球消费者都能够得以受益的公共产品，需要指出的是，受益范围越大，越趋向于纯公共产品。

第二节 公共产品的判断标准

分析公共产品要与私人产品相联系，由于公共产品与私人产品具有不同的属性，不同属性的产品应该采用不同的配置规则进行效率、公平的提供。那么以资源配置规则为依据，可以归纳出以下几个判断标准①：

一、技术判断标准

公共产品的属性与技术特征相关，技术分析侧重于投入—产出之间的转换。如果公共产品在投入—产出的过程中成本难以测量，则无法通过市场配置。技术判断标准还与收费技术相关。如果一种产品很难判断消费者的消费量，则无法向消费者收费，就无法通过市场机制提供。技术是不断进步变革、创新的，技术的变化导致了公共产品属性的变化，导致公共产品配置方式的变化。

二、需求判断标准

公民以及社会团体的需求是多种多样的，采用市场还是非市场的方式提供公共产品与需求相关，主要包括：

（一）需求弹性

需求弹性，即需求对价格变化的弹性。如果需求缺乏弹性，价格调节不会影响消费，这时采用市场方式就不行了。

（二）拥挤程度

准公共产品的特点在于当消费者达到一定数目后会产生拥挤。如果产生拥挤就应该把该产品部分或完全交给社会，由俱乐部、社区或私人组织生产。

（三）需求差异

需求差异，公共产品的效率损失取决于“偏好参数的方差”，如果广大消费者对某种产品消费偏好差异比较大，则不应该公共生产。

三、伦理判断标准

市场配置资源这种方式追求的目标是效率，但经济和社会发展的目标并不是唯一的，自由、生命、健康、公平等都是人们追求的目标。其中公平是人们经常提到的伦理判断标准。公共产品的重要特征在于其非排他性和非竞争性，因此，提供公共产品可以看成解决公平分配的一种手段。是否为了解决公平问题成为界定公共产品和私人物品的重要伦理判断标准。首先，公共产品的非排他性和非竞争性，可以使低收入的家庭享受到福利，有利于福利分配的公平。其次，公共产品如果是由公共部门提供的，那么公共产品的资金来源是通过税收得到的，消费方式却是免费的、均等的，因此，公共产品起到转移支付的功能。

四、交易费用的理性判断标准

交易费用理论最早由科斯在解释企业组织与市场的边界的时候提出来，后来交易费用理论得到深度和广度的发展。交易费用泛指“经济制度的运行成

---

① 曹堂哲：《公共经济的主体选择理论依据和标准》，载《学术研究》2003 年第 1 期。

本”，是与分工、价格等范畴具有同等地位的经济学概念，成为比较制度分析的基础性概念。制度作为人们之间的交往规则，不同的制度实现相同的目标会有不同的交易费用，公共产品的提供也一样，不同的提供方式具有不同的交易费用。采用何种提供方式需要交易费用的理性考量。首先，需要权衡公共部门与私人部门进行公共产品生产的技术和能力。当政府没有能力提供公共产品的时候就应该让社会和私人提供，政府从“掌舵”走向“划桨”。其次，政府存在失灵，根本原因在于政府是以官僚制组织起来的，政府的生产具有垄断性，缺乏衡量绩效的“基准线”和生产的终止机制。是否由政府或社会提供公共产品必须权衡诸种提供方式的组织管理成本和交易成本。

以上判断标准成为衡量公共产品由谁生产、怎样生产的重要依据。我们对不同的生产方式进行效率比较和伦理抉择，最后选定一种合适的生产方式。是否由政府提供公共产品是多种判断标准权衡的结果。现代市场经济体系中公共产品的提供是多元的。政府、社区、私人、第三部门、国际组织都可以提供。公共产品的政府提供就是政府直接或者间接地介入生产公共产品。政府介入提供公共产品的特征使得公共产品的生产过程具有与政府融资特征、政府组织和管理特征、政府产权的特征相互一致的属性。

第三节　公共产品的经济分析

“巧妇难为无米之炊”。政府提供公共产品需要占用资源。政府开支可以近似地看作是政府提供公共产品的成本。因此生产公共产品就存在一个最佳数量问题，即如何使公共产品的提供满足社会效率的要求。

一、公共产品的成本与效率

公共产品的成本即提供相应公共产品所需要耗费的资源，包括人力、物力和财力。在不考虑转移性支付的情况下，假定政府将其全部支出均用于向社会提供公共产品，则政府的全部公共开支，就可以被近似地看作一个社会由政府提供的全部公共产品的总成本。

对全社会而言，公共产品的成本包括两个方面：公共产品的直接成本和公共产品的潜在成本。公共产品的直接成本，指政府为提供公共产品所发生的一切直接费用。按照西方经济学的理论，由于政府本身并不直接创造财富，因此在没有外国供给的情况下，公共产品的直接成本实际上均来自于社会经济。所谓“用之于民，必亦取之于民”。

因此，理论上人民要求政府提供的公共产品越多，其所必须负担政府开支就越大。而政府开支的增加，必然意味着私人部门可支配收入的减少。

假设一国一定时期的国民收入为Y，私人部门用于储蓄的部分为S，消费的部分为C，政府的收入为T；另一方面，私人部门用于投资的部分为I，消费的部分为C，政府的开支为G，则：

$$Y=S+C+T=I+C+G$$

进一步，将上面的等式变形，则有：

$$T=G=Y-(S+C)=Y-(I+C)$$

也就是说，如果将G看成是政府提供的公共产品的总额，将政府的收入T看成是提供公共产品所需的成本，则在一国国民收入一定的前提下，政府用于公共产品的开支的加大，必然将导致私人部门用于消费、储蓄或投资的量减少。

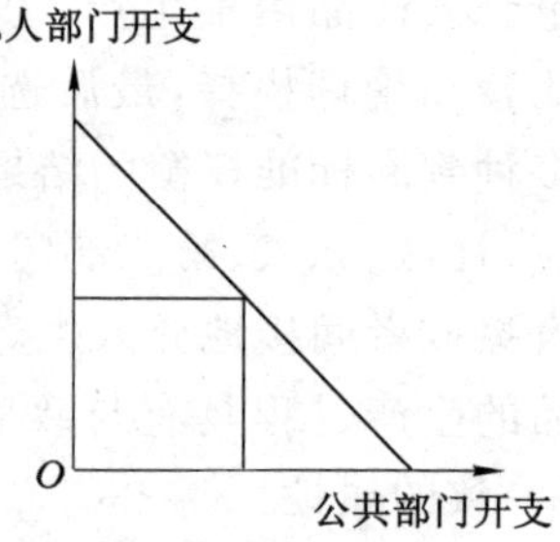

图 3-1 国民收入在公共部门和私人部门中的分配曲线

图 3-1 可被看作是国民收入分配的曲线，即在曲线上的任意一点对应的都是国民开支在公共部门和私人部门的分布情况。可以发现，在这条无差异曲线上，收入在两个部门间的分配存在着明显的此消彼长的关系，即一个社会提供的公共产品增多，必然意味着私人产品的减少。

实际上，任何资源都存在"机会成本问题"，只要用于公共部门，就不能用于私人部门。因此，必须研究资源在哪一个部门使用能够创造出最大的效益，以实现帕累托最优。这就产生了公共产品的潜在成本问题，即由于资源被用于公共部门生产公共产品，结果造成了社会潜在的效益损失。

"挤出效应"是公共产品潜在成本的一个明显表现。挤出效应(crowding-out-effect)指政府通过向公众和商行借款以实行扩张性的积极财政政策，引起实际利率上升，导致民间投资由于融资成本上升而减少，从而使财政支出的扩张部分或全部被民间投资的减少所抵消的现象。也就是说，公共部门由于增加开支(不一定是用于直接提供公共产品)而导致私人部门可支配的资金价格——利率上升，结果造成私人部门的资金被政府挤占，假设私人部门能够在成本—效益的核算中获得产出效益的最大化，那么政府开支的增加必然导致社会潜在效益的损失。

二、林达尔均衡与“免费搭车者”

通过自愿融资解决公共产品的融资问题是困难的,因此政府必须通过税收等强制性手段为公共产品的生产提供资金。“林达尔均衡”(Lindahl equilibrium)从公众为政府生产公共产品提供自愿融资的角度出发,证明由于存在“免费搭车者”,因此必然会出现对公共产品的过量需求和资金不足现象。而“公共的悲剧”(public tragedy)则揭示了公共产品由于产权不明确这一根本特征所必然导致的效率低下的原因。

(一)林达尔均衡与公共产品的成本来源

林达尔均衡研究的是公共产品所需开支如何取得的问题。“林达尔均衡”是瑞典经济学家林达尔提出的一个关于公共产品成本来源的问题,即如果每一个社会成员都按照其所获得的公共产品或劳务的边际效益的大小来捐献自己应当分担的公共产品或劳务的资金费用,则公共产品或劳务的供给量可以达到具有效率的最佳水平。这一具有效率的实现是以下面两个假设为前提的:

第一,每个社会成员都愿意准确地披露自己可以从公共产品或劳务的消费中获得的边际效益,而不存在隐瞒或低估其边际效益从而逃避自己应分担的成本费用的动机。

第二,每一社会成员都清楚地了解其他社会成员的偏好以及收入状况,甚至清楚地掌握任何一种公共产品或劳务可以给彼此带来的真实的边际效益,从而不存在隐瞒个人的边际效益的可能。

在人数非常少的群体中,上述假设条件是有可能存在的。而在人口众多的社会中,没有任何一个人能够做到对其他所有成员的情况无所不知。既然不能准确地掌握社会成员的偏好和经济状况,人们便有可能隐瞒其从公共产品或劳务上所获得的真实的边际效益。

由此出发,林达尔均衡的实际含义是:公共产品或劳务的提供不可能达到具有效率的最优水平。换句话说,即公共产品的需求者不可能根据自己的需求量提供所需要的货币资金,因此相对于有限的资金供应,公共产品必然存在供给不足。

(二)“免费搭车者”

由于公共产品或劳务的消费不具排他性,人们也不会因其出资份额的减少而失掉公共产品或劳务的任何效益。于是人们完全有可能在不付出任何代价的情况下,而享受通过其他人的捐献而提供公共产品或劳务的效益,这样“免费搭车者”必然出现。在不付任何代价的情况下,而享受通过其他人的捐献而提供的公共产品或劳务的效益的人——“免费搭车者”对任何人来说都是一种有理性的选择。这就是说,只要有公共产品或劳务存在,“免费搭车者”的出现就不可避免。所以,在合作性的自愿捐献和成本分担制度下,“免费搭车者”现象不可避免将会造成公共产品或劳务供给的不足,即低于其应当达到最佳产量水平,从而达不到帕累托效率所要求的最佳水平。

在人数较少的群体中,只要有一个成员不做出捐献,人们就会强烈地感觉到公共产品或劳务的可供量的减少,这肯定会驱使他们进行合作。而在人口众多的群体中,某一成员或几个成员的免费搭车,对公共产品或劳务的可供量的影响就不那么显著了。所以,一个社会的成员越多,人们免费搭车的欲望就越是强烈,因“免费搭车者”问题而导致公共产品或劳务供给量下降的可能性就越大。

“免费搭车者”出现的条件有以下几个:第一,产权不明确或者产权归多人所有;第二,物品本身没有明确的排他性和竞争性;第三,难以掌握使用者真实需求量而产生的信息不对称。由于“免费搭车者”问题的存在,实际上说明了自愿捐献和成本分摊的合作性融资方式不能保证公共产品或劳务的有效供给。

(三)“公共的悲剧”

如果一个社会中“免费搭车者”大量存在,英国经济学家大卫·休谟早在1740年就描绘过的“公共的悲剧”就不可避免。

“公共的悲剧”形容的是这样一种情况,在人们完全从“私人动机”出发而自由地利用公共资源时,公共资源将倾向于被过度利用、低效率使用甚至浪费;并且过度利用还会达到使任何利用它的人都无法得到多少实际好处的程度。在一个经济社会中,如果有公共产品或劳务存在,“免费搭车者”的出现就不可避免。但如果所有的社会成员都成为“免费搭车者”,公共部门将没有任何资金来源,最后的结果则是没有一个人能享受到公共产品或劳务的好处。

“公共的悲剧”出现的直接原因在于,每个可以利用公共资源的人都面临着困境:当大家都有增加利用公共资源的可能性时,自己加大对公共资源的利用而其他人不加大利用时,则自己的利益将增加;至于在其他人也加大对公共资源的利用时,自己若不加大对公共资源的利用则自己显然“吃亏”,而自己也不失时机地加大利用公共资源就会“避免损失”。最终后果是每一个能够利用公共资源的人都将会毫不留情地加大利用公共资源,直至全部公共资源耗尽为止。

“公共的悲剧”表明,不能指望追求自身利益—效用最大化的个人会保证公共产品或劳务的供给。因此,公共部门的经济职能之一就是在个人之间以及眼前利益与长远利益之间合理配置资源,从而实现全体社会成员的公共利益最大化。

强制性的融资方式是解决“公共的悲剧”的有效途径。只有依靠强制性的融资方式来解决公共产品或劳务的供给问题，即以征税手段取得资金，另一方面又将征税取得的资金用于公共产品或劳务的供给，才能保证公共部门有足够多的资金用于提供公共产品。

然而，必须指出的是，即使以强制性的融资方式，也只能一定程度上缓解“公共的悲剧”，却并不能杜绝“免费搭车者”。除非全社会支付的税收达到“林达尔价格”(Lindahl price)状态。所谓林达尔价格是指每个纳税人为享受每单位公共产品所必须支付的税收，在这种“价格”下，纳税人支付的税收数量与其享用的公共产品数量相等。

然而正如前面的分析表明的那样，由于信息不充分，因此林达尔价格也无法使税收反映每个人对公共产品的真实使用量。因此，税收解决的只是如何运用国家强制性的权力为公共产品融资的问题，在这种强制性的制度安排下，“免费搭车者”依然会大量存在。也就是说，强制性融资本身并不能使公共产品的需求和供给达到平衡，或者实现帕累托最优。

三、庇古均衡

英国经济学家庇古所提出的公共产品的融资模型——“庇古均衡”(Pigou equilibrium)，进一步证明了在非强制条件下公共产品的生产必然效率低下的原因。

庇古均衡认为，对于每个人而言，当公共产品或服务消费的边际效益等于税收的边际负效益时，这时的公共产品的供给是有效的。也就是说运用一般均衡——边际原理，可以使个人预算中所有的私人产品和公共产品都达到最佳配置状态。实际上是从个人在自己的预算内对公共产品与私人产品进行最佳配置的均衡点出发，对公共产品的供给与效用进行分析。

庇古认为每个人在消费公共产品或服务时，都可以得到一定的利益(正效用)，同时，由于每个人都必须为生产这种公共产品或服务而纳税，又会产生税收的负效用。这种负效用在庇古那被定义为个人放弃消费私人物品的机会成本。

在此基础上庇古认为，对于每个人而言，当公共产品或服务消费的边际效益等于税收的边际负效益时，这时的公共产品的供给是有效的，即使个人预算中所有的私人产品和公共产品都达到最佳配置状态。

庇古均衡的实现条件是：每个人能够明确地认识公共产品所需要的资金带来的“税收负效应”。税收负效应和公共产品的效益本身可以得到准确地衡量。所有税收全部用来生产公共产品，且专税专用。纳税人能够自主约束对于公共产品的过量需求，且可以拒绝为不需要的公共产品支付税收，不存在“免费搭车者”，人们的偏好、收入接近。

庇古均衡意味着只需要将现实生活中每个人对资源配置的结果加总，就可以得到全社会的公共产品与私人物品配置的最佳比例。但现实中并不存在将这些个人的最佳配置结果进行加总的机制。因此企图通过个人在预算内主动对公共产品的效益和税收负效应进行衡量来实现公共产品的帕累托最优,实际上也是不现实的。

第四节　公共产品供给的主体与模式

一、公共产品供给主体

(一) 政府

从传统意义上来讲,政府是公共产品的当然提供者。如著名经济学家亚当·斯密提出将建立并维持某些公共机关和公共工程作为君主的三大职能之一;约翰·穆勒将做有助于普遍福利的事情列为政府职能的重要内容;世界银行的专家认为投资与基本社会服务等是政府的核心任务之一。

政府为什么是公共产品提供的主体呢?大多数学者认为政府提供公共产品的优势:① 政府在纯粹公共产品的提供方面具有绝对优势,公共产品的非竞争性和非排他性注定了这类公共产品无法通过市场手段来自发提供,因此政府成为了这类物品的最佳供给者。② 一些具有垄断性的物品,如铁路等,由一个企业来提供可以发挥规模经济的效益,因此通常由一些国有企业来提供。③ 有些公共产品必须由政府供给才能保证公共利益,如大气保护等。④ 一些涉及公共安全和社会稳定的物品必须由政府提供,如国防等。

政府提供的公共产品的范围:① 承担供给公共性程度高的公共产品、不易或不应由第三方组织提供的公共产品、非政府力量不愿或无力承担的公共产品。② 承担公共产品未来需求预测和总体布局规划,政府实行分权。③ 政府必须加强对第三方组织提供公共产品的制度制约和引导。

(二) 市场

伴随着政府职能的转变和政企分开的深入开展,政府逐渐实现了从市场参与者向经济调控者的转变,市场开始在资源配置中起到基础性的作用,这就为各市场主体参与公共产品的供给提供了可能性。

市场提供公共产品的优势有:① 市场主体是以利润最大化为目标的,同时,存在激烈竞争的市场机制,要求各参与主体必须提供优质、高效的产品。所以,让市场主体参与到公共产品的供给中来,有利于提高公共产品的质量和效率。② 将市场引入到公共产品的供给领域,可以在很大程度上弥补因政府财力的不足而造成的公共产品供给不足状况。

市场提供公共产品的范围,从理论上来讲市场可以进入任何经济领域,在参与公共产品的供给中，市场是对政府公共产品供给不足的一个有力补充。从公共产品的类型看，通过市场供给的公共产品一般应是准公共产品；从技术角度看，通过市场提供的公共产品在消费上必须存在非排他性；从制度的角度看，通过市场提供公共产品必须要有一系列制度条件来保障，其中最重要的制度保障是产权。

（三）第三部门

第三部门是指在现代经济条件下，依法设立，不以盈利为目的，拥有一定的资产，面向社会自主从事公共产品生产的资金募集、分配以及直接向社会提供公共产品的社会基本组织形式。第三部门不是政府组织，更不是企业组织，它只是公共事务机构，没有行政权力，但享有一定的公权。它具有非营利性、民间性、非志愿性等特征。它承担了许多政府做不好和不该做，而市场又不愿承担的事情，在公共产品供给领域有重要的位置。

第三部门提供公共产品的优势：① 第三部门提供的公共产品针对性强，能够满足特殊群体的个性化要求。② 第三部门在道德上较容易获得社会的普遍信任，从而在运作时能够获得大量的社会支持。

第三部门提供公共产品的范围：第三方组织是政府和市场对公共产品供给不完全的辅助性衍生物，第三部门的非营利性导致非营利部门在提供某些物品中的优势，使得一些活动只能由非营利部门而不是营利部门来提供。它现在已经涵盖了教育、科研、社会工作、慈善、为弱势群体提供融资、公益展览等领域。

二、公共产品供给模式

（一）公共产品的政府供给模式

公共经济论的立论是国家干预经济的合理性，即认可政府行为与市场经济活动是相互融合的统一体。从斯密到萨缪尔森，他们普遍认为政府是公共产品天然的、唯一的提供者，且主要从税收和公共支出角度研究公共产品供给问题。古典经济学视域里，市场拥有配置资源的基础性和优先性地位，政府受到市场的限制与约束，其职能的合理性仅限于弥补市场失灵。古典经济学回答且仅仅回答了政府应该做什么，没有回答政府如何有效地供给公共产品，更不能将公共产品供给问题纳入市场分析框架进行研究。

19 世纪 80 年代，奥意财政学派以边际效用价值理论为基础发展了公共产品论。其基本的分析方法在于，以个人的效用和理性的选择为基础对经济现象进行分析，重点解决两大基本问题：一是公共产品供给的效率标准问题，其认为，与市场效率不同，公共产品供给应该可以达到帕累托效率；二是边际效用等于边际价格时市场达到有效率。但公共产品的偏好显示是非真实的，尽管如此，在政府与市场之间存在一个类似市场的联系，个体通过效用评价来选择自己的选票走向来显示自己的偏好。这一时期人们对于公共产品的公共性判断仍然停留在公共产品由政府生产这一事实上。

1954年萨缪尔森发表了《公共支出的纯理论》,揭示了公共产品与市场机制之间的矛盾,揭示了公共产品的特征,从而为人们从产品属性角度判断公共产品的公共性提供依据。总的来说,政府供给公共产品是出于宏观资源配置效率较优的角度,即解决市场失效问题。

（二）公共产品的私人供给模式

随着人们对私人在公共产品供给中的作用的进一步认识,以及现实中政府提供公共产品存在种种弊端,如低效率、短缺和质量低下等,私人供给公共产品问题受到重视。戈尔丁将公共产品分为"平等消费"和"选择性消费",前者不能排除非付费者消费,后者可以选择付费者消费。且戈尔丁对于萨缪尔森的公共产品的判断准则进行了挑战,他认为,产品和服务是否为公共产品,并非由其内在属性决定的,而取决于产品和服务的供给方式,即"平等消费"还是"选择性消费",以何种方式供给产品和服务又取决于排他性技术和个人偏好的多样化,事实上,产品和服务的属性是在变化的。由此可见,"选择性消费"的公共产品是可以由私人提供的。

从已有的研究成果来看,私人供给公共产品需要三个方面的条件:一是产品的准公共性。准公共产品具有规模小、成本低、交易费用少等特点,可以通过一致性原则订立契约,以市场方式提供。二是具备完善的排斥性技术。即将不付费者排斥在消费者以外,提供"选择性消费"的产品。三是政府提供交易的制度保障。其中主要是产权安排,也即界定私人对某一公共产品的产权,并由一系列的制度安排来保护产权的行使,这样私人才会有动力提供某一公共产品。

追逐利润是私人资本永远不变的目标,在公共产品供给方面,它是从两条途径进入其中的。一是通过明晰的产权制度安排,界定并规制资本利润率水平,私人资本在看得见的资本利润情况下,主动进入提供公共产品;二是由于公共部门提供公共产品效率低下,为了解决公共支出不足的矛盾,政府有意识的降低私人资本进入公共领域的门槛,以一定的利润水平作为"诱饵",以制度性的安排促进私人供给公共产品。无论何种情况,追逐利润均是私人资本的最终动机。

在没有政府干预的情况下,公共产品的供给要通过家庭捐献来实现。私人供给的基本模型是以纳什假设为基础建立起来的,私人供给均衡的特征是不变性,在满足某些特定条件的禀赋分布变化和公共产品供给的外生变动,均衡供给水平不会受到影响。基于公共产品私人供给均衡的非帕累托结果,没有政府的干预,私人供给公共产品会逐渐萎缩。然而,纯粹的政府供给公共产品和纯粹的私人供给公共产品是公共产品供给的两个极端情况,现实生活中,公共产品供给呈现出多主体、多中心的混合供给模式，供给方式也表现出复杂多样性。

（三）公共产品的第三部门供给模式

20 世纪 70 年代，市场经济发达国家政府迫于各种压力，不得不从公共领域退出。为了弥补公共产品供给主体的空白，各种各样的非营利性组织应运而生。第三部门的出现是市场失灵和政府公共产品供给不足的结果，它被视为一支独立的第三方力量，在公共产品提供上实现公平与效率的最优结合，同时也在防范政府与私营部门对公众利益的侵害方面具有重大意义。非营利组织由于必须受到“非分配约束”，它不会为追求利润而降低品质，且第三部门供给公共产品，生产者的欺诈行为便会得到有效遏制。第三部门已经成为与政府、市场相区别而又相互关联的主要经济、政治和社会力量，构成了当代社会“金三角结构”的主要支柱，维护社会公正的平衡器。西方学者普遍认可第三部门在解决许多紧迫问题方面的四大职能，即价值（人的首创精神）的保卫者、快速反应的服务者、决策过程的倡议者和参与者和社会资本的建设者。

鉴于第三部门特殊的组织结构以及服务社会的宗旨，第三部门供给公共产品的方式有多种：

1. 独立提供公共产品

西方发达经济国家的许多第三部门在组织结构和运行模式上均具有相对独立性，通过自筹资金，依靠自身力量提供各种形式的公共产品。如加拿大的“食品银行”是个民间志愿性救济互助组织，它的服务对象达到 200 万人，但其不接受政府资助以保持社会服务性质。为了解决财务的可持续发展问题，近年来，一些第三部门组织逐渐实行用者付费制，对以前免费的项目直接向受益人收取部分或全部服务费，仍然保持着第三部门的独立性。

2. 与公共部门合作提供公共产品

(1) 公共服务社区化

政府为了压缩公共管理链条，有意识地将社区服务让位于第三部门，如将一些社会保障项目交给志愿组织、工人合作社和其他社会团体承担。这种合作基于互信的基础上，没有法律文本的约束，但有非正式的约定与承诺。

(2) 承包供给

对于某些公共服务项目，政府确定公共服务的数量和质量标准，通过委托的方式与非营利性组织签订合约，为享受福利的人群提供公共服务。如美国卫生和人类服务部与蓝十字蓝盾组织签订合同，将数百万老人的医疗保健事务委托给后者管理，取得了比较好的社会效益。

(3) 与公共部门建立伙伴关系

即政府以付费、资助或特许的方式购买或支持第三部门提供公共服务，这种模式不仅带来公共资金与第三部门资金的融合，也促成彼此管理的合作，结成合作伙伴关系。

3. 与市场合作提供公共产品

(1) 公益推广活动

非营利组织与营利性企业建立合作关系，共同推动公益事业的发展。通常的表现形式是公益推广与市场交易相联系，作为回馈，营利性公司将销售收入的一定比例以现金、食物或设备的形式捐赠给非营利组织。

(2) 共同主题营销战略

非营利组织与私人企业达成协议，通过营销战略如分发企业产品和宣传资料及做广告等方式，共同解决某个突出的社会问题。

(3) 许可证战略

非营利组织利用其名称和商标等无形资产获取经营收益，如许可企业使用其名称或标志以收取一定的费用或提取部分经营收入，非盈利组织的社会公众形象为企业带来了收益，同时也进一步提升其知名度。然而，第三部门供给公共产品常常会偏离志愿机制，表现为“志愿失灵”，如慈善资金不足、慈善活动的狭隘性等。以往人们总是将志愿机制理解为政府和市场失灵后的替代性制度。

基于政府、市场、第三部门供给公共产品具有各自的特点与优势，在它们之间建立一种协调机制尤为重要。事实上，随着社会公众对公共产品需求的多样性、复合性的发展，公共产品供给模式也在不断地处于嬗变之中，公共产品的单一供给正被混合供给所取代，供给主体的单一性正朝着多主体、多中心方向发展。20世纪90年代发展的PPP模式，逐渐被人们所重视并在公共产品供给方面发挥着重要作用。

(四) 公共产品的PPP供给模式

在西方国家广泛应用的PPP(public-private partnership)模式，最早由英国政府于1982年提出，其本质是指公私合伙制，是指政府通过合作管理与私人部门联合供给公共产品，以期达到结果优于任何一方单独提供公共产品的供给模式。在这种模式中政府既是投资主体，又是监管主体；私人部门既是投资和建设主体，又是运营主体。PPP模式不仅仅是管理方式的变更，更在于管理理念的创新。传统公共管理运用“两分法”将政府与市场割裂，界定各自职能范围，明确职责，毫无疑问，它有效地防止了公共产品供给缺位问题。然而，无论市场还是政府，绝对的“自利”与“他利”的命题都难以成立，相反，“自利”与“他利”交织，政府与市场存在诸多合作、共生领域。因而，采用联合提供方式使公共产品能通过有助于私人价值实现的形式促使自己的生产得以顺利进行。

与前三种公共产品供给模式相比较，PPP供给模式具有鲜明的特点：

1. 双主体、多主体供给

单主体供给不可避免导致“失灵”问题，且机制本身解决不了。表面看，PPP模式是私人部门生产公共产品，政府支付产品和服务费用，是政府单一主体供给。实际上，它与政府采购有着本质的区别，它是公共部门、私人部门、第三部门通过签订长期合约的方式，公共资金、私人资本和社会资金相互融合以提供公共产品，因而，PPP模式供给主体是多元化的。

2. “政”“企”分开，提升管理效率

在PPP合作框架下，公共部门是项目的发起人和管理者，同时又是标准的制定者和产品服务的接受者，代表社会公众行使相应的管理职能。而私人部门拥有资本、技术和生产管理等要素，是生产和管理的专家。二者各尽所长，互惠互利。

3. 代理运行机制

PPP项目公司通常不具备开发能力，在项目开发过程中，广泛运用各种代理关系，且这种代理关系在投标书和合同中就已经明确。

4. 效率与公平兼顾

公共产品的公共供给与私人供给均不同程度的存在公平与效率损失，而第三部门同样不能避免“治理失效”，唯有PPP模式能够有效地将效率与公平紧密结合。私人资本以利润为目标，会通过一切手段压缩生产成本，提高利润水平。在满足公共部门服务质量的前提下，既实现了企业自身利益最大化，又提高了公共资源的配置效率。作为博弈一方的政府处于交易中的强势地位，得到满意服务后才付费，维护了公众的公平利益。

第四章 公共选择

本章重点

1. 重点掌握公共选择理论的产生背景与主要观点
2. 深刻理解公共选择学派在方法论上的创新
3. 全面了解公共选择理论的公共决策机制

公共选择理论运用新古典经济学的基本假设和分析方法来研究政治问题，形成了独具特色的理论学派。它的分析方法来源于经济学，研究者也大都是经济学家，但是研究的对象不是经济市场而是政治市场；它分析的对象是政治市场，但是分析的方法却完全不同于传统意义上的政治学。正因为如此，公共选择理论又被称为“新政治经济学”或“政治的经济理论”。

第一节 公共选择理论的产生及观点

上世纪七十年代以来，凯恩斯主义陷入了困境，西方经济学界出现了一股强大的新自由主义思潮，公共选择理论就是这股思潮中别具一格的代表者。公共选择理论是西方经济学中以经济学分析方法研究政治问题的典范，主要流行于美国。

一、公共选择理论的产生及特征

（一）公共选择理论的形成与发展

1. 公共选择理论形成的背景原因

传统的西方经济中坚持“自由放任主义”的各经济流派，可以说是一种市场选择理论，其理论基础均是亚当·斯密“看不见的手”的原理。因为按其看法，依靠市场选择就能使社会资源有效地达到最优的配置。在这种市场选择理论中，国家政府的作用是看不到的。

然而，在现实的经济生活中，市场机制的作用并未达到传统的自由主义经济学所说的那样理想和完善的程度，相反，却不断地产生经济危机。20 世纪 30 年代以后，在福利经济学、凯恩斯主义的宏观经济学影响下，市场完美无缺的信念开始全面崩溃，在西方经济学界引发了一场“市场失灵论”。60 年代以后，由于认识到和经历过市场的失灵，导致国家对市场的干预越来越多，政府部门与公共经济活动逐渐扩大，这自然刺激了对公共选择理论的分析。同时，面对经济现实，人们自然而然地对国家干预的有效性提出质疑，又促使人们像分析市场失灵的原因一样来分析非市场的集体决策失误的原因，把用以调查市场经济之缺陷和过失的方法同样应用于国家和公共经济的一切部门。在这种背景下，公共选择理论开始关注经济政策的制定过程——政治决策过程，并从实证与规范两个角度用市场方法研究政治决策过程，从而促成以消除"政府失灵论"为核心思想的公共选择理论(public choice theory)的形成与发展。

2. 公共选择理论的主要代表人物

公共选择理论有影响的学者可谓人才济济。布坎南与塔洛克是此学派最有影响、最有代表性的经济学家，也是此学派的创始人和领袖。他们建立了"公共选择学会"(1963)，成立了"公共选择研究中心"，出版了《公共选择》杂志(1969)，代表性著作论文有《同意的计算》(1962)、《民主过程中的公共财政》(1976)、《俱乐部经济理论》(1965)、《官僚政治学》(1965)等。另外，尼斯坎南、约翰·罗尔斯和蒂鲍特都同塔洛克一样，也是应用经济方法分析研究官僚政治。最后还应提提邓肯·布莱克。在塔洛克看来，布莱克堪称现代公共选择之父，原因在于他首开运用经济工具处理传统的政治科学问题的先河，从经济方面继承和发扬了18、19世纪数学家对投票过程数学的关注，代表作为《委员会与选择理论》(1958)。须进一步指出的是，布坎南的理论更为广泛和深远，所以不妨称之为公共选择之母。

(二) 公共选择学派的理论渊源与特征

1. 公共选择理论的理论渊源

就像许多学科都能从以前的理论中找到其起源，发现其联系一样，公共选择理论也有其思想渊源，这主要体现在如下几个方面：① 亚当·斯密的"经济人"假设与"看不见的手"的原理；② 18世纪英国资产阶级历史学家、哲学家和经济学家大卫·休谟的政治哲学中，关于每一个本质上都是自私自利的人均能够接受和遵循那些促进社会利益的行为准则的思想；③ 维克塞尔财政理论；④ 意大利的公共财政学派关于税收与开支的理论；⑤ 18、19世纪的投票数学研究；⑥ 美国开国元勋们的联邦主义观点与宪法观点。

2. 公共选择理论的基本特征

公共选择理论主要研究的是集体决策或政治决策的决策过程和结构，其重点是研究经济政策的制定过程，从中探索关于经济问题的深层原因，其理论涉及到政治过程的各个方面，如立宪、立法、行政与司法等。此学派在理论上的基本特征是：① 将经济学的研究领域拓展到以往被经济学视为外部因素而由政治学研究的传统领域；② 将人类的经济行为和政治行为作为统一的研究对象，以“经济人”为基本假设和前提，运用成本—收益法，以实证分析为主体，规范分析为补充的角度出发，分析政府这一生产公共产品的“机器”是如何组织、运行与构成的，并分析其行为动机和行为方式等；③ 分析国防、教育、法制、税制以及社会福利等公共产品是如何生产和分配的；④ 用经济学方法来研究广泛的非市场决策的政治问题，在经济学与政治学之间架起一座新的桥梁，为经济科学的研究开辟了一个新领域。

二、公共选择理论的基本观点

（一）公共选择理论的核心命题

公共选择理论的核心内容包括以下几方面：

1. 公共选择行为的主体

公共选择行为的主体（即公共选择者，主要指官僚、政党、政府、选民等）的行为特征；对民主政治活动在现实生活中的运行方式的分析及该如何去选择措施改善公共效率的提高；在多种决策规则下，政府的决策可能会产生不同的预期结果。

2. 公共选择理论的出发点

公共选择学派的建立，沿用了亚当·斯密的“经济人”概念和假设，并将其作为自己分析问题、解决问题的出发点，同时在自己的理论体系中将此假设引入分析政治行为之中，并由此提出了公共选择者追求利益最大化与利己主义本性以及政治的交换过程性质（相互尊重契约双方利益，是经济秩序赖以建立的前提，也是政治秩序赖以建立的前提）的基本命题。

（二）公共选择含义与规则

1. 公共选择的含义

西方经济学主要论述的是私人产品（又称私人物品），一是那种数量将随任何人对它的消费或使用的增加而减少的物品，它在消费或使用上具有竞争性和排他性两个特点。实际上，市场机制只有在具备上述两个特点的私人产品的场合才真正起作用，使之达到资源的最优配置；而在经济中还存在许多不满足上述两特点的商品，我们称之为公共产品。而此规则对于公共部门和公共产品却不会有效，这就是所谓的市场选择规则的失灵。公共选择是指非市场的集体选择。它实际上就是政府选择。公共选择与市场选择相比有如下特点：市场选择以私人产品为对象，而公共选择则以公共产品为对象；市场选择习惯通过完全竞争的经济市场来选择，而公共选择则是通过一定的政治程序的政治市场来选择；选择行为的主体在市场选择下是个人，在公共选择下则是集体。

2. 公共选择的规则

公共选择必须有一定规则，一般来讲，公共选择规则都要通过投票规则来体现，即一致规则和多数规则。所谓的一致规则是指对某公共产品，必须经全体投票人赞成才能通过。其优点在于能使全体选民的偏好都得到最大程度的满足。其缺点在于选择成本高，同时可能会引起某些不正当手段的采用，以获得一致赞成等，故此规则只适合用于当人们的意见本来就比较一致的情况下，才可行。所谓多数规则是指某个公共产品，只需经半数以上的投票人赞成便能通过的规则，它又可分为简单多数规则和比例多数规则。其优点是抉择成本低，因而使公共产品能较容易地生产出来，但其缺点也明显，一方面它只能使一部分选民的偏好得到满足，另一方面，它还会产生收入和再分配效应。

（三）政府失灵与官僚主义

1. 政府失灵

政府失灵是指政府行动不能增进效率，或者政府把收入再分配给那些不应当获得这种收入的人。公共选择理论认为，政府干预的结果未必能矫正市场失灵，政府行动本身也会失灵，甚至有可能把事情搞得更糟。具体来说，有以下几个原因：

（1）政府部门之间缺乏竞争，政府官员缺乏利润观念。由于政府背后有强大的政权作为后盾，这一政权保证了政府在很多领域的垄断地位，也带来了大量的寻租行为，造成了社会资源的浪费和社会福利的净损失。既然缺乏竞争，那么政府为弥补市场不足而采取的行动也就不会以利润标准来衡量，利润约束机制就对政府活动起不了作用，这样社会支付成本就远大于应支付的成本。

（2）政府具有自我扩张的倾向。政府官员同样追求个人利益最大化，他们总是希望不断地扩大机构规模，增加其层次，扩大其权利，以相应地提高其机构的级别和个人待遇。政府的这种自我扩张倾向，一方面表现为政府部门组成人员的增加，另一方面表现为政府部门支出的增加。布坎南从五个方面解释了政府的自我扩张倾向：一是政府作为公共产品的提供者和外在效应的消除者导致扩张；二是政府作为收入和财富的再分配者导致扩张；三是利益集团的存在导致扩张；四是官僚机构的存在导致扩张；五是财政幻觉导致扩张。

（3）对政府行为缺乏有效的监督。在一个民主社会中，政府必须服从选民及其代表的政治监督，包括立法机关等对政府的监督。从理论上讲，监督的效力取决于监督者对被监督者的独立性和监督者获取有关被监督对象的信息的能力。在现实的监督过程中，监督者所得到的信息往往由被监督部门即政府提供和发布。在公共产品生产缺乏竞争的情况下，将没有客观的标准来检验监督部门所获信息的可靠性。因此,政府在缺乏有力监督的前提下,其政策和行为或直接或间接地有利于自身的利益,而不是体现真正的公共利益,导致"政府失灵"。

(4) 政府的寻租行为。寻租行为是指投票人尤其是利益集团,通过各种合法或非法的手段(如游说或行贿等),促使政府帮助自己建立垄断地位,以获取高额垄断利润。政府颁发的许可证、配额、执照、授权书、批文、特许经营证等,都是由政府权力介入市场交易活动人为地创造出稀缺,这种稀缺又创造出潜在的租金,由此引起寻租行为。寻租行为是一种非生产性活动,会引起社会收入再分配效应,也会使社会成本增加,造成巨大的社会资源的浪费,包括:一是寻租活动中浪费的资源;二是由经济寻租引起政治寻租浪费的资源;三是寻租成功后损失的经济效率。

2. 官僚主义

公共选择学派认为,官僚主义的种种表现,虽然明显不符合社会利益,但对他们本人来说,却合乎"经济人"的要求。故其产生和存在的重要原因是:官僚主义行为通常是给官僚主义者本人带来自身利益的一种最佳方式。也正因为如此,官僚主义总是禁而不绝。最后公共选择理论对官僚主义得出两条重要结论:① 社会中官吏越多,"官僚敛取物"也就有可能增加得越多;② 用政府干预来解决经济问题,只有在其他一切都证明无效之后,才可以考虑。也就是说,只有当事实确实证明市场比官僚主义解决方法所付代价更大时,才可以不得已而为之,采用官僚主义的解决办法。

(四) 公共选择理论的政策主题

公共选择理论提出了制度和宪法改革的政策主张。按他们分析认为,当代西方社会的问题,不是市场制度的失败,而是政治制度的失败。为此建立一个能够有效地制约政府行为的政治决策体系,即公共选择制度,是非常必要的,并提出了如下政策建议和主张:

1. 用市场力量改善政府的功能

所谓市场化改革是试图通过把经济市场的竞争机制引入政治市场来提高后者的运行效率。市场化改革的思路主要包括三方面的内容:明晰和界定公共产品。"公有地、公海、公共资源"的产权,借此消除在这些公共产品使用上的"免费搭车"和"公共悲剧"。在公共部门之间引入竞争机制,重构政府官员的激励机制,按照市场经济原则来组织公共产品的生产。重新设计公共产品的偏好显示机制,使投票人尽可能真实地显示其偏好。

2. 改革公共决策体制和政治制度

首先,进行立宪改革。布坎南认为,政府政策失灵的根源不是政策内容本身，而是约束政策制定的规则。所谓宪法改革，是试图通过建立一套经济和政治活动的宪法规则来对政府权力施加宪法约束。其次，对政府的财政过程尤其是公共支出加以约束。政府扩张及浪费的集中表现是政府行政经费和公共开支的扩大趋势，增加机构和人员最终也体现为经费的增长。因此，要有效地抑制政府的扩张和浪费，必须在政府的财政过程上做文章，通过财政立宪，税制选择、平衡预算和税收支出的限制等措施来约束政府的财政政策。

第二节　公共选择理论研究方法及其创新

一、公共选择理论的研究方法

（一）“经济人”假设

公共选择理论出发点是“经济人”假设。“经济人”假设有三个基本要点：① 人是自私的。所谓自私是指个人的行为只受个人利益的驱使。② 人是理性的。人的理性表现为：一是人在行动时必然进行成本—收益分析；二是所谓理性包括这样三层意思：知识的完备性、个人的偏好体系稳定有序性、个人拥有很强的计算能力，所以有人称“经济人”具有完全理性。③ 良好的法律环境。

公共选择学派认为“经济人”假设也适用于政治领域。政治活动的本质是一种公共选择，与在经济活动中一样个人在参与政治活动时也以个人利益的最大化为目的，也以成本—收益分析为根据。“政治人”与“经济人”一样，是利己的、理性的、依据个人偏好的，以最有利于自己的方式进行活动。当个人由市场中买者或卖者转为政治过程中的投票者、纳税人、受益者、政治家或官员时，他们的品性不会发生变化。政治人的主要角色是政治家和选民。

以政治家为例，他们优先考虑的是个人利益的得失，政治家的利益在于获得权力、地位、威望等。他们的这些追求未必符合公共利益。尽管政治家可能有促进公共利益的愿望，但是，促进公共利益只是他们个人众多意愿中的一种，而且这种愿望很容易被其他更有诱惑力的愿望所压倒。因此，公共利益不能成为政治家的最高道德标准。在西方代议制国家，政治家的目的首先是追求最多选票。他们被假定是选票最大化者——正像厂商被看作是利润最大化者一样。

（二）交换政治学

布坎南接受哈耶克的观点，认为经济学是关于交换的学科，主要研究交换的过程及交换过程中次序的产生，研究独立的个体在自由交换中自发产生的秩序。经济学的基本命题是不同个体之间的交换，经济学是关于契约的学科。政治领域中的基本活动也是交换，政治是个体、团体之间出于自利动机而进行的一系列交易过程。政治过程与市场过程一样,基础是交易行为,是利益的互换。市场与政治之间难以划出清楚的界限,只要集体行动以个人决策者作为基本单位的模式进行,只要这样的集体行动基本上被想象为反映了一个社团全体成员之间的复杂交换或协议,这样的行动、行为或选择可以很容易地列入交换经济学的范畴。

政治中的交换与经济中的交换不同:第一,市场上交换的是商品的归属,政治中通过交易形成的是协定、契约、规章、条例等公共产品,这些公共产品的形成必须通过集体协议,因而需要一系列特殊的中介(代议制、议会、政府等);第二,市场交换发生在个体之间,政治交换是集团之间的交换。政治领域中人追求个人利益的方式与市场上不同,政治是人们相互之间一种复杂的交易结构,通过这个结构,人们达到各自的个人目标。这些个人目标在市场交易中是无法实现的,只能借助团体,通过政治过程,比如利益集团在立法机构中的讨价还价,进而影响政策过程的完成,从这个意义上讲,政治是全体参加者之间的交换;第三,经济交换基本上是一种商品交换,政治交换则是服从与统治的交换。在个人单独保护自己的利益成本过高时,选民与政府之间以服从换取安全。统治依靠权力,权力的行使意味着强制,因此,政治交换中有非自愿的成分。

(三) 方法论的个人主义

公共选择理论的第三个基本出发点是方法论的个人主义,认为人类的一切活动都应从个体的角度来理解,个人是分析的基础。社会被看作一种个人追求其自身利益的总量效果,国家被当作个人得以通过它寻求自身利益的一种机构。集体行动是一些个人为了各自的利益而共同行动,并承诺遵守相应的规则的活动,集体行动不过是个体利益得以实现的工具。首先,个人是政治决策的基本单位;第二,政府不是一个抽象的实体,国家或政体是一套个人以集体行为(不是个人或私自行动)的制度或规则;第三,个人主义是评价一切行为的出发点,由于个人是集体决策的最终承受者,只有个人才具备评判决策结果的资格。

二、公共选择理论的方法创新

(一) 用"经济人"范式理解政治家和官僚的偏好与目标

公共选择理论的发展,加速了公共选择社会思潮,并于 1965 年在美国形成。这种社会的思潮形成了《公共选择》期刊及其每年的学术会议。期刊及会议主要吸引了经济学家以及政治学家的参加。经济学家提出了基于选择的建模手段,政治学家提出了他们不同政治系统的宽泛知识以及机构和政治互动的详尽知识。公共选择理论认为,人作为人其行为特征就是追求自身利益的最大化,不论你是普通的人还是政治家,因此,"经济人"可以用于分析政治主体的行为。方福前教授在《"经济人"范式在公共选择理论中的得失》一文中指出：用"经济人"范式来统一分析经济活动和政治活动中的个人行为有助于构建逻辑一贯的政治经济学体系，有助于理解政治家和官僚的偏好以及行为目标。但是，现实社会是一个丰富多彩的世界，在这当中的人是五颜六色的，用一个不变的动机来概括一切人的行为动机未免会以偏概全。事实上，支配个人经济活动和政治活动的动机是多元的。在用"经济人"范式来分析个人从事政治活动的动机时，我们需要补充社会学、心理学、伦理学等相关学科知识来加深对个人行为动机分析。

（二）采用了数学模型推理方法和演绎方法

公共选择理论采用了数学模型推理方法和演绎方法，从而使研究结论具有了数理基础和依据，通过数理推导的政治理论更能够让人信服。公共选择理论中的寻租理论、官僚体制理论、利益集团理论、投票规则分析等理论都使用了大量的定量数学模型来推导结论，如：奥尔森（Olson）在研究集团大小、集团中的个人行为之间关系问题时，就采用了定量的数理推导，并得出了结论，其结论就是"如果在购买集体物品的任意水平上，集团收益超过总成本的量要大于它超过任意个体收益的量，那么就可以假设提供集体物品，因为个体的收益超过了为集团提供集体物品的成本。"公共选择理论的贡献之一正是它指出了任何政治决策的制定都应是一种经济行为——它有成本和收益，一项好的政策至少是收益大于成本的政策。布坎南和塔洛克在《同意的计算——立宪民主的逻辑基础》中就对投票规则和选择规则特别是全体一致的规则作了成本和收益的分析。

（三）将政府决策建立在个人决策的基础上

公共选择理论中研究的重点就是个人行为，人是社会的基本组成单位，政府是人与人之间相互作用的制度合体，公共选择理论将政府制度合体的决策建立在个人决策的基础上。人通过政府制度做出集体决策，以满足他们期望的集体目标，同时也进行着相互作用、相互交易而达到各自的目的。公共选择理论的奠基人布坎南就曾经认为，公共选择理论其实就是"政治过程的个人主义理论"，他的支持者们跟着随之附和，认同集体主义是个人利益的集合体，在这一集合体中体现了个人利益的最大化和统一化。但是，对于这一看法也有着众多的反对意见，主要是认为这不能反映出个人利益的诉求本源以及集体利益的最大化。很多的反对者把个体一个一个的叠加后变成集体，这样的理论是很机械化的，不能代表任何个人的想法，太片面而且不合情理。

第三节 公共选择的决策机制

一、直接民主决策机制的分析

在广泛意义上解释直接民主决策机制，就是本国的公民直接参与投票并且进行公共决策，把投票的结果作为最终选择的一种决策制度。按照投票获胜规则的不同，直接民主决策机制又可以划分为“一致同意规则”和“多数票规则”。

（一）投票规则

1. 一致同意规则

一致同意规则是指一项决策必须经过所有投票参与人全部通过或者没有任何人提出反对，才能把这项决策提上议程并且实施的一种规则。该规则实行的是一票否决制，通过这个规则做出集体决策，能达到所有人的要求与偏好，使所有人得到满意，这项规则已经由维克塞尔和林达尔两个人提出的“维一林模型”得以证明。但是，在实际运用中，一致同意规则是很难实行的，可以列出几点说明：第一，每个个体思维的不同造成的想法和行动也是不同的。有人曾经做过实验，在两个人的场合下一致同意就很难达到一致决策，而在群体的社会中那就会更加艰难；第二，在利益面前偏好只能让步，一致同意规则要求投票参与人能够通过自己的偏好和最大的满意度进行投票，而在巨大利益与过多的成本消耗面前，参与人只会选择隐瞒自己的偏好和满意度，把利益作为最大的选择；第三，该规则会被某些别有用心的人轻易利用，使用自己的一票否决权去敲诈该项目的决策人，这样就使该规则成为这些人的利益索取的工具。因此，一致同意规则只能在一个比较小的公共决策中适当运用，而且要加以注重和监督。

2. 多数票规则

多数票规则是指一项决策必须经过所有投票参与人半数以上赞成才可以获得通过的一种投票规则。多数票规则还可划分为“简单多数票规则”和“合格多数票规则”。按照简单多数票规则，只要赞成票超过半数，决策或者议案就可以通过；如果按照合格多数票规则，赞成票必须超过半数且要超过半数很多，这样议案才能获得通过，这种合格多数票规则又可以分为三分之二多数制、四分之三多数制、五分之四多数制等。简单多数票规则是最为常用的，而在实践中使用哪种规则，取决于该决策中提出问题的重要性，多数票规则在实际应用中确实比一致同意规则要实用，而且适用于大多数议案或决策。

（二）投票悖论与阿罗不可能定理

1. 投票悖论

我们先通过例子来说明投票悖论。假定有三个选民张三、李四、王五，每人要共同面临 A、B、C 三种选择方案,A 代表高水平的公共支出方案,B 代表中等水平的公共支出方案,C 代表低水平的公共支出方案。每个人的偏好顺序由表 4-1 表示。

表 4-1 选民个人偏好顺序排列表(1)

排序 选民	第一选择	第二选择	第三选择
张三	A	B	C
李四	B	C	A
王五	C	A	B

按照多数票规则我们通过三个选民进行相互投票进行表决,找出了一个非常稳定的集体偏好顺序。A 和 B 的票选,张三和王五的票选中 A 优于 B,而李四的票选 B 优于 A,A 与 B 的票选结果为 A 的票数比 B 多,所以 A 得到优胜权。然后 A 与 C 进行票选,选举方法和 A、B 票选相同,C 比 A 的票数多且优先,则 C 得到优胜权。

最终结果根据集体偏好的传递性,C 得到最终优先权,而这个集体偏好顺序就是 C 优于 A 优于 B。以此类推,使用相同方法再把 C 和 B 进行票选,又得到 B 优于 C,而集体偏好顺序就形成了 A 优于 B 优于 C,这就使票选方案形成了循环状态,而这个循环状态又是不可能实现的,这种不可能实现的又不稳定的现象就被称为"投票悖论"。

2. 阿罗不可能定理

如果在投票程序上通过某些改变或者是一些技术性变化,这样来消除投票悖论是否可行呢?故此把这种改变称为淘汰制,即在两两表决中获胜的那一方才能参与投票,而未获胜的方案就不可以再次进行票选。就上例进行讨论,A 在票选中优胜于 B,B 就不能参与票选,而进行 A 和 C 票选,C 获得优先权后,成为最终优先,最终结果就是 C 得到优先决策,也是最后结果。但是,如果在这次投票中,如果改变 A、B、C 三项选择的顺序时,就又会出现不同的结果。这样我们就会发现在投票人与偏好没有改变的情况下,投票却出现不同结果。故此,我们发现淘汰制虽然消除了"投票悖论"的影响,但是如果投票的前后顺序改变了还是会出现不同的票选结果,投票程序的不同造成了投票结果的不同,而这个问题与上述的一票否决又有着相同的弊端。怎样才能民主、公平、正确地确定投票程序,使投票程序不被人为操纵,这些问题到目前为止仍然是一个无法解决的难题,这也正是我们需要继续研究和解决的课题。美国经济学家阿罗(K. J. Arrow)经过了深入的研究并且使用很多方法进行证明,政治机制和集体决策规则这两种形式,两者不能统一,即只能满足其一。这就是著名的"阿罗不可能定理"。

（三）单峰偏好与中间投票人定理

1. 单峰偏好

阿罗不可能定理的结论尽管是悲观的,但是人们并没有停止对消除投票悖论,寻找更加理想的投票规则。在 20 世纪中叶,针对投票悖论,邓肯·布莱克(Duncan Black)在他的《委员会和选举理论》一书中提出,通过适当限制个人偏好以适应某种特殊模式,则多数票规则很可能会产生一种均衡的投票结果。布莱克的这种看法就是,假如每个个体在只有一个维度上有一种"单峰偏好",那么所有阿罗条件都达到了多数原则。假设另一个的集体具有某种实现决策好的线性顺序,同时个体的偏好又在这条线上某些最佳归属点的话,就会遵照这一规则。

单峰偏好有着多种解释和不同的应用,简而言之,就是说一组投票者中,消费者或代理商在其各自对事物的选择上:A 是有着理想的正太分布;B 结果是不具有任何个人偏好的理想选择。也就是说某个人具有单峰偏好,那么,如果他对某一个方案最偏好的话,在对比其它方案后,他就会对其它方案产生反感,而对最偏好方案的偏好程度或者效应大大增加。布莱克进一步指出,虽然对同一组方案各个投票人的单峰偏好的形状可能是不一致的,只要是单峰偏好,简单多数票规则就一定会产生非常稳定的均衡性。也就是说,如果全部的投票者都具有单峰性偏好,那就一定消除了投票悖论。我们可用下面的例子来说明布莱克的这一理论。

我们把上一例子中的偏好顺序进行调整一下,调整后的结果见表 4-2。

表 4-2　　个人偏好顺序排列表(2)

排序 / 选民	第一选择	第二选择	第三选择
张三	A	B	C
李四	B	C	A
王五	C	B	A

按多数票规则对 A、B、C 三个方案进行两两表决,在 A 与 B 的表决中,B 胜 A;在 A 与 C 的表决中,C 胜 A;在 B 与 C 的表决中,B 胜 C。因此,表决的最终结果是唯一的,且具有传递性,显示出的集体偏好顺序为 B≻C≻A。如果我们使用坐标形式进行描绘的话就会发现峰值,也就是所说的单峰偏好。

表 4-1 反映的是个人偏好结构,表 4-2 是另一组个人偏好结构。两个表的

区别在于，表 4-1 张三、李四两个选民的偏好线是单峰型的，而王五的偏好线是双峰型的，导致了投票悖论的出现。而在表 4-2 中，三个选民张三、李四、王五的偏好线都是单峰型的，其投票结果是稳定和唯一的，这也验证了单峰偏好理论。把个人偏好限定为单峰偏好在理论上是完全可以的，但它的无限制选择却在实际运用中不可行。所以说是否能真正有效的消除投票悖论，单峰偏好还要做出一些程度上的改变，这就好比投票者在一种公共产品的不同数量上进行选择时出现的结果。在这里简单的说一下，投票悖论只有在备选决策两个以上（不包括两个）时才会出现，如果只有一个或者两个备选决策，投票悖论就不会出现，而备选决策的数量的多少决定了投票悖论出现的概率大小，数量越多概率越大。

2. 中间投票人定理

如果三个人的个人偏好都是单峰性的话，那最终获胜将会是 B，而恰恰李四的偏好正好是 B，他就是所谓的中间人，也就是我们将要说的中间投票人。所谓中间投票人就是指像李四这样的一位投票人，他的偏好正处在三个人的中心点上，刚好是所有人当中不偏不倚的选择。而我们谈到的这个现象，也刚好验证了中间投票人定理。

提出中间投票人定理的人就是唐斯（A. Downs）。唐斯在其 1957 年出版的《民主的经济理论》一文中认为，经济理论可以被应用于非市场政治决策为基础奠定了相关模型，提出了在模型中，通过实践研究可以证明其结论的有效性。大部分研究最终成为了公共选择理论的一部分。唐斯的理论不再窠臼于公共政策选择的正规表述上，相反关注于何为合理性以及政府应在其中指定何种激励机制。中间投票人定理又丰富了单峰偏好理论，它为消除投票悖论做出了一定的贡献，也为资本主义国家的政党和国家领导人的选举提供更加民主和公正的手段。

二、间接民主决策机制的分析

间接民主决策机制是指不由公民直接投票进行公共决策，而是由他们投票选举出少数人作为代表，并授权这些代表按确定的政治程序做出公共决策的一种决策制度。它也被称为代议制民主决策机制。而上面所讲的直接民主决策机制过于复杂而且所运行的成本非常高，这就造成其不能经常运用，而西方国家使用的决策机制恰恰就是间接民主决策。

我们在前面对直接民主决策机制进行了详细的阐述，其实不论直接民主决策还是间接民主决策，他们都是投票决策机制，是公共选择理论的投票理论。直接民主决策机制认为，一切民主投票属于普遍性问题，而且适用于间接民主决策机制。另外，我们对间接民主决策机制的分析还有一些需要特殊对待、深入研究的方面。在间接民主决策机制中，其中选民、政治家和官僚这三类是必不可少的主要参与者，他们的偏好、行为、对事物的看法以及性格特点都影响着决策结果。所以，我们如果要想深入研究间接民主决策机制，就要对投票参与者的行为特点、偏好充分了解。

(一) 选民的偏好以及行为特点

选民作为政治市场上的需求者，他们所要完成的任务就是把能够为他们谋取利益的代表选举出来，这也是他们的主要任务。选民在政治市场上所体现出来的偏好、行为特点与在经济市场上的消费者的偏好、行为特点其实是一致的，没有什么区别。公共选择理论是这样解释的：无论是政治市场上的选民还是经济市场上的消费者，他们的偏好以及行为特点都是一致的，他们所遵循的都是把利益作为主要目标，即用理性决策来进行自己的经济活动或者政治活动。选民之所以要去投票，那是因为他们是理性的，他们参与选举的目的就是能够通过参与政治获取他们所需要的利益。这种以选民进行分析的观点被称为“理性投票人假设”。

按照理性投票人的假设，选民对决策的投票会出现几种不同的选择。首先，有些选民在某些特殊情况下会放弃投票权。比如，在某一个决策中，如果选民的选票对决策的影响很微弱的话，那么就会造成选举成本过高，也就是他的选票可能根本起不到什么作用，他将会放弃他的投票权。而像这样放弃选票的选民在所有选民中的比率增多的时候，其决策结果的可靠性就会下降，就不能成为民主决策的依据。其次，如果某些选民都有着共同的利益，他们会为其共同的利益而结成特殊利益集团，而且会在与他们共同利益相关联的某项决策中，与那些放弃投票权的选民进行比较，他们会更加积极地参与，这就造就了决策的可操作性，也就是上述对于其决策结果的可靠性的下降，从而造成非民主决策。因为公共决策的内容是具体的，必然会与这些特殊利益集团的选民利益相关联。比如，商品税收补贴与商贩、土地使用税补贴与开发商等等，这种与某一公共项目有密切利益关系并在公共决策中发挥重要作用的群体，我们称之为特殊利益集团。当这种特殊利益集团形成后，他们就会通过各种方式，使决策层也就是统治阶层做出有利于他们获取利益的决策。特殊利益集团通常都是人数较少且通过集体行动而获取利益最大化的选民群体，少而精要优于多而杂，人数多也会造成免费搭车现象的出现，最终放弃投票权。

(二) 政治家的偏好以及行为特点

政治家是政治市场上的供给者。政治家通过竞选由选民选举而产生，他们的职责就是让选民的利益得到最大化，而他们是否会为了这个职责去做呢？答案是否定的。公共选择理论指出：政治家，即国家元首或总统或总理等，他们也有自己的利益,那就是连任,这才是他们利益的最大化,而为了追求他们自己的利益,他就会通过各种手段让选票最大化,下面我们介绍一下政治家的行为特点。

首先,我们就不得不提到“中间投票人”,政治家在竞选时会提出一些最能被“中间投票人”接受的政策主张。因为这样做符合“中间投票人定理”,这样做会获得多数人的支持。政治家通过文字游戏对中间投票人进行拉拢,因为中间投票人的偏好可以任意引导或解释,可以是一些含糊其辞,与其完全不同的政策。本来就不相同的政策,他又会起到什么作用呢?政治家在国家收入政策方面,他们并不赞成增加税收,而是通过发行国债来增加收入,这恰恰也是他们的聪明之处,因为增加税收会引起选民对其不满,阻力较大。对于未来偿还国债来说,比较容易让选民接受,毕竟钱依然是选民自己的,而且收入已经到了政治家的手里,两全其美何乐而不为。政治家在国家支出政策方面,会把扩大公共支出的范围和规模作为一个砝码,之所以这个政策会成为砝码,原因有三:首先,那些需要在公共支出相关联的项目中得到利益的特殊利益集团一定会去支持政治家,只有支持才会有利益。其次,大型利民公共设施的建设也会使选民们对政治家加以支持,即使大部分利益会在少数人手里。最后,政府部门的官僚们也希望通过增加财政预算来扩大本部门的支出,在多方面的支持下,不论公共支出的范围和规模扩大后会有什么样的影响,政治家都会得到支持和选票的最大化。但是政治家的这种行为特点最终会造成一定的后果,选民们肯定不会预料到,那就是巨大的财政支出和高额巨债,宏观失调、通货膨胀、经济运行效率低下等许多问题也将随之而来,最后选民们会对此进行反思、苦恼,最后愤怒。而后会出现社会不稳定,政治家下台,唯一受惠的就是那些特殊利益集团,他们会重新寻找使他们利益最大化的政治家们。

(三)官僚的偏好以及行为特点

官僚,是由政治家通过聘任来实施和执行政治家做出的决策的人。官僚是政府行使职能并且能够连续的存在的必然产物,他们掌握着管理技能与专业知识,他们在政府中的任期要比政治家的长,而且政府能够连续行使职能且稳定的运作也需要他们的长期任职。在公共选择理论看来,官僚的行为特点同样也是为了追求自身利益的最大化,比如高额薪金、特殊权利、晋升职位等等,而这些都是来自于财政预算规模的扩大。因此,官僚们的偏好就是追求财政预算的最大化。故此,我们对官僚的了解也有了一个大概的认知,虽然官僚作为政治家的下属,对政治家的决策进行执行和实施,但是这个决策项目的实施或运行的方式却掌握在这些官僚们的手中，也可以说官僚在不同程度上具有很大的决策权利。官僚的专业知识和管理技能，使政治家在颁布决策和执行决策时，并不被动，而是有一定的主动权，以上这些问题也使官僚的权力在一定程度上超越了本身涉及的权力，尽管政治家对他的行为进行监督和约束，但是效果也是有限的，这可能也是政府行政效率不能提高的一个重要根源。

第二篇　公共支出

作为公共支出篇，本篇以公共经济学视角首先研究了公共支出理论，在明确公共支出的内涵、结构与规模后，重点研究了公共支出的两种基本形式，即公共投资与公共消费，强调加强公共支出管理的重要意义。主要内容：第五章论述公共支出基本理论，在明确公共支出的内涵并进行分类后，提出了公共支出要注意的两个问题即公共支出结构与规模，重点分析了公共支出的增长原因；第六章研究公共投资问题，在做一般理论分析后，具体分析公共投资两大领域：基础设施投资与农业投资；第七章研究公共消费，在对公共消费意义考察后，重点分析了行政事业支出、国防支出、科教事业支出三大领域的公共消费；第八章研究公共支出管理，主要从控制总量、优化结构与绩效评价三个方面来加强公共支出的管理。

第五章　公共支出基本理论

本章重点

1. 掌握公共支出的内涵与分类
2. 了解公共支出的结构及其优化问题
3. 理解公共支出的规模增长

公共支出反映公共决策的政策取向。通过对公共支出基本理论分析，探索公共支出的结构、规模与增长，为后面的公共投资、公共消费讨论奠定理论基础。

第一节　公共支出的内涵与分类

公共支出可以确保国家职能的履行和政府经济作用的发挥。在市场经济社会中，可以支持市场经济的形成和壮大。那么什么是公共支出，又如何分类？

一、公共支出的内涵

（一）公共支出的定义

公共支出（public expenditure）有广义与狭义两种理解。广义的理解认为，公共支出应当涵盖所有属于公共部门（政府和其他性质的事业单位）所经办的支出的内容，因此它是一个不同于财政支出的概念；狭义的理解则认为，公共支出就是公共财政的支出，是政府为市场提供公共服务所安排的支出。因此，在狭义上，公共支出概念与公共财政支出或政府支出（government expenditure）是一致的。在英语文献中，public expenditure 与 government expenditure 常常混用，两者在中文译文中也被有些学者都译为公共支出。本书在研究中所涉及的公共支出概念基本上是属于狭义的概念。

公共支出是以政府为主体，以政府的法定事权为依据进行的一种货币资金的支出活动。在西方国家，公共财政对经济的影响主要表现在公共支出上，政府干预调节经济的职能也主要是通过公共支出来实现的。公共支出是国家对集中起来的财政资金进行有计划的再分配过程，是控制财政分配的目的所在，是财政分配的重要环节，是政府宏观调控的手段之一。一方面由于公共支出直接构成和影响社会总需求，调控社会总供求关系；另一方面公共支出结构的确立与调整对社会经济结构、产业结构的形成和变动以及国家职能的履行至关重要。

(二) 公共支出的内容

在市场经济体制下,公共支出的范围主要是根据公共产品的范围来确定的。政府的责任主要是提供公共产品。公共支出的内容也应该服从于政府职能范围,公共支出的内容应该包括以下几个方面:

(1) 提供公共秩序产品,主要包括行政司法和国防、外交等内容。行政司法维护国内秩序,国防外交维护对外关系稳定,这一内容体现的是政府传统的政治职能。

(2) 提供公共基础设施,主要包括交通、能源、水利、环保等内容。这里有纯公共产品和准公共产品与私人产品的混合产品。这一内容体现了政府的经济职能。

(3) 提供社会公共服务,主要包括教育、医疗、文化、卫生和气象等事业。这一项体现的是政府的社会公共服务职能。

(4) 提供社会保障,主要包括社会保险、社会救济、社会优抚等内容,体现的是政府的社会保障职能。

(三) 公共支出的特征

公共支出最根本的特点就是在市场对私人部门资源配置的基础上,政府在市场失灵领域内的职能体现,这就决定了公共支出具有以下特征:

1. 公共性

市场经济条件下,公共支出的活动都是以满足人们的公共需要为目的的。虽然每个社会成员的需求都是千差万别的,但是在特定的条件下特定的社会群体对某些物品的需求也具有共同性,例如国家安全、社会稳定等。这些共同需要是每个社会成员必需的,是市场机制不能很好满足的,必须依靠政府提供。

2. 公平性

公共支出提供的公共产品在满足社会公众需要的时候是公平的。公共产品为每个社会成员提供的效用是无差别的,公共产品具有非竞争性、非排他性和效用的不可分割性。

3. 法制性

市场经济条件下,政府的公共支出活动要有法律规范的约束。公共支出必须严格按照预算进行,而不得随意增减和改变支出内容和规模。政府每年的财政预算、决算都要报国家权力机关审批并以法定形式固定下来。

4. 非营利性

市场经济条件下,政府活动的目标是满足社会公众的公共需要。公共支出不应该参与营利性的活动,每一项支出都建立在非营利性的基础上,即便取得了收入也是以弥补成本为限。

二、公共支出的分类

公共支出的分类是指根据不同的需要和标准将公共支出进行划分和归类。对公共支出进行科学分类可以使得对公共支出发展规律的把握更加准确、全面和科学，也使得对财政资金的利用更加合理有效，从而更好地发挥公共支出在经济社会发展中的作用。一般来说，公共支出主要有以下几种分类方法：

（一）按政府职能分类

我国的公共支出按照其职能可以分为经济建设支出、社会文教支出、国防支出、行政管理支出和其他支出五类：

（1）经济建设支出，包括政府以经济拨款、投资、补贴和贷款等形式用于经济建设方面的支出。

（2）社会文教支出，包括用于科学、教育、文化、通信、卫生、广播、体育、地震、文物、海洋、计划生育、出版等方面的经费、研究费和补助费等。

（3）国防支出，主要包括各种武器支出和军事社会支出，有关军事的科研支出，军事人员给养支出，对外军事援助支出，用于实行兵役制的边防、公安、消防部队、武警部队[①]的各种经费等。

（4）行政管理费，主要包括国家行政机关、事业单位、公安机关、司法机关、检察机关、干部培训经费、驻外机构的各种经费以及业务费等。

（5）其他支出，是以上四类支出难以概括的公共支出项目。

（二）按经济性质分类

按经济性质分类，可以将公共支出分为购买性支出和转移性支出。

1. 购买性支出

购买性支出指政府用于商品和服务购买的支出。这些商品和服务的支出不仅包括政府为进行正常的政务活动所需的支出，也包括进行国家投资所需的支出。它们的共同特点是政府是有回报的，即政府付出资金并相应地获得了商品和劳务。这种性质的支出中，政府与其他经济主体是没有区别的，都是在从事等价交换的活动，体现出来的是政府的市场性再分配活动。购买支出是平衡社会总供求量的一个重要因素，对社会的生产和分配都具有调节作用。

2. 转移性支出

转移性支出指政府资金单方面的无偿的转移。例如对居民的各类补助支

---

① 武警部队的开支，是属于国防开支的。不管是国务院财政部在结算，还是地方政府结算，这一笔开支，都是划在国防军费开支里面的。武警部队，并不是警察，他们护法，但不执法。受中央军委和国务院双重管理。

出、社会保险和救济方面的各种福利支出等。这些支出的共同特点是政府虽然付出了资金，但却无任何商品和服务所得，这里不存在任何等价交换，体现的是政府的非市场性再分配活动，它是政府调节收入分配的重要手段。购买性支出对社会经济的影响主要通过社会生产和就业来反映，而转移性支出则对收入分配的影响较明显。如果购买性支出占公共支出总量的比重较大，表明政府对社会经济运行具有一定的影响，执行资源配置的功能较强；反之，如果转移性支出占公共支出总量的比重大，表明政府执行国民收入分配的功能较强。

（三）按支出方式分类

公共支出的方式是指采用什么方式来分配和使用财政资金，基本方式有无偿拨款和有偿贷款两种形式。

1. 无偿拨款

无偿拨款是指政府将财政资金直接拨付给有关单位和部门使用，不要求其归还也无需付出任何代价的一种支出方式。无偿拨款是一种重要的公共支出方式，它是政府实现其各项职能的前提和物质保证，主要用于保证科教文卫等事业费、行政管理费、国防支出等。财政无偿拨款体现了财政无偿性的基本特征，但是需要加强对其财政管理，提高资金使用效益。

2. 有偿贷款

有偿贷款是指政府将财政资金直接贷放或通过银行贷放给有关单位和部门使用，并收取一定的占用费或利息的一种支出形式。有偿贷款支出主要用于资本投资性支出项目，其资金的筹集往往也采用有偿的信用形式。实行有偿贷款形式，一方面可以使使用单位服从政府对社会经济进行宏观调控的需要；另一方面可以将使用单位的用款数量与其物质利益结合起来，加强经济核算和经营管理，提高经济效益。

（四）按最终用途分类

按照最终用途，公共支出可分为消费性支出、积累性支出和补偿性支出三大类。

1. 消费性支出

消费性支出是用于社会公共消费方面的支出，主要包括文教、卫生、科学事业费、抚恤和社会救济、行政、国防等各项支出。消费性支出在公共支出中占有重要地位。

2. 积累性支出

积累性支出是直接用于社会物质财富的生产和国家物资储备的支出，主要包括基本建设支出、流动资金支出、国家物资储备支出、科技三项费用支出、支农支出、地质勘探费用支出以及各种经济建设事业、城市维护事业中增加固定资产部分的支出。积累性支出是公共支出的主要部分。

3. 补偿性支出

补偿性支出是用于补偿生产过程中消耗掉的生产资料方面的支出，主要用于进行企业固定资产的重置和更新改造。这种支出在公共支出中所占比重甚小。

第二节　公共支出结构及其优化

构建合理的公共支出结构，提高公共支出效率，是能否更好解决市场失灵问题的关键。

一、公共支出结构的内涵与特征

（一）公共支出结构的内涵

公共支出的结构是指用于各部门各方面的数量、比例及其相互关系。它是根据不同的要求和不同的分类标准对公共支出进行科学系统地归纳而形成的公共支出类别、构成及其对应的比例关系。对于公共支出结构内涵的理解，应至少把握以下两方面：

(1) 公共支出结构是质的规定性与量的规定性的统一。质的规定性指的是公共支出结构的基本特征，而量的规定性则代表着公共支出各个类别之间的比例关系。

(2) 公共支出结构还是稳定性与变动性的统一。一方面，在一定的时间一定的范围内，公共支出的结构整体是具有稳定性的，也就是说构成公共支出的各要素之间是相对平衡的。但是另一方面，所谓的稳定指的是相对的稳定，实际上公共支出结构一直处在变动之中，而且有时变动比较缓慢，有时变动速度比较快速，变动幅度比较大，整体上就会呈现出一定的波动性。

（二）公共支出结构的特征

1. 多层次性

多层次性体现在行政属性的多层次性和支出领域的多层次性。行政属性多层次性上公共支出结构可以分为中央和地方等多个层次；支出领域的多层次性包含国防、教育和医疗等多领域，各个领域内又可以分为若干层次而再次分配。

2. 直接可控性

公共支出机构的实现过程即是政府资金拨付、公共资源分配的过程，这样就决定了公共支出结构能直接由政府控制。这一特点有利又有弊，直接可控性使政府能够直接通过调整公共支出结构来引导经济结构的变动。也正是这一点使得公共支出结构容易受决策者意识的影响而偏离经济发展的客观要求。

（三）公共支出结构的意义

1. 从财政分配的角度来分析

从财政分配的角度来分析，公共支出的基本内容以及各类支出的相对重要性都在公共支出结构中得以反映。同时，公共支出结构也是一定时期内一个国家或地区的财政政策取向以及政府财政活动的范围和重点。对公共支出的结构进行系统、全面的分析，旨在于探索公共支出的规律性及其内在联系，分清先后主次、轻重缓急，合理地对财政资金进行安排，尽力达到公共支出的最优结构，以确保国民经济以及社会发展各方面的资金需求，同时也保证各级政府的资金需要以履行其各项职能，从而提高财政资金的利用效率。

2. 从宏观经济运行的角度来分析

从宏观经济运行的角度来分析，由于公共支出涉及国家和地区社会生活的各个方面，在经济运行的过程中也起着非常重要的作用，因此公共支出结构必然会反映社会经济生活中存在的各种比例关系。更为重要的是，在我国当前社会主义市场经济条件下，生产要素的调整和配置主要通过市场这只无形的手来进行，而政府对市场的宏观调控主要是借助财政政策，其中重要的一种途径就是调整公共支出结构，即通过调整公共支出结构，来引导、协调和控制社会结构、产业结构、经济结构、消费结构，实现政府宏观调控目标。

二、影响公共支出结构的因素

公共支出结构受多种因素的影响，其中主要有政府职能及财政资金供给范围、经济发展水平、政府在一定时期的社会经济发展政策、国际政治经济形势等。

（一）政府职能与公共支出结构

在决定政府公共支出结构的诸多因素中，政府职能及政府公共资金供给范围的影响处于首要位置，公共支出结构与政府职能及财政资金的供给范围有着直接的关系。这是因为政府公共支出的直接目的是满足政府执行其职能的需要，政府职能状况直接决定政府公共支出结构，有什么样的政府职能就需要有相应的公共支出结构。

在现代市场经济条件下，市场是资源配置的基础方式，政府职能是弥补市场失灵。为此，马斯格雷夫认为，在现代市场经济条件下财政职能主要体现在三个方面：一是资源配置职能，政府公共支出主要是为经济发展提供必需的公共产品；二是收入分配职能，即通过公共支出调节社会收入和财富分配，使其符合社会公认的公平或公正；三是经济稳定职能，即运用财政政策调节宏观经济运行，实现充分就业、物价稳定、经济增长以及国际收支平衡等目标。

但是在经济发展的不同阶段，财政职能并不是均衡配置的，一般经济发展水平越低，财政职能结构越向效率倾斜，资源配置职能越突出；经济发展水平越高，财政职能结构越向公平倾斜，收入分配职能越突出。

在强调自由竞争的资本主义生产阶段，经济学家们竭力主张“自由放任”的经济政策，认为应尽可能地缩小政府的经济权限。政府被限定为“廉价政府”和“守夜人政府”，政府最好的经济政策就是让市场机制这只“看不见的手”自由调节经济运行，政府的职能仅限于国防、行政、司法和必要的基础设施。当资本主义发展到垄断阶段后，自由竞争的市场自动调节机制被不断出现的经济危机打乱，西方经济学界关于政府职能的学说发生重大转变，以凯恩斯为代表的政府干预经济学说逐渐成为主流，政府公共支出的内容也进一步增多。

在计划经济体制下，政府职能及财政资金的供给范围比较宽，既承担了“社会共同需要”方面的事务，也承担了大量竞争性、经营性等方面的事务。所以，在公共支出结构上必然体现出浓厚的计划经济体制的特点，如经济建设支出投入的比重较大，增加了一些本应由市场去办的事务性支出。而在市场经济体制下，政府主要涉足市场不能办的事情或办不好的事情，着力于经济的宏观调控。所以，在公共支出中经济建设支出的比重就相对较小，同时在经济建设中用于基础设施、公用设施等投入的比重大，而几乎没有用于竞争性、营利性领域的支出。

无论是从自由竞争的资本主义经济到政府干预的垄断资本主义经济，还是从传统计划经济到社会主义市场经济，制度变迁贯穿始终，因此制度变迁因素对政府公共支出的影响也非常重要。制度变迁可分为需求诱致型和供给主导型，前者是社会的各个行为主体，在一定制度安排下，为了建立预期能带来自身利益最大化的机制，而实施的自下而上的制度创新；后者是政府为实现社会效益最大化，主动地借助行政、经济、法律等手段，而实施的自上而下的制度创新。无论何种制度变迁，都会有相应的利益受损者和利益境况改善者的出现，如果不对利益受损者给予相应的补偿，就会导致新的不公平并给制度变迁带来阻力，因此对利益受损者补偿是必需的。而这种补偿由私人部门实施是不可能的，只能由政府承担，从而相应增加转移支付，调整支出结构也就不可避免。

（二）经济发展水平与公共支出结构

经济发展水平是决定公共支出结构的另外一个重要因素。一方面经济发展的水平决定公共收入及其供给水平，另一方面公共支出的结构受到经济发展水平的影响。这是因为，一定时期的经济发展水平决定着当时社会需要水平及社会需要结构。按照马克思主义的观点，人们首先要解决的是衣食住行这些人类生存的基本需要，而后才能考虑其他更高层次的需要。在经济发展水平不高的情况下，政府供给水平和保障能力也必然不高，公共支出结构也会相应体现出这一时期的特点。以我国为例，我国要建立和发展市场经济迫切需要建立完备的社会保障制度，但限于国家财力，我国社会保障程度和范围十分有限，国家的社会保障支出还不能做到像西方发达国家那样在公共支出中占有那么大的比重。这只能随着国家经济发展水平和财力水平的提高逐步解决。因而，公共支出结构比较明显地反映出一个国家的经济发展水平。

马斯格雷夫认为公共支出结构可以分为公共积累支出与公共消费支出两部分，并且这两部分支出随经济发展阶段的不同而产生变化，在经济发展的早期阶段，由于交通、通讯、水利等基础设施落后，直接影响私人部门生产性投资的效益，从而间接影响整个经济的发展。而对这类经济基础设施的投资往往投资大、周期长、收益小，私人部门不愿投资或没有能力投资，但对这些经济基础设施的投资又是具有较强的正外部效应。因此，需要政府提供(或者是地方政府提供，或者是中央政府提供)这类基础设施，为经济的发展创造一个良好的投资环境，克服可能出现的基础设施“瓶颈”效应。此外，在经济发展的早期阶段，由于私人资本积累是有限的，这就使得某些资本品必须公共生产，即使这些资本品的利益是内在的，不具有外部效应，也要求通过政府预算提供，所以这一阶段公共支出中资本性支出的作用很大。一旦经济进入发展中期，私人产业部门业已兴旺，资本存量不断扩增，私人企业和农业的资本份额增大，那些需由政府提供的具有较强的正外部效应的基础设施已基本建成，对其的增加也逐渐变缓了，此时私人资本积累开始上升，公共积累支出的增长率就会下降，从而公共积累支出在整个社会总积累支出中所占的比重就会下降。当经济进入“成熟”期，公共净支出的份额又会上升。这是因为随着人均收入的进一步增长，人们对生活的质量提出了更高的要求，私人消费形式将发生变化，从而预算形式也要发生变化。因此，这一阶段对私人消费品的补偿性公共支出将处于显著地位，从而使公共积累支出又出现较高的增长率。总之，在经济发展的早期阶段，对公共投资性支出比例要求较高；而在“起飞”实现之后会暂时有所下降。当经济步入“成熟”阶段时又会上升。其增加与下降的程度主要取决于特定的收入阶段和它对资本的要求。

从国际经验看，在不同国家，由于经济发展状况不同，公共支出结构也有差异，这突出表现在政府生产性投资方面。从工业化国家情况看，由于其经济发达，市场机制完善，社会筹资能力强，由此决定政府投资主要定位在弥补市场缺陷、提供公共产品，具体投资范围限于基础设施、储备战略性物资以及补充或增加特定主体的资本等。与此同时，工业化国家的政府投资比重也相对较低。在发展中国家，政府部门作为一个投资者，比工业化国家发挥着更大的作用。这是因为在发展中国家基础设施的建设需要比工业化国家更多的投资，而基础设施的建设一般周期长、耗资多、收益低，非政府部门既无力量也不愿进行投资，因此只能由政府担当起这方面投资主体的任务。此外，发展中国家大多处于经济起飞阶段，国民经济的一些重要领域和产业需要政府投资兴建或扶持，这也决定了发展中国家的政府投资量更大一些，投资范围更宽一些。

（三）影响公共支出结构的其他因素

除政府职能与经济发展阶段对政府公共支出结构产生根本性影响外，还存在一些特殊性影响因素。

首先，虽然政府职能在一定时间内体现为相对的稳定性，但由于现时社会政府肩负的职责越来越多，社会活动变动性日益增强，政府在某一特定时期需要根据社会经济发展的实际，适时调整公共政策。调整政府公共支出结构是实现国家公共政策最有效的手段之一，通过调整公共支出可以反映政府的活动范围和方向，反映政府的政策取向。政府发展什么、控制什么、支持什么、限制什么，在公共支出结构中反映十分清楚。因此，政府在一定时期的社会经济发展政策直接会影响到公共支出结构的状况。

其次，在当前世界政治多极化、经济一体化的大趋势下，一国政治经济及其政府政策，受国际形势和环境的影响越来越大，几乎没有任何一个国家可以孤立地存在和发展，都必须通过不同形式与国际社会发生这样或那样的联系和交往，经济一体化既使各国经济形成了紧密的联系，也形成了相互的依赖。因此，各国经济发展不能不受国际经济形势和政治形势的影响，各国制定本国经济政策也必须充分考虑到国际形势的因素，从而对公共支出的结构产生显著的影响。早在 1825 年资本主义世界爆发的第一次经济危机，就说明在资本主义世界范围内各国经济的有机联系。今天，世界经济的发展已进入到了一个新的历史阶段，发达国家和发展中国家的经济已经相互联系、相互融合，一个国家的经济状况对相关国家乃至整个世界都会产生影响，例如受 1997 年东南亚金融危机的影响，我国从 1998 年开始实施积极的财政政策，将政府公共支出的重点转移到基础设施建设上来。

三、公共支出结构的优化标准

按照经济学的一般原理，个人追求的是效用最大化，企业追求的是利润最大化。那么从理论上来讲，政府应当追求公共利益最大化。公共利益的概念不仅涉及一定的事实基础，还涉及价值判断。公共利益最大化应该是政府一切活动的最终目标，政府的经济活动和政策是通过公共支出来实现的，实现了公共利益最大化的公共支出即为合理的公共支出。公共利益目标的难以界定主要是源于政府在效率和公平之间的权衡取舍。

(一) 最大多数人的最大利益标准

这一标准直观上很具有吸引力,实际上却很难应用。原因是这一标准在满足最大多数人的最大利益时却没有考虑会给另外一些人带来的损失。

(二) 功利主义标准

这一标准的前提是每个人的效用是可以加总的,这样社会总效用就是所有个人效用的和,理论上是可以衡量的。增加社会总效用就可以促进公共利益,增加社会总效用最终是通过增加个人效用来实现的,拿走一个人带来效用少的物品给另外一个人带来更大效用,这种一个效用的损失和另一个效用的增加是难以比较的。而现实生活中又没有任何政策能够有益于每一个人,总要有人遭受损失。

(三) 帕累托标准

如果有一种政策至少使一个人的境况变好而没有人的境况变坏,那么这种政策将会提高社会福利,称之为帕累托改进。当其他人境况不变坏就没有人的境况能变好的时候就达到了帕累托最优状态。

(四) 潜在补偿标准

既然政策的变化都会有益于某些人而有害于其他人,就假设受益者向受损者支付补偿,如果一项政策使某些人的收益足以潜在地支付受损者,那么这种补偿实际上支付了,但没有人因为这种政策而境况变坏。

(五) 社会福利函数标准

社会福利函数假设整个社会福利是个人效用的函数:$W=f(U_1,U_2,\cdots,U_n)$,其中 W 代表社会福利,U 代表个人效用,n 代表人数。福利函数要满足三大假定:一是 W 对 U_i 的偏导是正的;二是个人主义性,社会福利只是个人福利的函数;三是不公平厌恶型,社会福利函数是凹函数,即不公平程度越低福利水平越高。社会福利函数也因假定个人间的效用是可以比较而受到种种谴责。

第三节　公共支出的规模与增长

一、公共支出规模

(一) 公共支出规模指标

公共支出规模是指在一定时期内,政府通过财政渠道安排和使用的财政资金的绝对量和相对量。它是根据国民经济的发展状况和政府职能的实现要求等因素,测算和完成政府集中性支出在总量上的反映。衡量公共财政支出规模的指标有两种:一是绝对量指标,二是相对量指标。

1. 绝对量指标

所谓绝对量指标，又称公共财政支出的绝对规模，是指一国（或地区）在一定时期内（通常为一个财政年度）所有公共财政支出的货币价值总额。

2. 相对量指标

所谓相对量指标，又称作公共财政支出的相对规模，是指一国（或地区）在一定时期内公共财政支出占当期国民生产总值（GNP）或当期国内生产总值（GDP）的比重。

相对量指标和绝对量指标有可能反映出不一致的公共财政支出规模趋势。一方面，绝对量指标反映出财政支出规模在不断扩大，另一方面，相对量指标却不断降低，反映出财政支出规模不断缩小。

（二）公共支出的最优规模

公共支出规模的数量决定主要包括以下理论：

1. 公共产品配置的边际效用理论

随着公共消费的增加，社会从增加公共产品的消费中所获得的边际满足程度下降；相应地，随着公共产品的消费增加，纳税的边际负效用也随之增加，这意味着利用社会有限资源所生产的私用品越来越少。在 MSU（社会边际效用）$=MPU$（私人边际效用）时，就是政府公共支出规模的最佳点。此理论也有其缺陷，其一，基数效用无法有效量化，基数标准无法准确确定；其二，MU_{pg}（公共物品的边际效用）$=MD_t$（纳税的边际负效用）是从整个社会而言的，从个人而言，某些人消费公共产品的边际效用，与他所纳税的边际负效用并不相等，从而会产生分配不公问题。

2. 萨缪尔森的公共产品最优数量模型

其主要内容包括：第一，该模型利用传统的微观经济原理，阐述了公共产品与私人产品配置的基本差异，推导了对政府提供公共产品的社会总需求曲线；第二，该模型说明了公共产品配置最佳规模的必要条件不可能通过市场手段来实现；第三，该模型既考虑了资源的配置，也考虑了收入的分配，建立了公共支出理论的一般均衡分析。从决定政府公共支出规模数量的角度看，第三方面意义更大。

3. 道尔顿的最大社会收益理论

道尔顿在做了一些假定后，把生产和经营某种公共产品的社会收益与其社会成本联系起来，用社会总收益曲线（TSB）来表示。随着财政支出的增加，该曲线变得越来越平缓。当 $MSB=MSC$ 时，社会收益最大。这一原理同样适用于政府公共支出规模的最优数量决定，即不论是某一领域的财政支出还是政府总支出，都应当将其规模增加到其社会边际收益等于社会边际成本的那一点，这时公共支出和公共收益最大。政府公共支出规模的数量也由此决定。

二、公共支出的增长

(一) 公共支出增长的表现

1. 绝对数量的极大膨胀

从西方财政发展的状况来看,公共支出绝对数量的膨胀是和政府职能的扩张紧密联系的。在自由资本主义时期,“守夜人”政府被奉为经典,政府只是市场运行的辅助力量。相应地,公共支出的规模也一直被压缩在最低的限度。例如,英国1910年的财政支出仅占国民生产总值的8%左右。但资本主义垄断阶段的到来改变了这种状况。以美国联邦政府的支出为例,从1918年的36.6亿美元急剧上升到1984年的8 418.2亿美元,即在不到70年的时间里公共支出的绝对数量增加了约230倍。究其原因,可从两个方面进行分析:一方面,进入垄断阶段后,“小政府”和“小财政”的政策已不再坚持,政府干预经济本身也要求公共支出绝对规模的增长;另一方面,此时的社会经济总规模和国民收入的绝对数量已非自由资本主义时期所能比拟,这也直接决定了公共支出绝对规模的迅速增长。

2. 相对数量的大幅度上升

公共支出绝对数量的持续上升,固然表明了公共支出的发展趋势,但由于通货膨胀等因素的影响,使得具有比较意义的往往是公共支出的相对数量而非绝对数量。

3. 公共支出的内容和范围大大扩张

由于政府职能性质和范围的不断变化,导致公共财政支出的内容和范围也有所变化,并呈现出不断扩张的趋势。

(二) 公共支出增长的理论解释

1. 瓦格纳法则

阿道夫·瓦格纳是19世纪德国经济学家。他关于公共部门增长的最早解释被认为是分析公共支出增长的最为经典的论述。19世纪末,瓦格纳在对当时几个先进工业国家进行考察后,发现这些国家的公共部门无论在绝对规模上还是在相对规模上都存在着增长的趋势,因而断言发现了政府职能不断扩大以及政府活动持续增加的规律,并将其命名为“政府活动扩张法则”。把“政府活动扩张法则”用于分析公共支出增长的“瓦格纳法则”认为,政府的公共支出与经济增长之间存在着函数关系。随着经济工业化、管理集中化及劳动专门化时代的到来,经济交往的各种摩擦和社会冲突空前增加,人们越来越关心收入分配问题,政府直接参与生产的活动也大大增加。因此,现代工业社会的发展必然导致公共部门的膨胀,从而带来公共支出的增长(图5-1)。

虽然瓦格纳只是笼统地谈到进入工业化发展阶段之后的一般情形,并没有

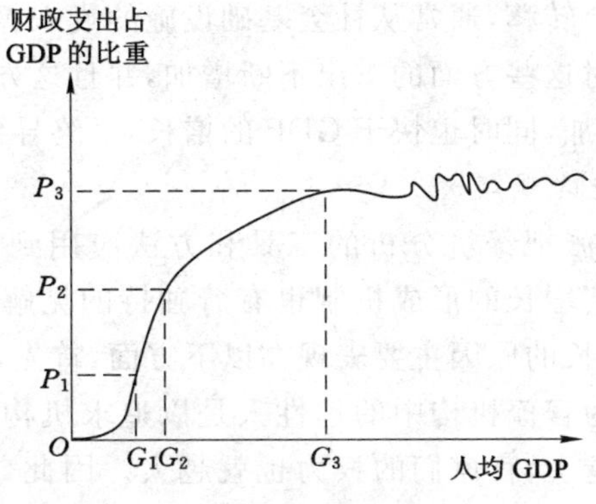

图 5-1 瓦格纳法则

清楚地说明国家活动规模不断增长的理由，但他的有关发展期间政府支出份额不断上升的理论，在市场经济中已经得到了较为充分的证实。

2. 替代规模效应

英国财政学家皮科克和怀斯曼在 20 世纪 60 年代初，通过对英国公共支出近百年增长的历史考察后发现，在第二次世界大战后，除国防开支外，其他公共开支无论其绝对数额还是相对数额，都未能回到战前的状态，而且还不断地增长。他们对此现象进行了研究，提出了替代规模效应理论。

该理论认为，公共支出增长的原因有两个方面：一种是正常时期的内在原因，即在社会的正常发展时期，随着经济的发展和收入的上升，政府税收收入也相应增长，因而公共支出也同步增长。这时，政府支出增加与 GDP 增长呈一种线性关系。另一个原因是政府在非正常时期的外在原因，例如政府在遇到战争、自然灾害与其他社会灾难时，私人投资和消费能力下降，为了稳定社会和发展经济，政府不得不急剧增加支出。当社会恢复正常后，由于意外事故可能会遗留众多的问题。如抚恤阵亡战士家属，重建基础设施，仍需要新的政府支出；又由于公共产品福利刚性的作用，宏观税负水平和财政开支都难以回到原来的水平上。因此，每一次较大的经济和社会动荡，都会导致政府财政支出水平上一新的台阶，这种财政支出螺旋式上升的规律，即称为替代规模效应。

3. 经济发展阶段论

经济发展阶段的理论由美国经济学家马斯格雷夫和罗斯托提出，并且用此理论对公共支出增长的原因进行了进一步解释。经济发展的早期，在社会总投资中，政府的投资占有比例比较高，为了经济发展，公共部门提供社会基础设施，这些投资对经济发展早期阶段的经济发展起到至关重要的作用。然而到了经济发展的中期，政府继续进行投资，但这只是补充了私人投资。后来发展至经济成熟阶段，公共支出就会转移，通常从社会基础设施的投入，不断转向教育、社会保障与社会福利服务，对这些方面的支出不断增加，并且这方面支出的增加远远超过其他方面支出的增加，同时也快于GDP的增长，最终导致公共支出规模扩大。

4. 公共选择学派的观点

由于公共选择学派把经济分析的工具和方法应用到了公共决策过程的分析，其对公共支出不断增长的形成机制也有着独持的见解。公共选择理论认为导致公共支出不断增长的原因主要表现在以下方面：首先，从官僚行为的角度来看，公共选择理论认为官僚机构中的理性人是以追求机构最大化为目标的。对他们来说，机构规模越大，官僚们的权力也就越大。因此，相对于私营企业家所拥有的增加收入的机会，官僚们更关心的是所得到的额外津贴、权力和荣誉等，而所有这些目标无疑都是与官僚的预算规模正相关的。其次，利益集团的影响。利益集团是指由那些具有共同目标并试图对公共政策施加影响的实体个人所形成的组织。关于利益集团为何确实存在，马里兰大学的经济学教授奥尔森强调了以下几个因素：如小团体规模、不同人的利益不对称及制裁作用等。利益集团在影响投票人的行为、立法的通过及官僚机构的运作方面的作用已被广泛地承认。

第六章　公共投资

本章重点

1. 掌握公共投资的基本理论
2. 把握好公共投资基本领域:基础设施投资与政府农业投资
3. 学会运用提升公共投资效率的对策

公共投资是政府为提供公共服务而进行的投资性支出。公共投资是指政府购买满足公共需求所必需的资产而形成的财政支出。公共投资是政府提供公共产品的基本手段,也是政府提供公共劳务的前提和基础。

第一节　公共投资的基本理论

一、公共投资的内涵

(一) 公共投资的定义

在成熟市场经济体制下,公共投资通常被严格限定在“市场失灵”领域,也就是说,如果一种物品或服务不能被市场提供,或提供的数量相对于社会最优数量不足,则该物品或服务就应该由政府全部或部分提供。

根据这一界定,需要政府进行公共投资的情形主要包括:一是公共产品,公共产品具有非排他性和非竞争性,在其提供中难以排除“搭便车”行为,这就导致其私人供给会低于社会最优水平;二是外部效应,如果一项经济活动具有外部效应,其社会收益大于私人收益,则私人部门从事该活动的激励也不足以使其达到社会最优水平;三是自然垄断,在自然垄断行业中,由于相对于市场需求而言企业始终具有规模经济,因此追求利润最大化的企业会将定价提高到社会最优价格之上,而使产量低于社会最优产量。

公共投资作为政府财政支出的一部分,首先应被界定于公共领域。其次作为政府投资,应满足投资的定义,以区别于一般的公共支出。在经济上,投资指放弃或牺牲可用于当期消费的有限资源以获取未来更大价值的一种经济活动,投资是相对于消费的经济学概念。消费是现在享受,放弃未来收益;而投资是放弃现在享受,赚取未来利益。因此,投资重视未来收益。从这点来看,投资应是具有生产性的，即能在未来某一时点带给投资人一定的投资回报，当然投资失败则会导致损失。在前人的研究基础上，结合公共投资自身特点，本书给定了公共投资新的定义，即公共投资是政府作为实现和维护公共利益的社会管理组织，在遵循弥补市场失灵、注重社会效益、引导经济协调发展的原则上，在公共领域进行的具有一定生产性或经济效益显著的投资活动。

（二）公共投资的性质

由于各个国家经济体制不同，中外学者的思维方式、观察问题角度也不相同，因此，对公共投资概念界定表现出层次性和对其分类方法表现出多样性，因此就不足为奇了。但是无论怎样的概念界定以及何种形式的分类方法，都是紧紧围绕着公共投资的基本性质展开的。因此，首先要弄清楚公共投资的性质。

1. 公共投资的外部效应

公共投资是弥补市场失灵的有效手段，公共投资形成的公共产品一般具有正的外部效应。在市场经济条件下，投资活动要以市场调节为基础，以价格机制为导向。市场引导投资在各部门的流进和流出，是以投资的预期收益率为前提的，这是资本趋利的特性。而对于社会基础设施和社会公益项目来说，由于这些部门和行业一般具有投资规模大、风险大、回收期长等特点，甚至有些项目的投资难以通过市场价格机制回收，更无利润可言。如果完全依靠市场发挥决定性作用对这些行业和部门配置资源，往往达不到有效率的供给水平，最终导致市场失灵。因此，为了经济社会的协调发展，政府必须充分发挥公共投资的作用，弥补市场缺陷。

2. 公共投资的基础性

公共投资为经济起飞和社会进步创造前提条件。美国经济史学家根据现代西方经济史，把所有国家从不发达到发达的过渡概括为几个阶段的经济增长：传统社会阶段、为起飞创造条件阶段、起飞阶段、走向成熟阶段、大众高消费阶段和追求生活质量阶段。罗斯托认为在经济发展的早期阶段，公共部门要为经济发展提供社会基础设施，如道路、运输系统、环境卫生系统、法律与秩序、健康与教育以及其他人力资本的投资等。政府的公共投资对于经济发展由早期阶段进入起飞阶段的国家来说是必不可少的。他认为在经济发展的中期阶段，政府投资还应继续进行，但这时政府投资只是为了保证经济的良性运行对私人投资进行引导和补充。一旦经济进入成熟期，政府将把公共投资的重点从基础设施建设转向教育、保障与福利的支出。

3. 公共投资的战略性

一般而言，政府的公共投资具有两大职能，即宏观调控职能和经济建设职能。从某种意义上讲，公共投资是这两大职能的战略性表现。一方面，在市场经济中政府对经济进行宏观调控，维持市场的正常运转，避免由于企业盲目追求利润最大化而导致市场秩序混乱。在经济发展的不同阶段，通过调节公共投资来调节总需求，协调经济增长。在经济处于低谷时，政府通过加大公共投资力度，扩大需求、刺激经济。在经济过热时，政府减少公共投资，避免导致通货膨胀。从这个角度来讲，公共投资成为了一国政府为保证经济的可持续发展的重要的战略工具。另一方面，公共投资在发展基础设施和基础产业，改善投资环境，提高劳动力素质和生产力水平等方面发挥着战略性作用。包括劳动力素质和研发条件在内的广义社会基础设施以及由此带动的基础产业，一般具有投资额大、建设周期长、收益率低的特点。尤其是在不发达经济阶段，公共投资的合理运用，对于打破低水平循环发展，具有现实的战略意义，甚至成为跨越所谓“贫困陷阱”的发动机。除此之外，公共投资还具有结构变动性，即公共投资在不同的发展阶段具有不同的结构特征。通过对公共投资结构变动这一长期过程的研究，可以发现经济增长过程中公共投资结构变动的一般规律。比对几个发达国家经济增长的历程，找出各自成长阶段中发挥主要作用的公共投资部门，使这些部门改善公共投资结构、引导公共资本流向、协调产业发展、转变经济增长方式发挥重要作用。公共投资结构只有当它本身以及它所提供的机会在经济增长过程中可以对有效需求做出反应而且效率较高时才是合理的。公共投资结构表面上表现为一定公共投资的数量关系，但实质上体现了政府职能状态和政府政策。同时，公共投资结构还反映出财政配置资源的效率，以及财政配置与市场配置之间是否协调，进而反映出社会资源的总体配置效率。更深层次讲，一方面，我们可以通过研究公共投资结构，探讨公共投资结构变动的决定机制，从而为政府的公共投资体制改革和公共投资政策提供指导性建议；另一方面，我们可以通过研究公共投资结构及其变动性，充分发挥公共投资的外部效应、基础性、战略性和结构变动性作用，对私人投资形成合理的利用和引导作用，共同促进产业的整体和协调发展，共同形成对经济增长方式转变的合力。

（三）公共投资的范围

对于公共投资的范围，理论上的认识有一个不断深化的过程。在自由资本主义时期，人们崇尚自由竞争，着重市场调节，反对国家干预。亚当·斯密把政府的投资限制在防务、司法、公共工程三个方面，用现代经济学的观点看，实际上将政府投资限制在提供纯公共商品这一领域。到了20世纪上半期，凯恩斯从其“有效需求不足”理论出发，主张政府对经济活动的积极干预。他指出：市场本身无法达到充分就业所要求的投资水平，政府必须进行直接投资以弥补私人投资的不足。他将公共投资范围，扩大到了有关国民经济的全局的基础设施和重点产业。在美国公共投资一般按照最终用途划分为四类：教育投资、道路及高速公路投资、污水处理设施投资、公用事业投资。日本对公共投资的定义则更为广泛，按照日本1967年所制订的“经济社会发展计划”，日本的公共投资包括中央和政府、公社、公团、公库等政府团体，以及经营水道、交通、发电和医院等事业的地方公营企业的投资总和。而且日本还把公共投资分为行政投资和政府企业投资，其中行政投资根据投资的直接目的进一步分为生活基础设施投资、产业基础设施投资、农林水产投资、国土保全投资、其他投资等几个领域。

政府作为一个国家为实现和维护特定公共利益的社会管理组织，其活动被限定在特定领域，这些领域被称为公共领域。一般而言，公共领域包括以下几方面。

(1) 存在着规模经济效益和范围经济效益的自然垄断[①]行业。由于存在规模经济效益和范围经济效益[②]，生产同样数量的某一产品，一家企业进行生产的成本比多家企业低。这类行业主要包括电力、热力、燃气、水、石油等能源行业；航空、铁路、水运等交通行业；通讯业；烟草业。

(2) 具有显著外部效应的准公共产品和服务。这类行业具有显著的正外部效应和负外部效应，使私人收益小于或大于私人成本，需要政府介入通过财政补贴、特许经营权和税收提供合理的社会供给量。如高速公路、城市道路、教育、医疗卫生、环境保护等。

(3) 具有非竞争性、非排他性的纯公共产品和服务。如邮政、重大科研计划、公共博物馆和图书馆、国防、司法、行政、卫生防疫、大江大河治理等。

(四) 公共投资的特点

1. 追求社会效益和经济效益的一致

由于政府的职责就在于提高全社会福利水平，所以公共投资应该考虑到项目溢出的社会收益。公共投资可以是不赢利的，它主要为市场发展创造良好的外部环境，所投资的项目一般可以提高国民经济的整体效益。

2. 正外部效应的公共产品

公共投资的对象有其特殊性，一般是具有很大的正外部效应的公共产品。有关国计民生的产业和领域，如大型基础设施、能源、航天、交通、农业以及环保

① 自然垄断是经济学中一个传统概念。早期的自然垄断概念与资源条件的集中有关，主要是指由于资源条件的分布集中而无法竞争或不适宜竞争所形成的垄断。在现代这种情况引起的垄断已不多见。而传统意义上的自然垄断则与规模经济紧密相连，指一个企业能以低于两个或者更多的企业的成本为整个市场供给一种物品或者劳务，如果相关产量范围存在规模经济时自然垄断就产生了。

② 范围经济(economies of scope) 指由厂商的范围而非规模带来的经济，也即是当同时生产两种产品的费用低于分别生产每种产品所需成本的总和时，所存在的状况就被称为范围经济。只要把两种或更多的产品合并在一起生产比分开来生产的成本要低，就会存在范围经济。

治理等，有很大的正外部效应溢出，因此靠私人投资必将导致投资不足。政府若不承担起这方面的投资，就会造成产业结构失调。在某些具有高风险的领域，如基础理论研究、新技术的研发等，私人部门也不愿涉足，因此也需要公共投资加以扶持。

3. 存在“委托代理”问题

公共投资存在着“委托代理”问题。因为公共资金一般是无偿使用的，政府受全社会纳税人的委托对其使用，但是缺少严格的监督，或者监督成本过大，难免出现“道德风险”和“逆向选择”。所以一般来说，公共资金的使用效率并不如私人资金，因此必须对公共投资的对象、过程、结果加以控制和监督（在公司制结构下，私人投资也存在“委托代理”问题，因为经理人使用的资金来自于分散的股东，但是相对来说，公共投资的问题更为突出）。

二、公共投资的理论基础

（一）斯密的公共投资理论

亚当·斯密是英国资产阶级古典政治经济学主要代表之一，在其1776年出版的《国富论》中提出了公共投资问题。由于斯密所处年代是资本主义自由经济时代，他从“人的本性”出发，认为经济需要充分自由，国家干预经济应仅仅限于以下几方面：保护国家使其不受侵犯；建立司法机关保护个体不受其他个体的侵害或压迫；建设并发展公用事业和公共设施。基于国家以上基本职能，他将公共投资支出分为国防支出、司法支出、公共事业支出、公共设施支出，以及维持君主尊严支出。同时，他指出这些支出都是非生产性的，需要控制规模，过多支出将会给经济增长带来不良影响，亦会增加国民的税收负担。

（二）凯恩斯的公共投资理论

与亚当·斯密所处时期公共投资理论不同，凯恩斯公共投资理论突破了公共投资仅仅为市场营造良好外部环境的界限，强调了公共投资在调节经济中的作用。凯恩斯认为，由于边际消费倾向和资本边际效率递减规律以及流动性偏好的存在，引起消费需求和投资需求不足，导致总需求小于总供给，形成有效需求不足，经济在低于充分就业水平上实现均衡。因此，为实现充分就业就需要政府相应投资。他将有效需求不足的原因归咎于“三大基本心理规律”，并指出，为解决有效需求不足必须发挥政府的作用。公共投资的增加可以通过乘数效应使总产出有数倍的增长，进而扩大有效需求，增加就业。

（三）公共选择学派的公共投资理论

公共选择学派认为凯恩斯破坏了维多利亚时代财政平衡准则，从根本上反对大规模的公共投资，提出了与凯恩斯相左的反对公共投资的主张。公共选择学派代表人物布坎南主张政府不应用公共投资方式干预经济。他认为“国债是一种超负荷义务，是一种没有资产所有权为补偿的负担”，摧毁了资本价值。而对个人来说，完全是一种由于过去过度消费所引起的私人债务。因此，政府不应以干预经济为理由介入公共投资领域。

（四）新凯恩斯主义的公共投资理论

新凯恩斯学派延续了传统凯恩斯学派主张政府干预经济的主张，但更强调宏观经济学的微观基础，更加注重公共投资调节经济的质量。新凯恩斯学派认为，虽然有着理性预期的存在，但政府政策仍然能够有效。他们把现实中市场的不完整作为解释经济波动的关键因素，政府必须通过收入再分配途径增进社会公平，通过税收补贴解决外部效应，通过公共投资提供公共产品和服务。

三、影响公共投资的因素

（一）经济发展水平的高低

国民收入（或GDP）最终用于积累和消费两方面。在积累与消费比例以及积累内部分配比例不变的情况下，国民收入量越大，可用于投资的积累基金数量也越大，反之就越小。

（二）财政分权的程度

在国民收入（或GDP）为既定量的条件下，政府能有多少资金用于投资，决定于它占有国民收入（或GDP）的比重以及中央与地方的财力划分程度。财政收入占国民收入的比重越大以及中央与地方财力分割中地方占比越大，在扣除财政性消费后可用于投资额也就越大。反之则越小。

（三）资金积累率的高低

当国民收入总量为既定时，政府公共投资规模取决于国民收入中积累的比重。但积累率的确定并不是任意的，这里有一个积累率与消费率的关系问题。一般来说，积累率较高，现期消费率较低，消费水平相对较低；而由于未来产出量较高，未来消费水平也会相应提高。相反，如果积累率较低，现期消费率较高，消费水平也相应较高；但未来的产出量低，未来消费水平提高也慢。于是，这里就存在一个问题，是选择现期多消费一个单位还是等待未来多消费（即现期多积累）。因而，包含一定内在价值评价的积累率的确定是影响政府公共投资规模的一个重要因素。

（四）经济体制的制约

处于不同的体制环境下，公共投资的规模也呈现出差异。如，在计划经济体制下，整个社会的资源配置大部分是通过政府来进行的，而政府配置资源就是计划配置资源，因而国家财政用于经济建设的支出占国民收入的比重就很高，有的年度曾高达60%左右（如前苏东国家）。而在市场经济体制下，市场在资源配置中发挥着基础性作用，政府配置仅是起着补充市场配置不足的拾遗补缺的作用，因而政府投资(包括政府公共投资)在全社会固定资产投资中的占比自然就小。这也可以从西方市场经济国家政府投资平均约占全部投资30%的水平中得到印证。

（五）财政模式的影响

财政模式不同,政府投资规模也不相同。在计划型(或大一统)的财政模式下,财政不仅参与公益性、基础性领域的资源配置,也直接从事大量竞争性领域的经营活动。自然,公共投资规模就居高不下。而在公共财政模式下,财政的供给范围严格限制在公共性领域,如公共安全、社会秩序、公用事业、基础设施、科技教育、社会保障、经济稳定、环境保护等方面。大量的市场有效竞争领域的资源配置,是经济主体的事,财政不能插手。相应地,公共投资规模就小。

四、公共投资的经济作用

通过对公共投资诸多层面经济关系的研究,可以发现经济运行过程中公共投资经济作用的一般规律,有助于公共投资政策的合理制定和有效实施。

（一）公共投资与私人投资的联系

在完善市场经济的过程中,公共资本逐步退出竞争性领域,私人投资在经济发展中扮演着越来越重要的角色。当私人投资不足以满足经济发展的需要时,政府的公共投资就发挥着促进经济发展的重要作用;有些公共部门的建设因具有公共消费的性质,不适宜或无法由私人提供时,政府应责无旁贷地供应这些公共产品。公共投资作为政府可以直接调控的手段,是支持国家经济增长的主要动力之一,也是政府用来提高总需求的重要宏观政策。公共投资可以帮助消除经济发展的瓶颈,影响私人投资的变化,弥补私人投资的不足。

具体而言,公共投资对私人投资可能产生挤入或挤出效应,即二者之间可能存在互补或替代关系。当二者存在互补关系时,公共部门投资增加,私人部门也会相应地增加投资,因为公共部门投资降低了私人部门的生产成本、进入门槛和投资风险;反之,当公共部门减少投资或缺位时,私人部门也会相应地减少投资,此时表现为公共投资的挤入效应。二者存在互补关系的前提是公共部门的投资不应该挤占私人部门的投资机会,否则就可能减少私人投资。同时,两者也存在相互独立的关系,不过这种情况比较少见,而且存在时间较短。

在OT_1阶段,假定存在某种要素投入的束缚,某一领域内形成经济增长的瓶颈,私人资本认为投资回报率低、投资增长缓慢。在这种情况下,公共投资必须在短期内达到一定水平,弥补私人投资的不足,拉动经济增长,形成与私人投资的互补作用。在T_1T_2阶段,私人资本认为投资回报率已经可以达到预期,在公共投资创造的基础条件下,开始逐步增加投入;同时,私人资本的竞争和拥挤造成了资本边际生产率的下降,直至为零,由于投资回报过低,不再有私人资本

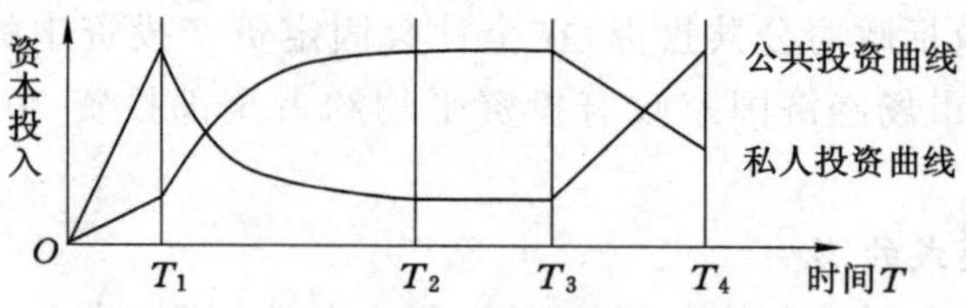

图 6-1 公共投资与私人投资的联系

涌入。在这个过程中，为了避免对私人投资形成挤出，公共投资开始减少并逐步转移投入领域，形成私人投资新的增长点，带动经济持续增长，这表现了公共投资与私人投资的替代作用。在 T_2T_3 阶段表现出公共投资与私人投资的独立关系，此时公共投资曲线和私人投资曲线是一组平行线，公共投资最小、私人投资最大，投资回报率最高，由于该种要素束缚形成的瓶颈对经济运行阻碍最小。在 T_3T_4 阶段，公共投资与私人投资又表现出相互替代关系，其原因是多方面的，可能是公共设施老化、技术革新迟缓、人力资本投资不足、制度缺位导致成本增加，从而导致投资回报率降低。为了维持经济稳定增长，公共投资责无旁贷地要增加对基础设施的投资、加快技术革新、加大人力资本投资力度，甚至是加快制度创新，然后形成新一轮的公共投资与私人投资的互补替代关系。

（二）公共投资与区域经济发展的联系

公共投资在区域之间的分配对区域经济的发展影响极大，是区域经济发展的直接推动力。探讨公共投资与区域经济发展的联系应首先了解公共投资促进区域经济发展的作用机制，该作用机制分为四个阶段。

第一阶段：在区域经济政策的带动下，公共投资结合地区比较优势，有针对性地形成良好的投资环境和引导要素流动机制。如解决交通运输、邮电通讯、供电、供水、住宅等方面的问题，改善区域投资环境，为工业化、城市化创造必要的条件。在这个阶段要特别注意两个问题，一是生产布局、城市功能规划问题，要避免将来因规划不合理造成经济运行成本的增加；二是经济环境和自然环境协调发展问题，要避免只强调经济利益而忽视环境保护，否则就会造成不可持续发展，恶化投资环境，增加治理成本。

第二阶段：结合国家整体战略部署，发挥区域比较优势，集中公共投资建设地区主导产业，形成区域经济增长点。如根据国家产业政策在一些重点区域建设一批工业企业，以谋求区域经济增长和区际经济相对均衡发展。在这个阶段中，一方面要注意构建引导私人资本流向的长效机制，形成经济长期增长的动力源；另一方面要竭力避免因公共投资过度造成重复建设的公共资本浪费。

第三阶段：在前两个阶段公共投资有效带动私人投资以后，要着力引导公共投资转向人力资本投资和研发投资，形成健康、可持续增长机制，提高自身“造血”功能。在这个阶段要注重形成完善合理的区域投资政策，适时地促进新兴产业兴起，加快某些薄弱产业的发展以及产业内部结构的改善，从而建立起产业间新的构架，不断调整区域不合理的产业结构。另外，以加快科技成果转化、增加要素流动、提高全要素生产率为目标的公共投资将发挥重要作用。

第四阶段：随着私人资本进一步向各经济领域渗透，公共投资要开始关注人民生活质量的提高，逐步退出竞争性领域，最终完成公共投资向公益项目的转变。这一阶段要注意产业链升级、产品更新换代和基础设施补偿等方面的公共投资，形成经济增长的良性循环。造成我国区域发展差距不断拉大的原因是多方面的，其中有些是因自然或历史条件而形成的，这是地区经济发展的现实基础，但公共投资的绝对不足、公共政策的现实缺位及公共投资利用率低下是我国区域经济发展差别巨大的根本原因。

（三）公共投资与城乡经济结构调整的联系

城乡二元结构是中国社会经济的重要特征之一，城乡差距表现在以“低效率农村、低产值农业和低收入农民”为主要标志的三农问题。

1. 增加农村公共基础设施投资

农村的低效率与农村公共基础设施投资严重不足有密切关系。如农田水利设施、农村道路交通设施、公共性运输工具、大中型农机设备、公共性农产品贮藏加工设备等保证基本生产需要的公共投资相对匮乏；同时邮电通讯设施投资、医疗卫生设施投资、学校和培训设施投资、能源供给设施投资、养老院等福利设施投资、娱乐设施投资等保证基本生活需要的公共投资投入有限。

2. 增加农业科技投资

农业的低产值与农业科技含量不高、生产方式落后和农业科技投入不足有关。目前我国农业的科技含量只有40%，而发达国家为60%～80%。我国对农业科研的投入只有5%的年增长率，农业科研的投资收益率为50%～60%，但科研投资的回报率有较长的滞后期，必须长期坚持足够的强度。

3. 增加农村人力资本的投资

农民收入低的直接原因是农业的低产出和农业从业人口的绝对过剩，深层次原因在于我国对农村公共人力资本投资不足造成农民素质和技能跟不上社会经济发展需要，形成农业劳动力转移障碍。以“农村基础设施建设投资、农业科技研发投资和农业从业人员的人力资本投资”为主要内容的公共投资对于促进城乡经济结构调整具有重要意义。城乡经济结构调整必须从改善农村环境、提高科技研发能力和提高农民素质三方面入手，通过综合的公共投资政策提高农村效率、农业产出和农民收入，这样才能进一步缩小城乡差距。

第二节 基础设施投资

一、基础设施内涵

(一) 基础设施的定义

“基础设施”(infrastructure)又译“基础结构”。最早见于20世纪50年代初北大西洋公约组织对一个国家发动和应付战争的能力的研究，之后成为发展经济学的研究内容。我们通过对现有文献进行归纳整理，发现在解释“基础设施”一词时都不约而同地采用了不完全列举法。其包含的内容大致三个方面，即军事基础设施(以《韦氏词典》为代表)、广义基础设施(以发展经济学家罗森斯坦·罗丹为主)和经济基础设施(以世界银行1994年发展报告为代表)。

世界银行在1994年以基础设施为主题的发展报告中，对基础设施与发展的关系进行了研究，探讨了发展中国家改善基础设施服务的提供及其质量的方式。该报告对基础设施的定义为“永久性的工程构筑、设备、设施和它们所提供的为居民所用和用于经济生产的服务”。该报告着重讨论经济基础设施。报告认为，基础设施种类繁多，其中经济基础设施主要包括三部分：① 公共设施：电力、电信、自来水、卫生设备和排污、固体废弃物的收集和处理、管道煤气等；② 公共工程：公路、大坝和排灌渠道等水利设施；③ 其他交通部门：铁路、市内交通、港口、水路以及机场等。概括起来，它涵盖了交通运输、通讯、电力、水利及市政基础设施。此年度报告将经济基础设施之外的其他基础设施定义为“社会基础设施”，通常主要包括文教、科研、医疗保健等方面的内容。综观国内外学者的研究，基础设施的定义有狭义和广义之分。狭义的基础设施主要是指经济性基础设施，包括交通运输、通讯、电力、供排水等公共设施和公共工程等。广义的基础设施除此之外，还包括教育、法律、卫生以及行政管理等部门。在此，我们仅就狭义基础设施进行分析与研究。

(二) 基础设施的特点

1. 产品属性

按照政治经济学的观点，产品有两个基本属性，即价值和使用价值。基础设施的投资、生产及使用使其具备了产品的基本属性。基础设施的共性是高额的初始固定成本以及相对较低的可变运营成本。由于为数众多的各种不同的集团得到了由此产生的利益，因此往往很难对基础设施的价值进行精确的衡量。由于高固定成本和递减的边际成本，以及定价和获得经济回报的困难，因而基础设施不适合一般的市场投资分析。

2. 公共产品属性

基础设施是具有非竞争性但非排他性不充分的准公共产品。例如,公共道路和公共桥梁就是属于这种类型。受特定的路面宽度限制,早在使用道路的特定路段时,就排斥其他车辆同时占有这一路段,否则会产生拥挤现象。因此,公路的非排他性是不充分的。但是,公路又具有非竞争性,它表现为,一是公共道路的车辆通过速度并不决定某人的出价高低,二是当道路未达到设计的车流量时,增加一定量的车的行驶的道路边际成本为零,但若达到或超过设计能力,变得非常拥挤时,需要成倍投入资金拓宽,它无法以单辆汽车来计算边际成本。这是公共产品属性造成的基础设施的拥挤性。对于基础设施,如公路、机场、供水、通讯、铁路等,随着消费者增加到一定程度会产生拥挤问题。这时,基础设施提供的产品或服务,将不再完全具备上述两个属性。新的消费者将难以加入,甚至被排除在外,产生一定程度的竞争性;同时,新的消费者的加入将会产生边际成本,边际成本也不再为零。

3. 资本属性

发展经济学家认为基础设施为"社会先行资本""社会基础资本"或"社会间接资本"与"社会分摊资本"。基础设施这一特殊性质,使得许多经济学者在研究经济增长问题时,往往将基础设施作为公共资本进行研究。作为一种社会经济资本,在经济运行中,基础设施资本表现出不可分性。保罗·罗森斯坦·罗丹(Paul Rosenstein-Roda)提出基础设施资本是不可分的,体现在三个方面:一是在生产函数中存在不可分性(特别是从供给因素看);二是需求的不可分性;三是储蓄供给的不可分性。这种特征在经济活动中的具体表现是:① 基础设施资本的投资与其他生产性资本投资在时间上是不可分的,或者说具有不可逆的性质,必须先进行基础设施资本投资,才能进行其他生产性资本的投资;② 基础设施资本应当具有较高的最低限度耐久性,生产较低的耐久性的基础设施资本要么在技术上是不可行的,要么就是效率太低,因此,基础设施资本通常是集聚性的;③ 基础设施资本存量从投资到形成的建设期限长。由于这种不可分性的存在,而且由于基础设施资本提供的产品和服务多不能通过进口提供,因此,基础设施资本的高水平投资必须先行。基础设施资本的这种不可分性,使得将基础设施资本存量纳入生产函数比将基础设施资本流量纳入生产函数更为合理。

4. 低收益属性

从基础设施的投入产出效益来看,其资产产出率一般较低,但是基础设施外部效应非常明显,这也符合基础设施的准公共产品的特性。同时,从基础设施开工到形成生产能力的实施过程来看,基础设施的建设周期很长,形成生产能力和投资回收周期也很长。从资本的流动性看,基础设施建设有较强的凝固性,产品固定，产业结构、行业结构也较为定型，建成后再做改变的可能性不大。从某些方面来讲，这样就增加了投资的风险性和不确定性。

二、基础设施投资模式

（一）超前发展模式

这种模式指的是优先发展基础设施，为经济的发展奠定良好的基础的战略。一般来说，超前型模式对于经济发展是有帮助的。罗丹认为，基础设施的供给作为一个整体没法分割，这种行业的特性以及其在促进经济增长中的重要作用，使得优先发展基础设施变得更为迫切，这种基础设施先行模式对一些基础设施比较薄弱的发展中国家来说显得更为迫切。在经济发展的不同阶段，尤其是早期和中期，有必要先大力发展基础设施然后吸引更多的投资来促进经济的快速增长。但是，广大发展中国家经济实践的结果反映这种战略发展模式取得的效果并不理想。尤其是这些发展中国家将为数不多的社会资源集中投放在基础设施的投资上，产业结构的比例严重失衡，配套的相关产业没有得到有效带动，政府反而背负了大量的债务，从而使得经济的进一步发展变得更加缓慢。

（二）共同发展模式

从理论上来说，实现共同的发展应该是所有方式中最有利的一种状态。基础设施的投入与其他的生产部门的发展相互协调。这样既能避免投资的闲置和浪费，也能防止由于基础设施滞后给经济发展带来的不利因素。同时，也能在保证各项生产的正常运转，企业间正常的物资调配以及居民正常生活的需要。因此，总的来看，这种模式的效果最令人满意。但是，在实际操作过程中，市场失灵的存在导致政府不能准确获得市场信息，因而要贯彻这一发展思路难度比较大。

（三）滞后发展模式

一些国家由于经济比较落后，又急于在短时间内迅速壮大起来，往往会选择先把企业建起来优先发展生产然后再去考虑基础设施的投入。这样做的好处就是能集中有限的资金在较短的时间内带动产出增长，但是这种发展缺乏持续性，因为基础设施的不足始终是一块软肋，会限制企业的投资和农村人口的迁入，所以从长期来看这种方式并不可取。很多发展中国家存在类似的问题，对于基础设施的投入不到位，城镇人口虽然大幅度增加了，但是基础设施无法充分满足生产、生活的需求，限制了产出的进一步增加。

（四）随后同步发展模式

这种发展模式强调了基础设施投资和其他生产部门投资之间的协调。在不同的时期采用不同的对策来满足基础设施的投资需求。该模式往往采取先生产后生活的基础设施投资的方式，优先发展一些生产性的基础设施，生活性基础方面的投资随后集中投入。分阶段的投资使得生产性部门能够积累更多的资金，更大程度上缓解经济发展对于基础设施的压力，这种模式最大限度地节约了资源并且可以有效地解决基础设施不足的不利影响。这对于政府的投资提出了更高的要求，需要及时反映需求的变化，并制定最合理的规划，使得集中使用的资金能够用在最恰当的地方，从而产生最佳的效果。

第三节　政府农业投资

这里所说的农业投资特指作为公共投资的农业投资。由于公共支出表现为公共财政支出，公共财政支出在当下属于政府财政支出。所以作为公共支出的农业投资实质上就是政府农业投资。

一、政府农业投资的内涵

（一）农业投资

1. 农业的概念

农业是按“三次产业分类法”划分的国民经济中的一个产业部门，通常是指以利用自然力为主，产品不必经过深度加工就可消费的产品或工业原料的部门。农业有狭义与广义之分。狭义的农业指种植业或农作物栽培业；广义的农业包括种植业、林业、畜牧业、副业和渔业。我国在农业经济学中的表述主要有“五业十二行”，即农林牧副渔，粮棉油麻丝茶糖菜烟果药杂。也有说为“大十字农业”，即以农业为核心包括与其相关的关联产业，横向的相关工业和服务业、纵向的产前产后产业。

2. 农业投资的概念

农业投资是国家、集体、个人等各类投资主体直接用于发展农业和为农业生产的农业固定资产的投资，是以货币形式表现的农业基本建设工作量，主要包括：促进农业和农村经济、技术和社会发展平地起家的新建项目；为加强农业基础、扩大农业生产能力或新增效益而增加的扩建项目；受各种灾害毁坏而重新对整个项目进行恢复建设的恢复性项目；以及农业和农村行政、事业单位增建的业务用房和基础设施项目等。投资的主要来源为国家预算内的财政性资金、各种信贷资金、项目单位用于基本建设的自有资金（如农村集体用于基本建设的内部积累、农户用于扩大再生产的积累、农业企业用于基本建设的自有资金等），以及利用外资等。

随着现代农业的发展，农业已经不再是单一的生物产品生产行业，农业生产从手工劳动到机械化操作，再到信息技术驱动下的精准化、数字化，可控性越来越强。农业人口越来越少，而农业与工业的结合越来越紧密，逐渐走向研发、生产、推广、贸易一体化的道路，大大提高了农产品的附加值，推动了农业经济的综合发展，加速了农业产业化进程。随着生态农业、观光农业、都市农业、生物质农业的兴起，农村与城市、农业与工业将逐渐走向相互融合、相互支撑、共同发展的道路。

（二）政府农业投资

政府农业投资主要是指国家预算内投资（含国债）安排的用于农业基础设施和公益性事业建设，以扩大生产（业务）能力或新增工程效益、增强农业发展后劲和事业发展能力为主要目的的投资。由于农业基础设施投资需求一次性规模大、时间长，资金替代性差，我国农户投资尽管宏观数量可观，但从微观层次上看投资分散且规模狭小，农业投资是农户投资的薄弱环节和领域，因此必须建立以政府为主导的农业投资供给体制。此外，农业在国民经济中的基础地位和这一产业的公共部门性质，也决定了国家必须从国民经济全局和战略高度加强对农业的保护性投入，这也是世界各国通行的做法。

政府农业投资具有许多特点，投资的主要来源为国家预算内投资和国家预算内专项（国债）投资安排的固定资产投资；涉及众多行业，包含了种植业、畜牧业、兽医、渔业、农垦、农业机械等多个行业；主要安排非营利的公益性和基础设施建设，投资不需要偿还；有具体、规范的管理制度，管理程序比较严格；直接涉及改善农村和农民生产生活条件，受到社会各界舆论的广泛关注。

政府农业投资按照资金渠道，可以划分为中央政府农业投资和地方政府农业投资两个部分。中央政府农业投资主要是全部或部分使用中央预算内投资资金（含国债）、专项建设基金、国家主权外债资金和其他中央财政性投资资金的投资项目，简单讲就是列入中央预算的农业投资。

二、政府农业投资的必要性

（一）农业具有双重风险

1. 农业存在自然风险

所谓自然风险是指农业面临着地理、气候条件等多种因素的不确定性。农业由于自然风险大于其他产业，因此为了维持和提高农业抗风险能力，需要比其他部门投入更多的资源。

2. 农业存在市场风险

市场风险主要是指农产品受季节性波动影响从而其价格和产量具有不确定性。蛛网模型能够很好的说明农产品的市场风险。农业对自然条件和基础设施的依赖性很强。对于规模农业来说，方便的水利设施和灌溉条件、发达的运输网络、防范天灾的各种堤防大坝等，都能够提高农业的生产效益，降低农业生产的风险。但是这些基础设施具有正外部效应，而且投资大，回报周期长，私人部门不愿投入，但又为农业发展所必需，这就需要政府承担起对这一领域的职责。

（二）农业比较利益低

农业生产由于受自然因素的制约，周期较长，风险较大，生产条件和外部环境较差，而且农业产品单位价值较低，且大多容易腐烂，运输贮藏不便。因此，农业生产相比其他行业的生产来说，规模经济差，比较利益偏低，私人资本的积累相对较低。当农业比较利益较低时，不仅很难吸引优质资源等进入农业，甚至连农业本身的资源也会向效益较好的其他行业转移。

（三）农业存在外部效应

农业基础设施、农业科技、农业教育与培训、农业生态环境的保护等是农业生产要素的重要组成部分，也是农业可持续发展不可或缺的因素，但这些产品在消费过程中存在着外部效应，因此不可能完全通过市场来提供，而只能由政府通过税收的方式来弥补。诸如水利工程建设和管理等是一家一户无力提供的，如果政府不能及时组织，就会使其长期处于短缺状态。可以说，农业经济中的外部效应是各国政府无一例外地对某些生产要素进行大量投资的关键原因所在。

（四）农业资源禀赋的差异

对农业资源配置中地区公平的关注是政府介入农业领域的又一重要原因。政府如果能够为农村贫困地区提供基本的基础设施、技术、人才、资金等资源，就能够促进农村贫困地区的经济发展，保证农村贫困地区的贫困人口最基本的生存权利和发展权利，从而既能改善地区之间的收入分配状况，又能提高农村贫困地区发展经济的能力。

三、政府农业投资的重点

重点投资于农业公共产品。农业公共产品是一个特殊的概念，它是指与农业生产密切关联的公共事务。农业公共产品作为农业生产的前提条件，其内容广泛，随着农业生产力的发展，其范围也不断变动的。农业公共产品按其性质，可以分为纯公共产品、准公共产品和俱乐部产品三类。

（一）农业纯公共产品

农业纯公共产品是指那些只有外部收益而没有内部收益的农业公共事务。通常认为，大型骨干水利工程、农业基础科学研究、气象、农业区划、种子培育、全国性的水土保持工程、农村道路建设等都属于纯公共产品。有时，我们也将那些受灾面积大，因而需要中央政府管理的公共事务也称为纯公共产品，如全国性的农业病虫害防治（如蝗灾防治）等。

（二）农业准公共产品

农业准公共产品是指那些既有一定的外部收益，又有一定的内部收益的公共产品，如地区性的农业病虫害防治、中小型水利工程、农业科技推广、农村电力等，这类产品通常既有社会受益，又有生产者个人受益的特点。

（三）农业俱乐部产品

俱乐部产品是一种低级的农业公共产品，这类产品或许对个别人来说是具有外部效应的，但在一个较小的群体范围内，其受益与受损者的利益可以相互抵消，因而从群体上说，它不存在溢出效应。例如，农产品流通就属于俱乐部产品。

第四节 公共投资的效率

公共投资作为政府弥补市场失效、提供公共产品的经济行为，其效率体现为宏观、中观和微观三个层次。我们将从这三个层次入手采取相应对策。

一、公共投资的宏观效率

公共投资以政府为主体，以满足社会公共需要、弥补市场失效为目标，以社会利益最大化作为行为取舍标准。由于资源宏观配置的优化和经济的稳定增长是实现社会利益最大化的必要条件，因而分析公共投资效率首先应该从这两个宏观层面入手，具体体现在两个方面：一是公共投资要有利于资源宏观配置的优化；二是指公共投资要有利于经济的稳定增长。前者侧重静态分析，后者侧重动态考察。

（一）公共投资要有利于资源宏观配置的优化

所谓资源的宏观配置，是指全部社会资源在私人经济部门和公共经济部门之间的配置，即全部的社会资源一部分要归公共经济部门配置。归公共经济部门配置的资源要在政府财政机制的作用下，向社会提供公共产品，满足公共需要。另一部分资源归私人经济部门配置。归私人经济部门配置的资源在市场机制的作用下，向社会提供私人产品，满足私人需要。由于在特定国家的特定经济发展阶段，公共需要与私人需要在人们所要满足的需要整体中占有特定的比例，因此，资源在两大经济部门之间客观上存在最佳的配置比例。如果现实经济生活中，资源在两大部门之间的配置符合这一比例，则资源在两大部门之间配置的边际收益就相等。根据边际收益递减规律，此时资源配置比例的任何重新调整将不能使净收益增加，即资源的宏观配置效率得以实现。

由于公共投资是以政府为主体的资源配置行为，公共投资的规模影响公共经济部门配置资源的数量，因此，公共投资的宏观效率从资源配置的角度分析，就体现为公共投资的规模要有利于资源宏观配置比例的优化。而要实现公共投资规模的优化，首先要合理界定公共投资的范围，由于公共投资以弥补市场失效为目标，所以公共投资的范围原则上是市场失灵和部分失灵的领域。市场完全失灵领域的投资是为了向社会提供公共产品，因而是政府公共投资要首先予以保证的领域，这类投资通常称为公益性项目投资（如行政、立法、司法机构和城市公益设施投资等);市场部分失效领域的投资是为了向社会提供混合产品,因而也是政府公共投资可以涉足的领域,但其投资的资金来源不一定由财政完全包下来,政府完全可以通过"BOT""TOT"等多种形式吸纳私人资本和外资。这类投资一般称为基础性项目投资。理论上讲,公共投资的领域不能超出公益性项目和基础性项目的范围。如果超出这一范围,说明政府在市场有效作用的领域从事了竞争性项目投资,而竞争性项目投资则是为了向社会提供私人产品,是市场有效作用领域的投资。因此,一旦出现这种情况,则表明政府公共投资存在"越位"问题。假定其他条件一定,则意味着政府公共部门配置了太多的资源,从而不利于资源宏观配置比例的优化和公共投资宏观效率的实现。反过来,如果在市场失效或部分失效领域的公益性和基础性项目投资存在政府"缺位",假定其他条件正常,则公共经济部门的资源配置量就会不足,进而也不利于资源配置比例的优化和公共投资宏观效率的实现。因此,要实现公共投资的宏观效率,首先要保证公共投资范围合理,杜绝政府投资的"越位"和"缺位"。在此基础上,如果政府公共经济部门的资源配置量偏少,进而资源宏观配置的结果表现为过少的公共产品与过多的私人产品搭配组合,政府就应加大公共投资的规模,以优化资源的宏观配置。显然,从资源配置的角度分析,政府公共投资宏观效率实现的过程也就是资源宏观配置效率实现的过程。

(二) 公共投资要有利于经济的稳定增长

公共投资的宏观效率从静态考察表现为要有利于资源宏观配置效率的实现,从动态分析则体现为其要有利于经济的稳定增长。众所周知,经济要实现稳定增长就应该在充分就业条件下实现社会总供求的均衡。如果社会总供求失衡,则政府可以通过公共投资来加以调节。如果社会总需求不足,经济衰退、通货紧缩,政府可以扩张公共投资的规模,通过增加公共投资需求来拉动经济增长。反之,如果社会总需求过旺,经济过热,通货膨胀,政府可以压缩公共投资规模,通过减少政府的投资需求来实现总供求的均衡。政府公共投资能在多大程度上影响总需求,即政府通过公共投资到底能在多大程度上实现社会总供求均衡的目标,除受政府公共投资规模的制约外,主要还受另外两个因素的影响:一是货币供求的状况;二是投资乘数的大小。在货币需求中的交易需求和谨慎需求在货币总需求中所占比例低而投机需求所占比例高,单纯增加货币供给已经无法使利率下调时,通过增发公债来增加政府投资,可以在不提高利率的前提下,使国民收入增加。

二、公共投资的中观效率

既然公共投资是向社会提供公共产品,那么公共投资效率就不仅从宏观上体现为公共投资规模要有利于实现公共品供给总量优化,具体体现为公共经济学研究投资要有利于资源宏观配置的优化和经济的稳定增长，还要在中观上体现为公共投资结构要与社会成员对公共产品的需求结构相适应。为简单起见，假定只存在两种不同性质的公共投资，这两种不同性质的公共投资分别对应着两种不同性质的公共产品供给。那么在资源总量一定的条件下，两种不同性质的公共产品 A 和 B 所有可能的搭配组合点的集合就形成了一条资源约束线。其和社会无差异曲线的切点 E 就对应着最佳的公共产品供给结构。如果偏离这一最佳点，无论是 A 供给过多(即对公共产品 A 的投资规模过大)、B 供给过少(即公共产品 B 的投资规模过小)，如图 6-2 中的 F 点，还是情况相反，如图 6-2中的 G 点，都会使公共产品的供给结构与社会成员对公共产品的需求结构不相适应，进而降低整个社会的福利水平(见图 6-2)。因此，公共投资的中观效率就体现为公共投资的结构要与社会成员对公共产品的需求结构相适应。

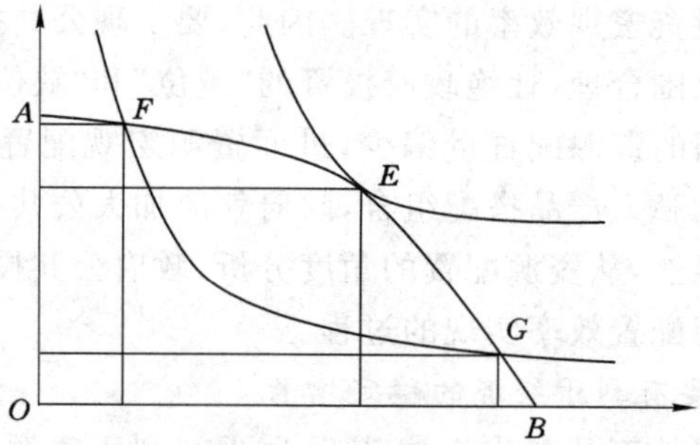

图 6-2 公共投资的中观效率

公共投资中观效率的实现从理论上讲需要公共投资决策机构或决策者要了解社会成员对公共产品的需求信息。为此，政府部门应设立相应的信息搜集整理机构，配合专门的人员，采用现代化的信息搜集整理手段，以便使决策机构和决策者能充分了解社会成员对公共产品的需求偏好，这就为做合理的公共投资决策以形成合理的政府公共投资结构，进而为实现政府公共投资的中观效率创造有利条件。

然而，仅仅具有充分的信息并不能保证政府公共投资结构合理或者说保证公共投资中观效率的实现。因为按照公共选择理论的观点，做出公共投资决策的人也是“经济人”，其在做出公共投资决策时并没有想着如何去实现社会利益最大化，而是要通过公共决策实现个人利益最大化。所以，通常而言，公共投资的决策者会在与自身利益有直接关系的投资项目上花费过多。另外，由于官员都有任期限制，所以在短期能取得投资效果的项目往往备受青睐，而需要长期投资才能取得效果的项目，如污水处理、沙漠改造等项目却得不到应有的重视。这表明，要形成合适的公共投资结构，仅仅拥有充分的信息还是很不够的，更重要的是要完善对公共投资决策过程的监督机制，形成立法监督、审计监督、舆论监督、财政监督等多层次的监督体系，以保证公共投资决策者切实以实现社会利益最大化为目标来做出决策。

三、公共投资的微观效率

政府公共投资的微观效率体现为在公共投资的规模和结构已经优化的前提下，在每一具体项目的投资过程中资金使用效益要高。但是，在现实中，评价一个公共投资项目资金使用效益的高低却存在不小的困难。因为：第一，公共投资服务于公共产品的提供，而公共产品本身不能定价，所以社会成员就丧失了通过价格高低来判断政府公共投资效益水平高低的可能。第二，公共投资以政府为主体，而政府本身就处于垄断地位，没有其他经济主体与政府形成竞争格局，这本身就意味着政府公共投资要提高资金使用效益就缺少了必要的外部竞争压力。第三，公共投资的领域是市场引导投资资金流向失灵和部分失灵的领域，而不是市场完全有效作用的领域，这种公共投资所处领域的特殊性决定市场机制不可能像调节私人经济部门投资那样有效发挥调节作用。第四，公共投资的资金来源主要是财政资金，而财政资金又主要来自税收，而税收又通常是根据支付能力原则而不是根据受益原则征收的，所以，政府公共投资这种资金来源的特殊性，就使公共投资利益的获取和成本的分摊截然区分开来，对社会成员来说，似乎是不付任何代价而从政府公共投资项目中获得了效用和满足，这在客观上弱化了社会公众监督政府投资过程的热情和力度。

正是由于存在上述制约因素，所以政府公共投资的资金使用效益往往低下。要提高公共投资的资金使用效益，有以下几种方法可以选择：第一，对有些公共投资项目可以采用成本效益分析法。这种方法首先由美国在20世纪40年代田纳西河流域治理时首先采用，后来在世界范围内得到推广。这种方法可有效抑制公共投资过程中只注重效益而不注重成本或只注重成本而忽视效益的片面做法。对于效益难以量化的公共投资项目则可以采用最低费用选择法来提高资金使用效益。第二，可以将公共产品的生产和提供区分开来，用来提高公共投资的资金使用效益。公共产品的生产是把公共产品创造出来的过程，而公共产品的提供则是指费用由谁来负担的过程。按照这种理解，公共产品的生产和提供可以有四种搭配组合模式，即私人生产、私人提供；私人生产、公共提供；公共生产、公共提供；公共生产、私人提供。实践证明，对公共产品的生产来说，如果采用公共生产的方法，往往要通过公共投资建立国有企业或成立国有单位来实现，而这会由于公有产权自身的局限而导致效率低下。因此，为了提高公共产品的资源配置效率，不少国家对公共产品采取私人生产、公共提供的办法来提高效率，避免通过公共投资来直接生产某些公共产品，实践证明效果颇佳。这意味着有意识地缩小公共投资的范围和规模对提高公共投资的资金使用效益有时是必需的。当然，对于一些具有自然垄断性质的产品，如自来水、管道煤气、电力等自然垄断行业，通常要通过公共投资来创办国有企业来生产。因为如果由私人生产，其自然垄断的性质将会使私人生产者通过控制产量、抬高价格来攫取超额垄断利润，进而损害社会利益。这种情况下，可以采用公共生产、私人提供的办法，结合公共定价来提高公共投资的资金使用效益。此时，企业是由政府投资建设的，但企业却不能自主定价，这样价格如果能合理界定，则不仅有助于公共投资目标的实现，而且这本身就是公共投资资金得到高效率使用的表现。

第七章　公共消费

本章重点

1. 掌握公共消费的基本理论
2. 把握好行政管理支出、国防支出和科教事业支出等公共消费领域中的基本问题

公共消费是政府直接在市场上购买并消耗商品和服务所形成的支出，是购买性支出的重要组成部分，是国家执行其政治和社会职能的财力保证。加强公共消费研究，就可以为公共消费领域改革提供理论依据和对策建议，减少和避免在公共消费改革中可能出现的失误。

第一节　公共消费的基本理论

一、公共消费的内涵

（一）基本定义

公共消费是居民对公共消费品与服务的消费过程与活动。公共消费包括国家行政管理和国防支出、教科文卫事业支出、社会保障费用支出等。公共消费是指由政府和为居民服务的非营利机构承担费用、对社会公众提供的消费性物品与服务的价值。公共消费既是国民消费不可或缺的重要组成部分，同时又能带动居民（私人）消费，因此，扩大公共消费可以直接和间接地提升消费率，从而具有化解宏观经济运行中的矛盾和促进社会事业发展的双重功能。

（二）几个概念比较

1. 公共消费与社会消费

社会消费是指国家为满足全社会需要，通过财政支出为全体社会成员提供的物质、文化生活方面的消费。社会消费包含的内容比较庞杂，不仅包括国家用于科教文卫事业方面的耗费，国家机关用于行政管理方面的耗费，还包含了对外安全防务方面的耗费，等等，其范围要比公共消费的范围大得多。

2. 公共消费与集体消费

集体消费主要是指各地区、部门、企业和单位为改善居民生活而消耗各种物

质产品和劳务的一种行为和过程。集体消费的直接受益者是该集体内的社会成员，包含了指定的人群划分，与公共消费含义中普遍的城乡居民不一样，其范围狭隘得多。

3. 公共消费与政府消费

政府消费的含义与公共消费的含义也存在差异性，一般来说，我们对政府消费可从广义和狭义两个角度进行理解。狭义上的政府消费就是指构成社会最终消费的，政府公共支出中用于社会消费性支出的部分。除了为一国公民提供国家防务和公共安全方面的支出，还包含行政、法律、社会管理以及维系正常的社会关系和商务关系的支出。广义的政府消费还包括政府投资性支出，这一概念主要是从政府自身的角度出发。因此无论在广义还是狭义上，公共消费的含义都不及政府消费的含义宽广。

二、公共消费存在的必要性

(一) 社会需要与公共消费

1. 社会目标与市场失灵

(1) 社会目标。人类从来没有停止过对理想社会的追求。没有一个社会所追求的目标是单一的。威尔伯说，“我们接受这样的观点，即经济应当是人的目标的仆人，而不是人的目标的主人。而且，我们认为这些目标包括生存资料的供给、尊重和友谊以及自由。最后，对经济的评价应当根据它在完成这些目标方面所起的作用来做出”。效率与公平是两大重要的社会目标。效率和公平都是规范标准，它们表明应该怎样，而不是必然怎样或如何才能怎样。效率是选择导致最大可获得经济福利的产品与服务的产量，也可以说是指一种在资源和技术条件的限制下，尽可能满足人类需要的运行状况。公平问题涉及个人对福利在社会成员之间如何分配的价值判断。公平目标就是在社会成员之间以一种公平或者公正的方式分配这些产品和服务。

(2) 市场失灵。市场的优势在于其效率，但是，市场要有效地发挥资源配置功能，是需要满足一定的条件的。乔·B. 史蒂文斯认为，市场能在多大程度上引导资源的有效配置，取决于能否满足下述四个假定。第一，商品或服务是经济学家称之为的私人物品。第二，一种商品对潜在消费者的全部价值或效用都反映在该商品的需求函数上，不存在虚张声势，没有威胁和策略，所有消费者都只有正确和诚实的偏好显示。第三，是生产该物品的所有成本都反映在供给曲线上，不存在成本与收益外溢现象。第四，假定市场是竞争性的。没有个别的生产者或消费者能够影响价格，所有资源在用途和空间上都是流动的，企业必须尽可能有效生产才能生存。当市场符合上述条件时，在价格机制作用下，能够实现市场均衡，其资源配置功能就可能是有效率的。但如果不能满足这些条件，市场就并不一定有效。一般来说,“有效的市场通常假定充分的信息、足够的竞争、及时的调整和适度的交易成本”。如果由于市场存在不完全竞争(比如自然垄断情况下的成本递减和规模收益递增)、非充分信息、时滞、高交易成本等问题时,市场就会存在低效率,此时,采取集体选择就可能增进社会效率。从商品和服务本身的角度来分析,对于公共产品而言,由于公共产品生产的收益存在外溢等问题,市场只能以无效率的小数量来进行生产,生产水平低于社会期望值,难以实现资源的有效配置,也不能满足社会公共需要,从而需要进行公共干预。以上讨论的是市场在有些情况下由于不能实现资源有效配置而失灵,同样,市场还可能由于造成收入分配的过大差距而导致失灵。因为市场活动之所以能够实现经济效率,是依靠市场的充分竞争和自发运行获得的,是无数的个人和企业平等的市场活动的结果。市场活动以资源和要素的投入为起点.而市场分配则是通过要素的市场等价交换来形成的。由于等价交换是确保市场效率的前提条件和基点,因而越是有效运行的市场,越是将维持原有的分配格局。这就决定了市场有效运行的结果,是不可能改变社会原有的分配格局。因此,单纯依靠市场不可能解决原有的分配不公问题,反而可能导致原有的分配不公不断扩大。

2. 公共消费存在的经济原因

消费存在的经济原因可以从公共消费本身的特征,对于市场失灵的弥补以及它对于经济效率、交易成本的影响从而促进经济增长等方面得到说明。

(1) 公共消费与市场失灵。由于公共消费品自身的特点,市场对于这一类物品不能实现资源的有效配置,将这类物品由公共提供,才能弥补市场失灵。从公共消费物品本身的经济技术特征上看,公共消费品是在消费上具备非排他性和非竞争性的消费品与服务。由于非排他性存在,难以排除免费搭车者,不可能从外部获益者那里收费,就难以由私人来提供公共消费品;或者如果排他具有较高的成本,如果由私人提供并收费,就会带来额外的成本,社会效率损失就会较大,私人提供的效益就不如政府提供。另外,由于消费的非竞争性,无论是否排他对某个消费者的消费没有任何影响,一旦公共产品提供,没有付费的人的消费并不造成付费人的效用损失,多一人消费并不增加供给成本,如果实行排他会造成使用上的损失,从社会的角度看,实行排他其社会效率不能达到最大,唯有共同消费,才能真正发挥其效益,在这种情况下,排他反而成为经济上无效率的一种安排。从公共消费的需求特点来看,公共消费品的集体需求不同于个人需求的水平加总,而是要通过个人需求的垂直加总获得。垂直加总意味着商品的边际收益是我的边际收益加上你的边际收益。作为公共产品,所有的人都可以同等获得它,但不同的人并不必然对它有同等程度的评价。从公共消费品的外部效应来看,当生产、消费一种商品的收益并不能为其生产或消费者所占有时,就会存在正的外部效应，这种物品的生产或消费量就可能低于社会的期望值。

(2) 公共消费与经济增长。公共消费的发展能够促进经济增长。首先，公共消费增加直接拉动投资与消费扩大，促进经济增长。一方面，公共消费品政府投入增加，由于投资的乘数作用，会带动其他投资的增加；另一方面，公共消费品增加，居民消费环境与条件会得到改善，同样会刺激私人消费，保障类公共消费品的增加，还会降低居民未来收入风险，提高其消费倾向。有大量研究认为，我国 20 世纪 90 年代后期消费紧缩，一个重要原因就在于公共消费水平特别是社会保障水平降低，从而降低了消费倾向，影响消费需求的扩大。其次，基础设施、通讯、交通等公共消费品的投入增加会极大提高交易的效率，从而促进经济增长。杨小凯认为政府提供道路、桥梁等公共产品时会节约交易成本、提高效率："通过政府收税等筹资模式建造桥梁，节省了外生交易成本，如果它超过通过税收安排与没有税收安排相比较所产生的内生交易成本，那么，政府筹资将用于促进分工和生产率进步，或者扮演一个矫正'市场失灵'的角色。否则，政府收税可能产生'政府失灵'并限制市场履行其功能"。自 20 世纪 90 年代末以来，我国交通、通讯等公共基础设施极大改善，对于我国经济增长起到了很大的作用。再次，公共消费能够促进劳动效率的提高，从而促进经济增长。

3. 公共消费存在的伦理原因

社会不仅会出于经济效率考虑需要公共消费，还会出于伦理考虑需要公共消费，也就是说，通过公共消费实现社会的伦理目标。公共消费在弥补市场伦理道德方面的失灵有非常重要的作用，通过公共消费，可以促进社会公正与社会和谐，维护每一个公民的基本权利，促进人的全面发展。

(1) 通过公共消费起到了缩小收入差距的作用。政府提供的公共消费其资金来源为政府所征收的税收。一些税收，比如所得税，本身就有调节收入分配的功能。政府用这些税收公平地提供公共消费品给所有居民，比如，普遍实行义务教育，或者对于低收入群体免费提供基本的生活资料，这样就起到了收入再分配，促进社会公正的功能。从我国的情况来看，30 多年的改革事业，极大地改变了中国，我国居民收入水平与生活水平得到了很大的改善与提高，但贫富差距的扩大已越来成为中国社会潜在的不安定的因素。因为市场竞争的结果必然导致收入分配差距的扩大，过大的收入差距必然对社会稳定产生极大的影响。政府利用政府税费提供公共消费的结果，就是通过转移部分高收入者收入至低收入群体，而缩小收入差距。或者通过为所有公众提供差不多的公共消费，缩小贫富差距。同时，在收入差距明显，个人和家庭消费悬殊现象突显的情况下，发展公共消费有利于低收入阶层平等地享用经济增长的成果，从而受益，这就有利于缓解收入差距所带来的消费差距。

(2) 一些社会保障类型的公共消费保证了全体居民的基本生存需要，维护了他们的基本权利。基本医疗保障、失业保障、对贫困群体提供免费基本生活资料的救济与保障措施保障了他们的基本生活需要，保障了其生存的基本权利。失业、养老、工伤等社会保险，以及基本医疗、公共卫生、义务教育、灾害赈济、社会救助等公共消费品，它们也可以称为福利品。这种产品和服务，以无偿或低价方式提供，用来为弱势和遭遇困难群体提供基本生活保障，用来为低收入阶层提供支持，增进他们的生活福利。同时，由于福利设施的积极外部效应，也由于向人民提供均等的公共服务，社会主义福利具有普惠性，它造福于全体社会成员。

(3) 通过公共消费达到社会整合的功能。通过公共消费缩小社会成员的能力、阶层差距，增加其公平参与市场竞争的机会，也缩小其生活质量与水平的差距，从而能够在一定程度上调和社会各阶层的矛盾，促进社会整合。研究城市公共消费的西方著名社会学家卡斯特尔认为，政府对公共消费品供给的干预对维护资本主义体系至少产生了重要的影响，它通过对下层群体一些经济要求的让步缓和了阶级冲突，使政治统治关系得以稳定。

(4) 公共消费本身能够在一定程度上发挥道德补充的作用。建设成熟的市场经济，不但要发挥看不见的手与看得见的手的作用，也要发挥道德这只手的调节作用。我们党早就提出要“以德治国”，就是要发挥道德对经济社会的调节作用。公共消费内在的道德要求以及公共消费对道德调节本身的最重要的物质支持，能够在很大程度上发挥对市场经济的道德补充的功能。

(二) 个人需要与公共消费

公共消费与个人消费均是居民消费的重要组成部分，对提高居民消费水平与生活质量都有重要的意义。

1. 公共消费与个人消费的关系

(1) 互补关系。按照经济学的解释，互补关系是指两种商品共同满足同一种需求，例如：录像机与磁带、打印机与墨盒等即为互补关系。对于居民消费来说，在有些情况下，公共消费品与个人消费品之间是相互促进、相互补充的，比如，私人汽车与公共道路之间就是一种互补的关系，公共街道的发展会促进私人汽车消费的发展，反之可能抑制私人汽车的消费。这种公共消费与个人消费的互补能够共同促进居民消费效用与福利水平的提高。单纯公共消费增长时，如果没有个人消费的增长，这时消费者的效用水平不会提高；同样，如果单纯个人消费增长，而没有公共消费的增长，消费者的效用水平也不会提高。只有公共消费与个人消费水平都得到增长时，其消费效用水平才能提高。这时，公共消费与个人消费就相互补充，相互促进。在实际生活中，更多的情况是，先有公共消费品的提供然后才能促进个人消费品的发展。一个不能接收到手机信号的地区的居民不可能去消费手机。电视信号很差的地区，居民消费电视机动力也会大大受到抑制。同理，公共街道的拓宽、路面状况的改善也会促进私人汽车的消费。还有一个明显的例子就是，住宅小区公共休闲设施、绿化环境、周边的学校、医院、公共交通状况等公共消费品水平往往会在很大程度上影响居民购买小区住宅的决策，因为，居住不但意味着对私人住宅的消费，同时还会产生对周边公共消费品与服务的消费。此外，公共消费的需要也受个人消费的影响，只有人们收入水平提高了，具备了对手机、电视、住宅等的购买力与消费需要，也可能是已经购买了相应的个人消费品，就会产生对相应公共消费的需要，比如，已经购买住宅的居民会呼吁政府或者集体提供相应的教育、公共休闲设施、医院等公共消费品。

(2) 替代关系。替代关系是指两种商品可以互相代替来满足同一种需求，例如：牛肉和羊肉、自行车与助动车等即为替代关系。对于公共消费与个人消费来说，有些情况下，公共消费与个人消费就表现为替代关系，比如，私人汽车与公共交通。个人外出交通如果主要通过私人汽车，则会减少公共交通的消费；反之，则会减少私人汽车的消费，他们满足的都是交通这一消费需要。如果城市公共交通发展很好，方便程度与舒适程度都较高，成本也相对便宜，个人可能更多采用公共交通的方式；反之，如果公共交通发展较差，个人可能更多消费私人交通工具（私人汽车、摩托车等）。政府调控公共消费与个人消费依据在于公共消费的外部效应。同样以公共交通与私人汽车为例，如果私人汽车拥有与消费数量过多，一方面造成城市街道的过度拥挤，降低城市街道的使用效率，另外，私人汽车的人均占有空间、排放废气等都较公共交通大得多，就可能造成城市公共环境等的破坏，造成社会福利水平下降。因此，国外许多大城市都限制私人汽车的使用，新加坡的私人汽车使用费用相当高。

2. 个人需要公共消费的重要原因

(1) 公共消费是劳动力再生产的必然条件。劳动力再生产是在日常基础（通过现存工人的劳动能力的再生产）和代际基础（通过新一代工人取代已有工人的生产）上来完成的。它包括了简单再生产（消费的劳动力再创造）以及扩大再生产（发展新的劳动能力）。这些劳动力的简单再生产与扩大再生产必然通过劳动者的个人消费与公共消费才能完成。其中，公共消费如公共住房和公共医疗、社会服务和学校、休闲设施及文化娱乐等，对劳动力再生产的作用非常重要。如果没有充足的医疗卫生设施，就难以保证劳动力的健康；如果没有必要的文化教育设施，就难以再生产出与生产力发展要求相应的、具有一定知识和技术素质的劳动力。而且，随着技术进步与经济社会发展，社会对劳动力的要求也越来越高，对劳动力的文化素质、身体素质与心理素质等要求也越来越高，这样，劳动力再生产的成本越来越高，对公共消费需要也会不断增加。由于劳动力的再生产是整个社会再生产的重要一环，如果公共消费不足，将使劳动力再生产不能满足社会再生产的需要，从而影响整个社会体系的运行。因为公共消费品的生产需要大量的资本投入和通过相当长的时间才能够收回投资，公共消费品的消费则具有不可分割性和非排他性，因此私人资本根本不愿意去生产。面对这些矛盾，政府对交通、医疗、住房、教育、闲暇设施等公共消费品生产和管理进行干预变得越来越必要。对政府来说，这些商品尽管没什么利润，但却是维持整个市场经济系统稳定运行不可缺少的，如果任由矛盾的发展，必然会导致严重后果。政府供给公共消费品的途径或者是直接投资，或者是利用各种政策直接或间接刺激其发展。

（2）个人消费需要层次提高对公共消费提出了要求。马斯洛的消费需求层次论认为，人类的需要由低到高分为不同的层次，他在《人类动机理论》中指出人的需要可以分为五类，即生理、安全、归属和爱、自尊和自我实现的需要。后来马斯洛又增加了认知需要和审美需要，认为它们介于自尊和自我实现需要之间。一般而言，人类的需要由低层次向高层次发展，低层次的需要满足以后才追求高层次的满足。消费经济学家尹世杰教授根据马克思的论述提出与论述了消费需要及其不断提高是消费领域的主要规律。这就是说，人们的消费需求不断发展变化，随着社会生产的不断发展，生产力的不断提高，生存资料在消费需要中的比重逐步下降，享受资料、发展资料在消费需要中的比重将逐步提高，消费需求从总体上呈现出逐步上升的趋势。这是科学技术不断进步、社会分工不断发展的客观要求和必然结果，是一切社会化生产条件下消费需求变化的普遍规律。因此，对生存资料的需要是最基本的需要，是低层次的需要，首先应该加以满足。对享受资料、发展资料的需要，是高层次的需要，在基本消费需要大体得到满足之后，也应该逐步加以满足，使消费需要的满足，由低层次向高层次发展，不断提高消费水平，改善消费结构。个人消费是为了满足千差万别的个人需求，这些个人需求包括生存、发展和享受性消费需求。但许多发展与享受性消费需求主要是通过公共消费来满足的。保持身体健康的需求，提高文化程度与素养的需求，保持良好稳定的生活秩序的需求等等都是发展性与享受性消费需求。

（3）公共消费是个人自身全面发展的需要。马克思明确指出：未来社会“真正的财富就是所有个人的发达的生产力。”“任何一种解放都是把人的世界和人的关系还给人自己。”“为了人并且通过人对人的本质和人的生命、对象性的人和人的产品的感性的占有，不应当仅仅被理解为直接的、片面的享受，不应当仅仅被理解为占有、拥有。人以一种全面的方式，也就是说，作为一个完整的人，占有自己全面的本质。”人的全面发展，是“占有自己全面的本质”、充分发挥人的作用、促进社会全面发展的基本前提。人的全面发展，首先是人的素质的全面提高，人的能力的全面提高。"全面发展的个人……不是自然的产物，而是历史的产物。要使这种个性成为可能，能力的发展就要达到一定的程度和全面性。"要提高人的基本素质与能力，就要大力发展公共消费，满足人们的公共消费需求，因为，提高人的素质的主要途径就在于教育、医疗、高尚的休闲娱乐等公共消费活动。

第二节　行政管理支出

一、行政管理支出的定义与分类

（一）行政管理支出的定义

行政管理支出是为了满足政府行政管理职能的需要而安排的财政支出，在对行政管理支出的概念作进一步的了解之前，需要先对这里所提及的"政府"一词进行界定。完整理解的"政府"，包括大、中、小三种含义。在与立法机关和司法机关相对称时，一般使用的是"小"含义的"政府"，它是国家行政机关的统称，由国防、公安、外交、财政、海关、工商、监察、社会保障、交通通讯、经济、贸易、科技、文教、体育、卫生、环保等部门构成，其职责就是依法对社会公共事务进行组织和管理，包括中央政府和地方政府。而从公民个人或其他私人机构来看，"政府"泛指行使国家权力的中央和地方的全部立法、司法和行政机关，这就是"中"含义的"政府"。但更多情况下，并不局限于此，其含义要宽泛得多，作为公共权力机关，只要是代表国家行使公共权力的机构、组织、过程，甚至方式、方法、制度，都可以称为"政府"。

至此，可以对行政管理支出的概念有一个较为具体的理解，所谓行政管理支出，是指财政用于国家各级权力机关、行政管理机关行使其职能所需要的费用支出。

（二）行政管理支出的分类

作为一个整体概念，行政支出可以按照不同的标准和依据进行多样化的分类，具体来看，行政支出的主要分类依据有：

1. 按照行政支出的部门构成划分

按照行政支出的部门构成划分，行政支出可分为：行政管理费，即国家用于各级人民代表大会、各级政府机构、政治协商会议、共产党机关、民主党派机关以及社会团体的各项经费支出；公检法司支出，即用于公安机关、国家安全、各级法院、检察院以及司法行政机关的各项经费支出；武装警察部队支出，即用于内卫、公安边防、消防、警卫部队等的各项支出；外交外事支出，即用于政府外事机构进行外交活动的经费支出。

2. 按行政支出用途划分

按行政支出用途划分，行政支出可以分为两个部分：① 人员经费，即用于保证行政人员正常行使其职责的费用支出，它包括用于各级政府权利机构、行政机关和外事机构的工作人员的工资、津贴与离退休人员费用等；② 公用经费，即用于保证政府机构正常开展公务而花费的支出。

3. 按财政支出方式分类

除了以上两种主要的分类方式，行政支出还可以按财政支出方式分类，划分为经常经费和基本建设经费两大类；按照支出的政府级次来分类，划分为中央政府行政支出和各级地方政府行政支出；按照资金的来源渠道划分为预算内行政支出和预算外行政支出；等等。

二、行政管理支出的特点

行政管理支出属于消费性支出，不能直接创造物质财富，却可以保证政府机构的正常运转，提高资源的有效配置，确保政府职能的有效实施，改善收入分配，促进物质文化改革建设和宏观经济的平稳运行。这是行政管理支出的客观重要性，和行政管理支出的特点息息相关。行政管理支出的特点严格来讲有：公共性、消耗性、稳定性、低收入弹性和效率难以考核性这五个特征。

（一）公共性

行政管理支出属于公共支出。行政管理支出经费是政府通过强制性的税收方式取得，所以行政管理支出的对象应该是全体社会成员，政府应该尽可能的为他们创造良好的社会秩序和生活生产环境。从另一方面讲，政府创造良好的生活生产环境和社会秩序就是国家行使各机关单位职能的表现，也是保障各机关单位正常运转的基础。

（二）消耗性

行政管理支出属于消费性支出。从文章前面介绍的行政管理支出的内容来看，它不直接作用于生产经营活动，也不产生任何直接的经济效益。

（三）稳定性

一国政府的职能不会在短时间内有变动，说明政府职能具有一定刚性，国家根据政府履行其职能的需要来确定行政机构的设置安排。另外通过法律程序明确国家在一定时间内社会行政和经济管理政府职能，这表明了各级政府之间的职权划分。所以，行政管理支出在随着经济增长而增长的同时也应具有稳定性。

（四）低收入弹性

行政管理支出提供的是社会正常运行的基本需要，属于必需品。人们对它的需求并不随着收入的增加而增长，因此在投入品价格一定的情况下，其支出增长的速度不应超过经济增长。

（五）效率难以考核性

衡量政府规模的指标一般是用政府雇员的数量，或者是用行政管理支出占财政支出与 GDP 的比重。所以行政管理支出可以从人员经费和公用经费两个方面来研究。公用经费是政府满足实现其职能产生的费用，当政府所需的各种公共产品的数量和范围不断增大时，人员经费也会随之增加。因为政府雇佣人员数量没有定量，行政管理支出占财政支出或 GDP 的比重没有标准，所以行政管理支出的效率无从考核，无法评判怎样最有效。

三、行政管理支出的规律性分析

（一）行政管理支出的帕金森定律

帕金森是英国的历史学家和社会学家，他在 1958 年剖析了政府机构的官僚问题及其社会根源。他认为，凡是为官者，在工作繁忙时总是希望增加下属，而不愿意找一个与自己势均力敌的副手；官员多了，他们之间可以制造出许多工作，使人人有事可干。在一个官本位和官僚主义盛行的社会，行政管理支出的膨胀就是不可避免的了。帕金森列举了以下例子来说明这一现象。

假设有一个当官的 A 君，当他觉得工作劳累时（不管是否真是如此），他是不愿意请一位与自己级别相当的 B 君来分担的，因为如果自己的上级有一天退休，则 B 就是自己晋升的竞争者。当然，他也不愿意提拔 C 君当自己的助手，因为时间一久，C 君就会成为类似 B 君的角色，成为自己晋升的竞争者。最佳的方案是同时找两个下属 C 和 D，把工作分别交给他们两人，自己则高高在上，掌握全局。所以，要助手非得找两人或者两人以上不可，这样才能相互制约，牵制对方提升。当 C 君面临工作忙碌而发出抱怨时，出于经验，A 君会与 C 商量，给他配备两名助手。而 D 君虽然事实上并不一定要配备助手，但既然 C 配备了，D 也必须配备助手，因为两人地位相当。在补充了 E、F、G、H 四人后，形成了三级管理模式。这样，A 君的晋升就十拿九稳了。

当原来 A 君一人管的事变成了七个人管后，这一定律的第二部分就发生作用了。因为官僚体制下，七人彼此之间会制造出许多工作，使得人人都忙得不可开交。A 君也比过去更忙了。以处理文件为例，现在，A 收到文件后，照例要批示下属传阅。文件由 C 转到 E 处，E 君认为该文件是 F 君管辖的，于是将其转给 F 君。F 君阅后便起草了复文送 C 君审阅。C 君将复文修改后，要请 D 君会签。D 本应当把它交给 G 办，而恰好 G 君休假不在，于是将它转交 H 君，H 君写上自己的意见后，把修改稿交与 A。A 本来可以签发了事，但这时他的脑袋里已经装了许多矛盾问题：他盘算着明年他的上司 W 君退休，自己接班时该从下属中谁来接替自己；严格地说，D 君还不到休假时间，可他又不得不批准；H 君的健康状况不佳，可能是家庭矛盾；G 君与 H 君闹翻了，到了互不理睬的程度，天知道是什么原因。……如此多的矛盾使A心烦意乱，可毕竟他是个有能力、办事认真的领导，他在想了一通后，就开始改文稿，把文稿中C和H加进的罗嗦话删去，使它恢复到精明能干但爱吵架的F君最初起草的样子，然后又改了一下文字，最后才算是定稿。这份稿子，假如没有E、C、H、D四人，A同样可以搞出来，有了这些人之后，办同样的事而费的时间更多，而每个人又都在忙碌着，人人费很大的劲。

（二）行政管理支出的挤出效应

行政支出的挤出效应来自两个方面：① 由于政府的支出来自税收，因此增加对行政支出的供给，就等于将一部分资源用于公共用途，减少了私人部门的使用，其结果是缩小了经济活动的规模。② 由于政府的支出用于不同的用途以实现不同职能，则支出总量一定的情况下，行政支出增加将减少用于其他领域的开支，其结果是扭曲了政府的支出结构。

行政支出是有其自身规律的，适度的行政管理支出必不可少，行政支出过多，将导致政府的低效率，这种低效率将扩散，成为全社会发展的沉重包袱。因此，我们必须寻求最佳的支出水平和行政效率，建立一个高效廉洁的政府。

第三节 国防支出

一、国防支出的含义与特点

（一）国防支出的含义

所谓国防支出，是指为了全体社会成员安全需要的军费开支。其目的是为了防御外敌侵犯，保卫国家独立，保障领土完整、安全和主权不受侵犯。

（二）国防支出的特点

国防支出具有以下几个特点：

1. 纯公共商品

它与行政管理支出一样，提供的是纯公共商品，具有高度的非排他性和非竞争性，因此必须由政府来提供。

2. 需求的外生性和供给的内生性

理论上讲，决定一国国防支出的主要因素是其国防安全风险的大小，即被侵略的概率和侵略力量的大小。对一国而言，这时的两个外生变量，对国防服务的供给来说，主要受其国力、财力的制约。

3. 具有博弈均衡的特点

国防支出具有多边无限重复博弈的特点，因为每一国的国防的效果完全取决于另外一国的国防。一国用于保卫和防御本国的国防力量，也会被其他国家认为是潜在的侵略力量,因此按照“囚徒困境”的原理,在国与国之间采取不合作的情况下,国家之间会在国防开支上互相竞争攀比,使得各国在国防上的支出越来越大。

4. 资本密集型

与行政管理支出不同,国防服务属于资本密集型行业。在当今科技发展的时代,加强国防建设并不是指军队服役人员越多越好,而是将人与先进国防设施结合起来,以达到最大的战斗力。

二、国防支出的效应分析

(一) 国防支出的乘数效应

乘数效应是指国民生产总值决定过程中对其具有扩张作用的任一注入因素的增减变化所引起的国民生产总值数倍于投入增减的同向变化。国防支出作为政府支出的一个重要组成部分,也必然会产生乘数效应。国防支出在其使用过程中通过购买军品和劳务,引起有关厂商和居民收入的增加,然后这部分厂商和居民又会以其所增加的收入的一部分继续购买其所需的产品和劳务进入到国民生产总值的下一个循环之中,如此不断循环往复,国防支出在宏观经济运行中引起收入的倍数变化产生乘数效应。国防支出乘数效应具有鲜明的特点,国防支出的乘数效应略高于一般支出乘数的平均水平。由于军需品的质量要求较高,所以一般会采用定向采购的方式进行,范围限于具有良好信誉的大型企业。这部分企业由于其营利能力强,员工生活保障充足,收入较高,所以其边际消费倾向略高于社会平均水平。在假定以后各次支出涉及居民消费倾向于社会平均水平相同的前提下,首次支出的高边际消费倾向造成国防支出涉及的平均边际消费倾向略高,从而国防支出的乘数也略高。

(二) 国防费用的挤出效应

国防支出作为政府支出的重要组成部分,同样对国民经济会产生挤出效应。但由于国防是纯公共产品,绝大部分国防建设项目由于建设周期长,直接回报率低,极少有私人投资介入。因此,国防费用增长不存在对私人投资在军事领域的排挤。另外一方面,如果军事支出控制在合理的水平,例如,低于国民经济增长的总体水平,国防支出绝对额的增加不会引起市场利率的大幅波动,从而引发挤出效应。但如果长期实行显著扩张型的军事财政政策,国防费规模长期维持在较高水平,资源长时期地过量投入军事领域,超出国民经济承受能力时,挤出效应就彰显无遗。不及时纠正,就会引发国防建设与国民经济发展失调,严重削弱国家的综合国力。例如,苏联 1981~1987 年间都维持着相当高的国防费规模,国防支出占国民生产总值的比例 7 年间每年都超过 12.8%,占中央财政支出的比例维持在 50%左右,形成了国防经济畸重,民用经济畸轻的国民经济格局,严重影响了经济发展和人民生活水平的提高,致使社会发展走向险境。

(三) 国防支出的牵引效应

所谓国防支出的牵引效应,是指国家和军队制定的相关军事财政政策,使得军事财力资源更多地投入到军事高新技术的开发和研制领域,以促进军队实现机械化、信息化的跨越式发展,并对民用技术的发展和国家综合国力的增强产生辐射、牵引作用。军事财政政策的乘数效应和挤出效应更多地由总量调整政策体现出来,而牵引效应则更多由结构调整政策所体现。

政府加大对军事高科技投入的政策促使军队尽快拥有更现代化、更先进、更信息化的武器装备,有利于提高军队的有机构成,促进军队高新技术军兵种发展,提高军队战斗力。同时,该类政策对一国的科技实力及经济增长会起到巨大的推动作用,它能够带动相关民用技术提升技术级次,并提高整个国家的技术实力,进而极大地增强一国的经济实力和综合国力。政府加大对军事科技的财力投入的政策是世界通行做法,也是战争发展趋势的必然要求。

牵引效应还表现在:军事高科技转化为民用成果或者军民两用技术在非军事领域的运用,极大地促进了民用高新技术和生产力的发展。各国为研制和生产新式武器装备而极大地发展了信息技术、生物技术、空间技术、新材料技术、新能源技术和海洋开发技术等高新技术。这些高新技术向民用经济部门渗透和辐射,直接牵引和带动民用工业生产技术的进步和新兴产业部门的兴起,对调整产业结构、产品结构、技术结构具有重要的战略意义。

第四节　科教事业支出

一、科教事业支出的概念与特点

(一) 概念

所谓科教事业支出,是指政府为满足人民精神文化方面的消费需求而安排的用于科学、教育等事业方面的支出。

(二) 特点

第一,它满足的是人们的高级需要。根据马斯洛的需求层次理论,人们的需求分为五个层次,分别是:生理需要、安全需要、社会需要、尊重需要、自我实现需要。当一种需要得到满足后,另一种更高层次的需要就会占据主导地位。当人的需求跃升到某一层次后,就必须对其提供这一层次的公共产品才能满足其需要。现在我国绝大部分人们都已经脱离了低级需求的层次,那么科教事业的支出就是非常必要的了。

第二,高收入弹性。由于科教事业提供的是满足人们高级需要的产品,那么与行政管理支出等必需品不同，随着人们收入的增加，对科教的需求也将上升，人们要求拥有更多更好的教育，希望得到更好的身心健康，诸如此类都要求科教事业支出的增加。

第三，它提供的是准公共产品。大部分事业支出中的非排他性和非竞争性的特点不充分，且往往具有外部效应特点，因此事业产品介于公共产品和私人产品之间的中间地带，并非纯粹的公共产品。

二、对教育事业支出理论分析

在现代市场经济社会里，几乎所有国家的公共部门在为全社会提供教育服务和公共卫生保健方面都起着主导作用。归结起来看，由公共部门开办教育事业，为它们提供基本的经费来源的主要原因在于以下几个方面：

（一）教育是典型的混合产品

教育既具有公共产品的属性，又具有私人产品的属性，是典型的混合产品。受教育者学到知识和技能后，增加了获得收入与享受生活的能力，即有可能在今后的工作中获得相对较高的货币收益与精神享受，通过接受教育所获取的经济价值也主要是为受教育者本人或家庭享有。从这一个角度来看，教育具有消费上的排他性和竞争性的特征，因而具有私人产品的属性。但是，个人接受了教育后，有助于提高企业和全社会的劳动生产率，教育的经济价值又不为他一个人所独占；更为重要的是，从社会的角度看教育的发展有助于提高全社会文化水平和文明程度，关系到一个国家的民族文化及其精神财富的继承和传播，其丰厚的社会价值远不是一般的经济利益所能比拟的。从这一角度来看，教育又具有明显外部效应，具有明显的公共产品的属性。因此，对于教育，特别是基础教育或公共教育这样的混合产品，既不能完全向私人收费，也不能完全靠政府拨款，而应该既向私人收一部分费用让其承担应有的职责，又靠政府拨部分款项，让其在整个教育投资领域负担起应有的职责。

（二）教育有明显的正外部效应

教育具有明显的外部收益，政府如不介入，可能出现供应不足。按成本——收益理论分析，有正外溢性特征的产品，其私人收益与社会收益是不一致的，其差额就是外部收益。教育产品，尤其是基础教育，也有大量的外部收益。由于外溢性的存在，成本与收益不对称，这就会影响市场配置资源的效率。因为私人投资者决策时，只可能将其实际承担的成本和得到的收益进行比较，在外溢收益得不到报酬的情况下，就会较少地选择以致摒弃从事该类活动，这就是市场失灵与缺陷。因此，必须有政府部门的介入和干预。

（三）教育是一项长期投资

作为一项长期投资，教育的收益率大小受个人性格、机遇、健康等不确定因素影响很大，而学生也很难拿得出可以接受的担保品，私人机构一般不愿意提供这方面的贷款。再者，教育投入周期长、产出效益又具有滞后性和外溢性，私人和企业一般不愿意主动承担其投入。所以，政府有必要给予受教育者直接贷款或贷款担保，以加强社会范围内的竞争，推动经济发展，消除不平等的根源。与免费上大学和助学金不同，贷学金资助是一种延期支付，并非无偿赠与，在学生毕业获得回报后，应归还这部分公共资金。这可以说是一条成功的国际经验。国外这一措施主要是针对大学教育。我国的具体情况是：国家仅提供九年义务教育，普通高中和中等专业学校自愿入学。这样就造成了部分学生特别是贫困地区的学生初中毕业后即被迫终止学业，导致仅具备读写能力、无专业技能的功能性文盲大量出现，如果对他们提供直接贷款或贷款担保，既能优化资源配置，又能从根本上缓解结构性失业的压力。政府介入教育投资是每一个人能获取基本均等的教育机会、实现社会公平的前提。教育的经济价值及其收益的获得，必须以个人能够正常地接受必要的教育或培训为前提。但是，在市场机制的作用下，家庭经济状况的差异，意味着每个人所能接受教育的机会与程度是不均等的。教育机会的不均等不仅与社会公平的要求背道而驰，而且会使既有的收入分配差距因为教育程度的差距而继续下去并有可能进一步扩大。显然，实现教育均等化从而为实现社会公平创造条件的任务只能由代表公共利益的政府来承担。此时，政府从再分配的角度出发，积极参与教育事业，就使得人们接受教育的机会不受财富多少的制约，让社会成员均可以享受到最基本的受教育机会和权利。这将有助于社会公平与正义的实现，也有助于社会经济的持续发展。

三、对科技事业支出的分析

（一）基础性科学研究成果具有公共产品的特性

一些基础性科学研究成果不同于其他产品，通常具有两个特征，即非竞争性和非排他性。对于消费者来说，他可以免费使用，而且还可以毫无代价地广泛传播这些科技成果。而对于创造者来说，研究成果通常并不给其带来直接的经济应用价值，由该成果带来的全部收益主要为社会所获得。这样，创造该成果的人将得不到经济补偿，因而私人不愿提供此类产品。于是，提供这种产品理所当然地成为政府的一项职责。如果没有政府的提供，为发展科学所做的基础性研究就会非常少。同理，应用研究中的社会公益性研究（如气象服务、灾害研究等），以及服务于基础研究和公益性应用研究，同时具有广泛社会公益性的科技服务（如图书馆、科技博物馆、动植物园等），同样具有公共产品的性质，也难以实现市场化。

（二）应用研究与技术开发呈现出非公共产品的特性

应用研究与技术开发不同于基础性科学研究，具有直接的经济应用价值，一旦获得成功，能够给生产者带来较大的收益，但是，生产者同样只能获得成果的一部分收益而不是全部，因而具有外部效应。解决这种外部效应的行之有效的办法，显然要通过政府的作用，或者建立知识产权法，或者由政府对生产者进行适当的补贴，使外部效应内在化。

（三）风险贷款市场的不完善

科技成果的研究与开发一般具有风险高、投资大、周期长的特点，从而给那些处于创办阶段的中小企业带来了技术开发资金上的瓶颈，因为这些中小企业由于其支付能力、资信评估的限制，要想在贷款市场上获得资金是非常困难的。鉴于风险贷款市场上的这种不完善性，作为对企业科技创业、创新努力的一种补充与激励，政府提供担保和建立风险投资信贷资金以及税收等方面的优惠政策显然是必要的。

第八章　公共支出管理

本章重点

1. 深刻理解公共支出管理的基本理论

2. 重点把握公共支出在总量控制、结构优化与绩效管理三个方面的基本要求与方法

加强公共支出管理，需要确定合理的公共支出规模、优化公共支出结构、注重公共支出绩效水平的提高，改变过去的“重收入、轻支出”“重分配、轻管理”的倾向。本章在上三章的基础上从公共支出管理的角度对公共支出进行总结。

第一节　公共支出管理的基础理论

一、公共支出管理的基本内涵

关于管理，法约尔在《工业管理和一般管理》中这样定义：管理是所有的人类组织都有的一种活动，这种活动由五项要素组成：计划、组织、指挥、协调和控制。这一定义没有明确管理这种“活动”的目标和内容。一般来说，组织的目标就是管理的目标，达到组织目标需要资源，管理的内容或对象就是组织的资源，资源是有限的。概括起来，管理是对组织的资源进行有效整合，以达到既定目标的活动。

公共支出管理可以简单地定义为对公共支出的管理。公共支出管理与预算相关，但又超出了传统预算的范围。传统预算强调正确的预算程序，公共支出管理则强调实际执行结果。有的学者还认为公共支出管理用来促进好的政策和制度的产生，并弥补政策缺陷。它是实现这一目标的长价值链，自始至终与预算编制和通过采购与合同外包等方式执行预算并向公众提供服务相关联。还有一些学者把公共支出管理放在公共财政管理的范畴之下来认识，即公共支出管理是公共财政管理的组成部分，即对公共支出所进行的财政管理。

通过以上分析，我们可以对公共支出管理的含义做如下界定：① 公共支出管理是一项技术性而非政治性的活动；② 公共支出管理的目标是实现支出规模的总量控制、资源的有效配置和运作过程的高效率；③ 公共支出管理贯彻预算

编制与执行全过程，是对传统狭窄预算观的完善；④ 公共支出管理与绩效评估紧密联系，关注支出的结果与成效。

二、公共支出管理的三个层面

既然公共支出管理贯彻预算编制与执行全过程，那么政府直接支出公共资源，需要在立法机关和社会公众监督和控制下依法支出，即以预算的形式体现和执行政府收支计划。在绝大多数国家，政府预算是政府政策在财政中的反映，或者说，政策寓于预算之中。因此，预算的本质是实现政府公共政策、社会经济政策目标最基本、最重要的工具。

政府预算包含两个方面：一是通过税收和收费的方式，在经济运行中获取足够的公共资源；二是通过公共支出，有效地分配和运用公共资源。公共支出管理虽然只是政府预算管理的一个方面，但却集中体现了政府职能，因而是政府预算的核心。

公共支出管理属于公共管理的范畴。公共支出管理的主体是公共部门——政府组织，管理的对象是社会公众委托政府管理和配置的公共资源，公共支出管理的目标就是政府的目标——最大化地满足社会成员的公共需要。

市场经济中，公共支出管理涉及三个层面的问题，即“干什么”“怎么干”和“怎么样”。“干什么”的主体主要是代议机关以及政府的高层，我们称之为“核心层”，他们代表社会成员的公共利益，决策国家的宏观经济政策，确定公共支出的总量规模和投向，这一过程实质上是社会公共资源配置的基本社会抉择；“怎么干”的主体是政府中、低层次的公共组织，我们称之为“执行层”，他们贯彻执行核心层的决策，是具体的支出机构；“怎么样”的主体是公共支出的委托人——社会公众，他们通过法定程序和法定机关代议机关和审计机关监督公共支出的用途是否符合社会公众的根本利益和评价公共支出的绩效。

三、公共支出的纵横管理

（一）公共支出管理的纵向管理

中央与地方政府按照公共产品的受益范围分工，与之相对应，公共支出由中央支出和地方支出两部分组成，按照行政区划和多级财政分层体制，公共支出管理也就包括中央支出的管理和地方各级政府的支出管理，我们称之为公共支出的纵向管理。

在任何一个国家，无论中央与地方政府在多大程度上分权，都必须具备清晰而有效的中央与地方政府关系的法律框架和预算管理安排，以明确界定中央与地方政府、地方各级政府之间的事权、财权和财政关系。同时，为保证政府间财政关系的顺畅，还有必要建立矛盾协调机制，一般通过设立特定的组织进行协调，如德国由各州代表组成国会下院负责政府间政策的协调，澳大利亚则由一个财政委员会负责处理中央与地方政府、地方各级政府之间的财政关系。从支出管理角度看，各级政府之间的分工与协作应坚持以下原则：一是不论政府总的职能是什么，各级政府之间必须有明确的职能分工。应避免职能交叉，尤其应避免模棱两可的、共同承担的合作职能。二是政府的公共政策目标应该适用于各级政府。三是当上级政府将责任转移给下级政府时，应相应地给予下级政府一定的转移支付作为补偿。另一方面，如果下级政府的一些职责转移给上级政府，给予下级政府的转移支付也应该相应减少。四是上级政府在下级政府预算编制之前，应明确转移支付给下级单位的资源指标，以便于下级政府在预算准备时就能正确预测所有可支配的公共资源。五是中央与地方政府应适用统一的、按职能和经济用途划分的支出分类，以便于进行政策分析和界定各级政府的支出责任。六是中央与地方政府应适用统一的预算执行、内部控制、审计制度和报告制度等，以保证地方政府的财政运作与中央政府相统一。

（二）公共支出的横向管理

公共支出的横向管理主要指政府预算执行层各支出机关之间的财政管理。政府各职能部门的设立是社会分工在政治领域里的体现。有分工必然要求一定程度的分权以及与之相对应的制衡关系和资源需求。尽管各支出机关是基于满足社会成员共同需要这一共同的政策目标，根本利益是一致的，利益合作也是主要的、基本的，但各支出机关作为一个相对独立的行为主体，自身也具有相对独立的利益，客观存在着部门利益与社会整体利益不一致的方面。在公共部门的无效率和官员预算最大化研究中我们知道公共部门存在扩大公共支出规模的内部动力，并且努力通过政治程序将这种内在需求转化为现实。体现在公共支出方面，首先各支出机关在有限的公共资源分配中相互竞争；其次在部门自身利益冲动的驱使下采取种种措施来谋求本部门利益的最大化。政府各支出机关这种利益的双重性，决定了在公共支出管理时需要协调部门间的财政关系，保障必要的合理的需求，约束部门扩张预算的行为。这需要从以下两方面入手：

1. 强化预算过程管理中的制度约束

目前，各国普遍实行了部门预算。部门预算是一种全面反映部门收支活动的预算形式。通过部门预算，可以一目了然地了解各部门在一个财政年度实际需要的财政资源，以及部门间财政资源总量的对比关系，增加部门间财政关系的透明度，也为规范部门间的财政关系奠定了良好的基础。各部门维持正常运行所需要的基本支出按照统一的人员经费和公用经费定员定额标准来确定，平衡部门间经费水平。同时，细化预算编制，将每一笔资金在预算编制时都落实到各个具体的项目上。预算限额、预算谈判、财政监督、审计等一系列行之有效的制度既充分考虑部门需要，同时也有力地约束部门行为。

2. 预算管理权合理配置,有效制衡

预算管理权的实质就是财权,财权必须统一管理。在一级政府内部,财权的适当集中,不仅可以统筹安排有限的财政资金,实现资金效用的最大化,而且也能够强化财政部门对预算收支全过程的监督机制,无疑有益于规范部门间的财政关系。代议机关应在预算管理中起关键的、决定性的作用,需要有足够的权威、资源和能力。政府高层是政府部门的核心,应协调政策制定,裁决在预算中出现的任何冲突。预算管理部门提出预算指导方针和公共政策规划方案,审查预算申请,确保预算与政策和宏观经济目标之间的一致性。各个支出部门负责在预算政策框架下制定部门规划和预算。

四、公共支出管理的框架体系

应当说,要构建一个完整的公共支出管理体系,框架是第一位的,搭建好框架,等于完成了大楼建设的一半。那么,按照公共财政的要求,一个完整的现代公共支出管理体系应该具备哪些基本环节和结构呢?

现代公共支出管理体系应该包括公共资金的分配、使用和结果评估三个环节,并根据各个环节的特点和特殊要求,整合成一套既各自独立,又相互联系的五项制度组成的支出监督管理体系。五项核心制度是指部门预算,政府采购制度,国库集中收付制度、公共支出的绩效评估制度、收支两条线与综合预算制度。见图 8-1。

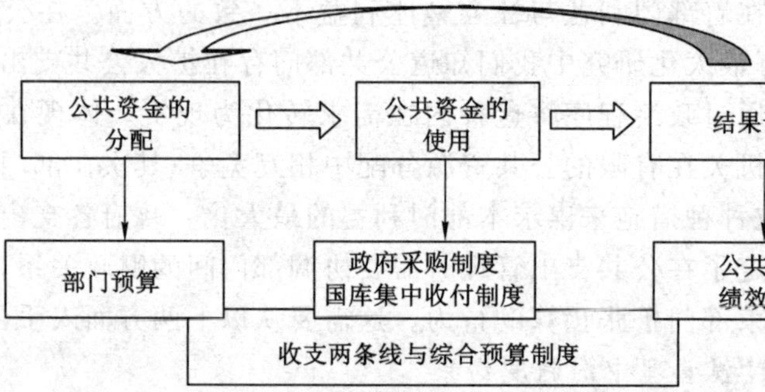

图 8-1 现代公共支出管理体系

(一)公共资金的分配

公共支出首先要对公共资金进行分配。在现代市场经济中,政府理财要达到合理分配财政资金、提高财政资金的配置效益和效率、全面控制支出部门的收支等目标,就必须借助先进的预算管理制度。理论上,在现代预算制度下,政府所有活动原则上都应纳入预算,依据法律程序进行。正是通过预算体系的运作,纳税人得以明了政府的运作及结果,并据以表达自己的偏好和对政府进行监督。部门预算就是一种全面反映部门收支活动的预算形式,把预算内容细化到单位和项目,使财政分配由粗放走向科学,对于合理分配财政资金,强化财政管理发挥了积极作用。现代支出管理要以部门预算为主线,建立公开、透明、规范、科学并具强约束力的预算制度,真正实现财政资源的公平分配和高效配置。

(二) 公共资金的使用

公共财政以提供公共服务为目标,要求将公平与效率的原则充分体现在财政管理的各个环节。因此,在实行部门预算、对专项支出进行绩效评估来实现对公共资金的合理、高效分配的基础上,对预算资金的使用加强管理也是公共支出管理的重要环节。加强对公共资金使用的管理,就是要提高公共资金的使用效率,确保预算资金用到该用的地方。这样就必须在预算执行的环节中体现预算的约束,这样才能保证预算不会变形走样。

按照建立公共财政框架的要求,对公共资金使用的管理改革主要有两方面的内容:一是建立国库集中收付制度,改变逐级拨款、分散支付的办法,加强国库资金使用的统一管理;二是推行政府采购制度,强化对财政资金的使用监督,提高财政资金的使用效益。部门预算、国库集中收付制度、政府采购这三项改革是财政支出管理改革链条上密不可分的三个环节。

(三) 公共支出资金使用结果的评估

公共财政的显著特点是法制化、公共化、效益化,追求预算管理的绩效性已经成为核心问题。作为现代公共支出管理体系的第三个环节,公共支出的绩效评估和考核制度是公共支出管理是否有效的最终的衡量方式,其重要地位不言而喻。对支出结果的评估和考核应至少包括两个方面:第一,要逐步建立公共支出管理系统的评估体系,这个体系包括了一个连续的过程:公共支出预算和计划→预算执行→执行结果的检验和评价。绩效始终贯穿公共支出的全过程。对于基本支出预算,要建立一套定性分析和定量分析相结合的绩效标准。第二,要建立公共管理部门的绩效考核制度。考核的内容包括:职能任务的完成情况、公共支出管理控制的程度,等等。对公共管理部门绩效的考核,既可以提高部门履行基本职能的责任心,又促使其积极理财,提高公共支出的效益。

第二节 公共支出的总量控制

一、公共支出的总量控制的内涵

公共支出总量是一个十分重要的宏观数量指标,能够反映政府占有和使用的经济资源,从而反映其职能作用的发挥力度。

总量控制是指支出控制。支出控制体现社会资源约束下控制公共支出的总量，它是公共支出管理首要的核心层工作。特别是在实现宏观经济稳定、抑制经济波动这一公共政策目标时，公共支出总量作为重要的总需求变量，政府可以有意识有目的地通过控制支出总量来影响有效需求。

我国的公共收入与公共支出都在迅速增长，但是公共收支间的矛盾也在日益加剧。一直以来，我国的公共收入增长速度大都低于公共支出的增长速度，而我国的公共赤字和债务规模却在逐期增加，长此以往，公共收支缺口必将愈来愈大，这不仅影响到公共支出问题，甚至会影响到我国的经济发展。公共支出总量从总体上反映一个国家的公共支出满足公共需要的能力，体现财政支出在国民经济全局中的地位和作用，对实现政府职能和促进市场经济发展至关重要。因此，根据我国现阶段经济发展水平决定的社会公共需要量，确定一个适度的公共支出规模，控制公共支出总量，对经济健康平稳发展是非常必要的。

确立适度的公共支出总量，需满足如下三点基本要求。首先，公共支出规模要符合经济发展水平。一般而言，公共支出规模随经济发展水平的提高而扩大。其次，公共支出要保障政府能够履行其基本职能。公共支出规模不能超前于经济发展水平，同时也要满足政府履行其基本职能所应达到的公共资金需求。最后，公共支出要与特定的国情相适应。政府职能范围由一国国情决定，进而公共支出规模也受其影响。

二、我国公共支出总量控制的现状分析

（一）支出范围不清，“缺位”与“越位”并存

公共的支出范围体现了市场与政府在社会资源配置中的结构与分工。市场是一只无形的手，能够通过价格机制有效配置资源。但是在某些领域，市场无法形成，或者虽然能够形成但效率不高，即出现了所谓的“市场失灵”现象，那么这些领域就需要政府这只有形之手的介入，通过政府的公共分配手段完善资源配置，弥补市场的缺失与低效。然而，政府未能明确市场与政府的职能分工，模糊了公共支出与私人支出之间的界限，因此公共存在“缺位”与“越位”的现象。对于某些公共需要，政府并没有发挥其应有作用，如对社会保障投入不足，基础设施和公共设施建设资金短缺严重等，导致公共“缺位”现象严重。同时，对于一些经营性、营利性领域，政府依然介入其中，如拨付企业亏损补贴、安排企业生产建设支出等，从而引发市场扭曲，影响市场的自我调节配置功能。其直接结果是公共资金耗费在过多政府本不该介入的事务上，而政府该管理的事务却遭遇财力不足，严重加剧了公共收支矛盾。

（二）行政机构扩张，支出负担沉重

一方面，我国政府涉入过多不应该介入的领域，职能界限过宽造成机构膨

胀，导致行政编制的“体外膨胀”，许多事业单位和各级政府驻外地办事处的开支绝大多数占据着行政支出或补贴。另一方面，政府部门的机构分设过细，尤其是机关自身服务的机构设置过细，许多单位还设置了大量的非常设机构。机构的臃肿，必然会带来人员经费的增加，给公共支出的膨胀带来巨大压力。

（三）“三公经费”数额畸高，浪费现象严重

“三公经费”中包含着严重的公车私用、公款吃喝与公费旅游现象。公车使用及维护成本过高，有的单位仅一辆公车一年的维修费用高达 10 万元以上，制度规定的不够规范，有力监管的缺乏以及司机队伍的庞大，导致公车在采购、维护与管理成本比社会上一般车辆高出数倍。公款接待层次过高，存在奢侈浪费之风；许多单位存在以学习、培训等各种名义实则公费出国旅游的现象。巨额的“三公经费”给公共支出带来沉重且不甚合理的负担。要控制公共支出总量，就必须解决“三公经费”的问题。

（四）公共支出效益不高，监督制约机制缺失

目前我们的公共支出管理方法较为粗放，带来很多弊端：一方面，单位之间经费供应不均，支出中不足和浪费的现象并存；另一方面，在预算确定之前，政府各部门及有关单位存在争投资、争项目的行为。由于缺乏有效的公共控制与监督，公共资金的使用还存在着乱支、浪费、挪用等现象，资金使用效率较低。并且由于透明度的缺位，为权钱交易、贪污受贿等腐败现象的滋生创造了条件，不利于廉政廉风建设。我国公共预算执行工作透明度不高，有关部门和人员在资金的分配与使用上拥有较大自由裁量权，各级人民代表大会及其常务委员会对各级政府的公共预算及其执行的监督约束并未真正落到实处。

三、公共支出总量控制的对策建议

（一）明确政府职能，界定公共支出范围

1. 规范事业单位经费供给

要严格按照各事业单位的产品性质，规范事业单位的公共拨款。对于满足纯公共需要的事业单位，公共支出应保障其经费供给，如基础教育科研、图书馆等事业单位；对于提供介于公共需要和私人需要二者之间的准公共产品的事业单位，如职业教育、广播电视、保健医疗等，应该由国家财政和具体消费者双方共同承担服务支出；对于营利性质的事业单位，公共支出应当与之逐步脱离经济关系，促进其市场化改革。

2. 规范公共投资领域

公共支出主要用于建设关乎国计民生的大型公益性基础设施，如道路、桥梁、码头及防治污染的环保工程等。政府公共支出应逐步退出经营性、竞争性领域，充分发挥市场配置功能。经济建设的投资主体应由政府转向私人领域。同

时，对于自然垄断行业，如铁路、自来水等基础产业，继续进行公共投资。

3. 加大社会保障支出投入

公共支出在社会保障方面的职能存在缺位问题。公共支出在社会保障领域应该以扩充保障内容和扩大保障的覆盖面为目标，通过开征社会保障税逐步加大社会保障支出，扩大社会保障覆盖面。企业和个人也应该在社会保障方面发挥重要作用，通过多方融资、三方共担，保障社保资金，完善社会保障制度。加大社会保障支出比重，也是公共财政的重要特征。

（二）精简机构设置，提高行政效率

推进政府机构改革，提高政府机构的办事效率。第一，政府机构的设置，政府编制的确定，均应以政府的相应职能为依据。取消按照产业设置的专业经济管理部门，建立精简高效的政府行政体系。第二，通过法制化规范机构编制的管理。实行机构编制的立法，政府机构及人员的增加必须严格根据法律规定、依照法律程序执行，从而促进机构编制管理的有序进行。第三，推行政务电子化运作，实现高效自动化办公。推行电子政务可以明显减少公务人员的数量，极大压缩与精简管理运作之间的环节，使整体办公流程更为有效流畅。发展技术行政，达到节约成本提高行政效率的目的。

（三）转变思想观念，公开“三公经费”

领导干部要转变为官理念，增强公仆意识，树立并保持艰苦奋斗、勤俭节约的优良作风，恪尽职守、严于律己，从观念上意识到公为私用的严重错误性。整顿比奢侈、比追捧、比排场的享乐主义思想，严控挥霍浪费行为，保证公务消费的纪律。加快推动“三公经费”的公开进程，全面提高“三公经费”的透明度。同时细化“三公经费”的公开指标，做到详尽而细致地公开“三公经费”的具体招待人数、出差人员、公车数量等，进而防范及控制“三公经费”不合理的过快增长。

（四）加强公共支出的绩效审计与监督

1. 绩效审计

对行政事业单位的支出范围、结构、效果进行绩效审计，评估有无问题和缺陷存在。通过绩效审计的结论，严格控制管理支出，有效解决资金损失与浪费等问题。

2. 项目评估

对公共投资建设项目进行绩效审计。公共投资建设项目主要包括公共直接投资、公共担保及信誉投资的交通、水利、城市基础设施和公共设施等重点项目。一方面，紧紧抓住投资决策及管理等步骤，围绕资金流程主线，检查立项、拨付、管理和使用等环节；另一方面，对整体项目评估，主要是看其是否达到预期目标，是否提高了经济社会效益。

3. 审核专项资金

对专项资金的使用进行绩效审计。除对专项资金使用的真实合法性进行审计外，还要对专项资金的使用效果及情况评价，主要从专项资金的使用效益大小与效率高低来进行评价。

第三节　公共支出的结构优化

一、公共支出结构优化的内涵

优化是通过人为的改变或选择对事物的相关变量进行调整，使事物从不理想的状态变化到理想的状态，或从低级状态进化到高级状态。公共支出结构优化是指通过公共支出结构内部各构成部分的调整，使公共资源配置从不理想状态变化到理想状态。公共支出结构的本质是政府职能的实现，那么公共支出结构优化的内涵就是公共支出内部各构成要素能综合实现政府职能，符合社会公共需要的目的，且各构成要素占公共支出总量的比例协调、合理的状态。它实质上是合理分配财政资源以满足各种不同的社会公共需要。

评价公共支出结构优化目标的实现程度，判断政府公共资源有效利用状态，可以通过政府职能实现的状况来体现。如果某一时期的政府职能能够得以实现，说明政府公共支出结构是合理的；如果政府职能实现受到影响，则支出结构是需要调整和优化的。哪一方面的政府职能实现缓慢，支出就应往哪一方面调整。政府职能决定了公共支出的结构，公共支出结构的优化目标在于能更好实现政府职能。政府职能是政府在一定时期内根据国家和社会发展的实际需要所发挥的功能和作用，是国家行政机关依法对国家和社会公共事务进行管理时应承担的职责和所具有的功能，它反映着公共管理的基本内容和活动方向。政府公共支出来源于政府职能，政府职能的基本内容包括政治职能、经济职能、文化职能及社会保障职能。因此，公共支出结构的优劣程度体现为政府各方面职能的实现状况。

二、财政支出结构优化的必要性

财政支出结构的优化能够促进经济实现良好的发展与进步，当前，财政支出结构优化的效果已经成为经济发展的重要评价标准，指导着经济发展的方向。在财政支出总量基本上不变的情况下财政支出结构的效果对于社会积累与消费的比例产生直接性的影响，也关系着社会经济发展的潜力。当前我国的财政支出结构还不尽合理，经营性支出、补贴事业费过多，但是基础性投资和社会性的公共支出严重不足不利于经济的持续发展。

同时，财政支出结构的优化也是当前服务型政府建设的需要，服务型政府是为社会提供服务和公共产品的政府，这一工作的开展，需要以公共财政预算以及财政转移支出作为指导，真正关注百姓的需要以及利益。

三、财政支出结构的现状

(一) 财政资金供给范围不规范

改革开放以来，我国财政统收的局面已被打破，但传统的国家包揽一切的分配思想和财政统支的局面仍保持着。财政资金的供给范围未能做出大的调整，缺乏明确、科学的界定。一方面，财政支出严重越位，即支出范围过宽，包揽了许多既包不了，又包不好的事务，如经营性投资支出过大、各种补贴过滥、各类事业费庞杂、财政供养人员过多、负担过重等。另一方面，财政支出又严重缺位，即财力过于分散，支出重点不明确，使得在应由财政供给的市场失灵的领域出现保障不足和无力保障的情况，如对社会保障的支持严重不足。

(二) 经济建设支出比重偏高

在过去计划经济体制下，我国追求纯而又纯的公有制经济发展，因此经济建设方面的支出占财政支出总量的50%以上。后来随着改革开放、经济体制的转变，投资主体日趋多元化，国家经济建设方面的支出有所减少。现在从构建公共财政的要求看，其比重仍然偏高。同时必须注意到，我国经济建设支出的内部结构也不尽合理，在很长时期内，政府参与竞争性、经营性项目过多，用于生产性的支出偏多，而用于基础设施、公用事业等方面的支出不足。

(三) 行政管理支出比重逐年上升

我国行政管理支出占财政支出的比重一直处于一个较高的水平，而且呈逐年上升态势。行政管理支出增长率为年均17.7%，与财政支出平均增长率12.3%相比，高出5.4个百分点。行政管理支出的增长有随经济发展、社会进步而增长的合理性一面；但也有着由于机构膨胀、人员编制过多、经费增长迅速、服务效率低下而不合理的一面。

(四) 社会文教支出比重偏低

我国社会文教费用占财政支出的比重总体呈增长态势，这是可喜的现象，但其增长速度远低于行政管理支出的增长速度。长期以来，我国的教育、科技以及医疗卫生支出处于程度较低的水平。社会文教事业大多数属公共产品或准公共产品，应成为公共财政支出的重点，因此，提高社会文教费用在财政支出中的比重势在必行。

四、财政支出结构优化对策

(一) 明确财政支出范围

市场经济以及公共财政体制下，需要明确公共财政支出的职能范围，了解财政承担和不承担的工作内容，促进我国公共财政支出结构的完善与优化。对于应该承担的财政需要积极投入，对于不应该承担的要坚决退出以避免财政的越位和缺失，使公共财政能够实现其职能。对财政的生产建设职能进一步弱化，减少经济增长对于财政的依靠，财政要从一般的竞争性的和营利性的领域中退出，开展涉及国计民生的基础性的和重点的投资建设。

（二）增加社会公共性的财政支出

社会公共性的财政支出是国家财政支出中十分重要的内容，主要有教育、医疗卫生、环保、社会保障等。我国的财政支出结构中社会公共性财政支出严重不足，因此为了更好地促进社会经济发展就需要优化调整财政支出结构改善民生。对于教育投入应提高重视增加财政支出对教育经费进行分级管理和负担，明确教育领域财政资金的支出范围，对内部资金结构进行优化。完善教育改革规划促进教育现代化的发展，实行素质教育促进全民教育水平的提升。强化教师队伍建设提高教师的待遇，注重重点学科建设，强化实验基础建设，对于职业教育和成人教育加大投入力度。医疗卫生与人们的生活密切相关的，应加强医疗卫生事业的财政支出，促进医疗卫生改革的不断深入，强化卫生事件的应急能力促进服务水平的提升。完善城乡覆盖的医疗救助和疾病防控体系建设，实现公共卫生服务的均等化发展。做好医疗监督工作保证居民安全。做好社会保障支出，这是优化财政支出结构，促进人们生活水平提高的必要条件。促进我国的城镇居民的养老、失业、医疗等社会保障体系的建设与完善，增加财政对社会保障的投入力度，使人人都能够享受经济社会发展带来的成果，促进社会稳定发展。

（三）做好财政监督，实现科学的财政支出管理

随着我国财政支出规模的扩大和效益需求的提升，做好财政监督工作是十分必要的。应建立完善的财政预算编制监督制度，保证编制出的预算能够及时准确地报送到管理机构进行审核和备案，强化预算执行机制的建立，使财政监督机构能够按照相关成本严格开展监督工作。同时强化预算决算监督以及财政内部监督机制的建立，使财政各部门的工作人员都参与其中。做好事前、事中以及事后的管理与控制，将预算编制、执行与财政监督有机结合，促进财政活动的顺利开展，使财政支出得到科学的管理。

第四节　公共支出的绩效管理

一、公共支出的绩效管理内涵

效益，即“所费”与“所得”的关系。公共支出的效益管理，就是尽可能以最小的成本，最大程度地满足公众对于公共产品及服务的需要。通俗而言，就是“少

花钱、多办事、办好事”,这就涉及预算规划、目标选择、绩效评估等众多方面,其中预算规划是效益管理乃至整个公共支出管理中最重要的工具。

二、3E理论运用

公共支出绩效管理中的3E理论运用。3E理论提出了经济性(economy)、效益性(efficiency)和有效性(effectiveness)三者有机结合的公共支出绩效管理模式,并参与整体评价的理论观点。要求在经济类指标考虑“成本”与“资源”,在效率类指标考虑“资产”与“产出”,在效果类指标考虑“产出”与“结果”。在3E绩效管理体系中,各评价指标之间个性鲜明、相互补充、紧密关联。

主要内容包括:一是经济性评价及其指标。在既定的时间内究竟花费了多少钱?是否按照法定的程序花钱?是否存在资源浪费现象?例如:某效率考评小组对森林保护专项资金的使用状况评审后发现,专款中实际用于树木修复的每100元支出中有相应的行政支出90元。显然,这是投入不经济的典型案例。二是效率性评价及其指标。项目或部门在既定的时间内,财政投入究竟有什么样的产出水平?例如:某警察局绩效考核指标体系中就包括一系列的效率指标。如反映速度的效率指标,有“在规定的时间内应答紧急电话占总数的比率、在规定时间内做出反应的事件占总数比率”。衡量破案率的效率指标,有“所有刑事案件破案率、暴力刑事案件破案率、警员人均破案率”。三是效果性评价及其指标。效果关心的是公共支出预期目标的实现程度及实际影响。例如:交通安全宣传教育支出的最终社会效果应是交通事故率的降低,但在直接社会效果未显现前,可用公众对交通安全知识的了解程度、司机系安全带的比率等间接测定宣传效果。

三、公共支出绩效评价

对公共支出绩效评价内涵的理解首先就得弄明白公共支出和绩效概念的内涵,因为公共支出作为评价的对象,公共支出的绩效作为评价的内容,其概念实际上就告诉了人们指标选择的范围。对于绩效的解释,目前还没有一致的表述。普雷姆詹德在《公共支出管理》一书中,对绩效的定义是:绩效包含了效率、产品与服务质量及数量、机构所作的贡献与质量,包含了节约、效益和效率。绩效实质上不仅包含外部效果,也包含内在的努力程度,它往往可以通过投入、过程、产出和结果来描述。绩效被认为不仅仅是对结果的衡量,还包括对过程的衡量,甚至包括对提供方主观努力程度和接受方满足程度的衡量。即绩效是实施一项活动的有效性,而且是基于预期目标的有效性。所以,对绩效的定义是:绩效是经济性、效率性和效果性的统称。经济性指在产出一定的情况下,投入与投入的比较,包括人、财、物等经济资源的节约或利用程度。效率性指产出量与投入量之比,反映投入转化为产出的速率,反映经济活动节奏的高低或速度的快慢,反映经济活动的合理有效程度，如成本利润率、资金利润率、劳动生产率等。效果性指经济活动产出的有效成果或结果，通常用绝对数表示，如产值、产量、利润等。公共支出是指所有以公共资源为成本支出所开展的各项活动。简单地说就是公共部门利用公共收入开展的公共活动。一般来说，公共支出根据其影响程度可以分为四个层次：某一项具体的公共支出活动；某一公共部门所开展的公共支出活动；为实现某一类职能而进行的公共支出活动；整个公共部门的公共支出活动。绩效评价的内容也就可以分为相应的四个层次：对单个支出项目的绩效评价；对部门支出的绩效评价；对某职能实现程度的绩效评价；对公共支出综合绩效的评价。这样，不同层次的公共支出其绩效评价的内容也就存在很大的差异。尽管如此，对不同层次的公共支出绩效的度量同样也包括这样三个方面：支出的经济性，效率性，效果性，姑且称之为“3E 指标”。因此，在公共支出绩效度量的指标选择上同样要立足于这三个方面。基于公共支出的特殊性，还要综合考虑很多方面。包括支出的经济效益和社会效益，长期效益和短期效益，直接效益和间接效益，局部效益和整体效益等等。但和一般绩效评价中直接度量绩效存在的困难一样，对公共支出绩效的直接度量同样存在着这样的问题。① 投入(input)，即用于提供服务的资源。比如警察部门的警车数量。② 过程(process)，即采购投入品以提供产出或者实现结果的方式。比如警察执行公务过程中对权利的尊重。③ 产出(output)，即服务本身。比如警察部门的案件解决情况。④ 结果(outcome)，即通过提供服务所达到的目的。比如警察部门是指犯罪率的下降，治安状况的好转，等等。

第三篇　公共收入

作为公共收入篇，本篇分析了公共收入的内涵与原则，重点研究了公共收入的两种方式，即公共税收与公共债务，作为公共支出研究的继续，与上篇一同构成微观经济领域纠正市场失灵的理论框架。主要内容：第九章是对公共收入作一般性分析，在确立公共收入原则后，分析了公共收入的规模与水平，提出了强化公共收入的绩效管理；第十章研究了公共收入的基本方式——公共税收，在明确公共税收含义与特征后对公共税收的构成因素进行分析，提出公共税收应坚持的原则，分析了公共税收的转嫁与归宿问题；第十一章介绍公共收入的重要方式——公共债务，界定公共债务，考察公共债务的经济效应，分析公共债务的适度规模问题，最后讨论我国地方政府公共债务问题。

第九章 公共收入基本理论

本章重点

1. 掌握公共支出的内涵与分类
2. 把握公共收入的基本原则
3. 理解公共收入的规模与水平
4. 懂得公共收入绩效的评价机制

在公共财政理论与政策中，公共收入是制约财政运行、衡量政府公共资源和宏观调控能力的重要标志，是化解公共风险、保证公共经济活动的物质基础，同时也是实现经济可持续发展和构筑和谐社会的重要手段。

第一节 公共收入的内涵与分类

一、公共收入的内涵

（一）公共收入的定义

公共收入，是指以政府为核心的公共部门为满足公共支出的需要，凭借公共权力，按照一定的原则，从私人部门，即企业、家庭取得的一切货币收入的总和。公共收入的目的在于使用，即公共支出。公共收入与公共支出有着密切联系，可以说是同一事物的两个方面。同一笔资金从筹集和获取的角度看，是公共收入；从分配和使用的角度看，则是公共支出。一般而言，公共收入决定公共支出，而公共支出反作用于公共收入，二者共同构成了公共财政体制的主要内容。公共收入属于公共财政再分配过程的一个重要环节，它标志着一部分社会资源由私人部门转向公共部门，公共收入的筹集与使用都应当有社会公众来决定和监督，相对私人收入而言，公共收入强调市场经济条件下政府收入范围的公共性。

通过上面的分析，公共收入有两层含义：其一，公共收入是一定量的公共性质货币资金，即通过一定方式，由政府占有的一定量的社会产品价值；其二，公共收入又是一个过程，即组织收入、筹集资金过程，是公共财政分配的基础环节。

如果是在一个实行市场经济体制的国家，其在财政制度上实行的也是规范的公共财政体制的话，那么公共收入、财政收入、预算收入、政府收入、国家收入在概念的使用上基本上是相同的，可以相互替代。政府收入是通过财政来组织与分配的，而财政收入又列入预算，政府与国家虽然是两个不同的概念，但政府是国家机器和国家机构中最主要的组织部分，财政收入作为政府收入，与国家收入也是一致的。因此，在规范的公共体制下政府是公共利益的代表者，政府取得公共收入依托的是公共权力与公共政策，政府收入来源于社会公众，如何使用它，也是由社会公众来决定和对其进行监督，支出的目的更是为了满足社会的公共需要，提供公共产品与服务，因此从这个意义上说政府收入就是公共收入。当然，另一方面，如果一个国家和政府不能代表社会公众利益，那么这个国家和政府的收入就很难称得上公共收入。

（二）公共收入特征

1. 公共收入体现公共经济过程

这一特征与国家采取通货膨胀而带来的收入有着明显的不同：公共收入既完成了生产过程，又完成了交换过程，同时还完成了分配过程；而国家利用通货膨胀所取得的收入，却没有完成上述的任何一个过程，国家只不过利用货币垄断发行权，通过纸币贬值的办法，将实际资源转移到国家手中。这种利用通货膨胀来取得公共收入的做法，具有很高的公共风险性，从经济学角度讲除非特别情况，一般是不采取的。

2. 公共收入是一定量的货币收入

公共收入指一定量公共性质的货币资金，即国家占有的、由货币表现的一定的社会产品价值，它是通过一定的筹集形式和渠道而筹集的由国家占有和集中使用的货币资金。

3. 公共收入是国家宏观调控的重要手段

公共经济的运行过程表现为“公共收入—公共支出”两个相互衔接继起的阶段，公共收入是公共经济活动的起点和前提，其实质是政府将微观经济主体的一部分资源转移到公共部门。而公共支出则是公共经济活动的终点与归宿，其实质是将政府所占有的社会资源加以使用，向社会提供公共品与公共服务，调节供求关系，优化资源在私人部门与公共部门之间的配置结构，公平收入分配，维护社会稳定。

4. 公共收入是两种权力运用的结果

政府取得公共收入的权力有两种，即政治权力和经济权力：政治权力是国家所独有的，凭借该权力，国家可以取得税收收入；经济权力主要涉及到国有资源、国有资产的所有权、运营权、收益权、占有权、支配权和处置权等，政府凭借该权力，主要取得非税收收入或国有资产收入。此外，国家还可利用信用原则取得有偿的债务收入。

5. 公共收入具有规范性

公共收入从诞生那天起就具有内在的制度含义和外在的制度约束,其获取与使用都是有章可循的。公共收入要依据一定的法律和规章制度,不能随意收取。公共收入的种类与规模,征收对象与手段,资金管理与使用都有明确的制度规定,因此具有规范性。

二、公共收入的分类

公共收入有狭义和广义之分。从广义上看,公共收入是指以价值形式表现的公共收入的构成和比例关系,反映公共收入中不同来源之间、不同收入形式之间的比例关系。狭义的公共收入,即指公共收入的形式结构,表明税收收入及各非税收收入之间的协调关系。也就是说,公共收入包括税收收入与非税收收入,而税收又分为直接税和间接税,其具体结构见图 9-1。

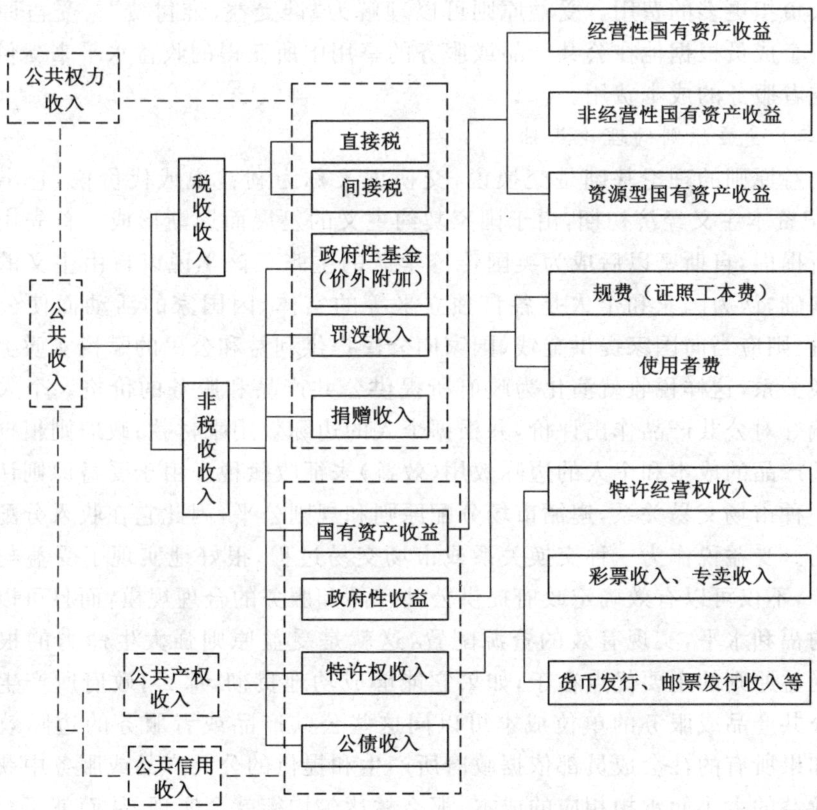

图 9-1　公共收入结构与分类

从图 9-1 中的虚线可以看出,根据取得收入的依据不同,公共收入可分为公共权力收入、公共产权收入和公共信用收入三个部分。公共权力收入是依据国家的权利无偿取得的收入,公共产权收入是依据国家是公共产权所有者代表的身份取得的收入,公共信用收入则是国家凭借其信用取得的收入。

第二节 公共收入的原则

一、受益原则

(一) 受益原则的基本内涵

受益原则简单地说是指政府对其产生或者提供的公共产品或公共服务成本费用的分配,要与社会成员从政府所产生或提供公共产品或服务中获得的效益相联系。例如受益较多的人、受益广泛的人,要比受益相对少的人、受益相对狭窄的人负担更多的费用。受益原则可以理解为"谁受益,谁付费"。受益原则要求每一个成员根据他在公共产品或服务的享用中所获得的收益水平来支付公共产品或者服务的成本费用。

(二) 受益原则的理论基础

受益原则的理论基础是交换说,交换说又称为利益说或代价说,它出现于18世纪资本主义经济初期,由于国家契约主义的发展而逐渐形成。首先由重农学派所提倡,自斯密以后成为英国传统学派的主张。该学说以自由主义的国家观为基础,认为国家和个人是各自独立平等的实体,因国家的活动而使公民受益,公民则应当向国家提供金钱,国家向公民提供利益和公民的赋税实质上是一种交换关系,这样税收就演化为政府所提供公共产品和服务的价格。个人根据自身偏好对公共产品作出评价,并根据个人的边际效用来付款;政府则根据所提供公共产品的成本和个人的边际效用(效益)来征收赋税。由于受益原则认为税收是一种市场交易关系,遵循市场分配原则和规则公平,因此它在收入分配上是中性的。受益税作为一种交换关系或市场交易过程,很好地实现了受益与代价的对等,不仅可以有效确定政府提供公共产品和服务的合理规模,而且可以改进个人的福利水平,实现有效的资源配置,这就是受益原则强大生命力的根本所在。受益原则的主要优点在于,如果它能够成功地贯彻,那么,政府所产生或提供的公共产品或服务的单位成本可以同这些公共产品或者服务的边际效益挂钩。如果所有的社会成员都依据政府所产生和提供的公共产品或服务中获得的边际效益的大小而承担相应的成本,那么林达尔均衡就会实现,从而就不会存在"免费搭车"现象。

但是,我们所不能忽视的是受益原则有一个很重要的缺陷:它很难准确地确认各自的受益程度。众所周知,公共产品具有三大特性,这就是非竞争性、非排斥性和效用的不可分割性。在公共产品领域,无论消费者是否付出费用都不影响其受益,消费者不以购买来表达自己的偏好而是以投票来表达偏好。从个人主义观点出发,消费者为维护自身利益,总要歪曲或降低个人对公共产品的边际效用,从而降低个人税负。如果偏好歪曲表达过多,那么受益原则就无法实现受益与代价的对等,从而具有了非中性的收入分配效应,同时对资源的有效配置也会产生不良影响。正是这个原因,世界各国在税制选择中都很少使用受益原则。

(三)受益原则的使用范围

社会产品按照其在消费中的不同性质可以分为纯私人产品、纯公共产品和准公共产品。众所周知,私人产品最有效的消费方式是市场提供,也就是说由消费者通过购买取得消费权,其成本通过收费(价格)来弥补。纯公共产品由其特性决定了它的最佳消费方式是由政府免费向社会公众提供,其成本通过税收来弥补。弥补纯公共产品成本的税收大多采用能力原则,这与税收义务说是一致的。义务说又称为牺牲说,起源于19世纪英国所倡导的税收牺牲说,又经德国社会政策学派的瓦格纳进一步完善。义务说强调国家的权力,认为国家与人民的关系是主从关系,国家可以强制人民纳税,人民纳税是对国家应尽的义务。准公共产品是指非竞争性和非排斥性不完全或不充分的公共产品,它兼具公共产品和私人产品的部分性质。准公共产品主要包括价格排他性公共产品、拥挤性公共产品和外部效应公共产品三类。

1. 价格排他性公共产品

最典型的例子是路桥。路桥既可以通过设立收费站收费来弥补路桥的建设和维护成本,也可以运用受益税来弥补其成本。消费方式选择的关键取决于税收成本、税收的效率损失与收费成本、收费的效率损失之间的比较:税收成本取决于税务机关的工作效率,税收的效率损失取决于征税的方式;收费成本和收费的效率损失由收费的难易程度及产品需求曲线的弹性决定。

实际上,在价格排他性条件下,收费最能体现受益原则,但是我国现时期的收费在很大程度上是按照能力原则来运作的,严重背离了收费的基本理论依据(受益原则)。在这个背景下,"清费立税"也就成为我国政府的必然选择,而开征燃油税以替代不规范的道路收费仅仅是这项工作的一部分。

2. 拥挤性公共产品

拥挤性公共产品是指那些因拥挤而带有竞争性的公共产品。这类产品表面上具有非排斥性,但是如果配置一些技术设备或附加一些技术因素,也可使之具有排斥性,也就是说它将转化为价格排他公共产品,这样对它按受益原则征税或收费就成为可能。

3. 外部性公共产品

外部性公共产品包括外部效应产品和外部成本产品。对外部效应产品的消费,通常认为应该给予补贴(即负税收)。外部成本如环境污染可以作为共同资源问题,这种资源叫做环境质量,污染就是要降低环境质量。在产量不受限制的情况下,外部产品的产出会超过有效率的产出水平,从而损害产品组合效率。科斯理论认为只要产权界定是明确的,无论要素(或产品)归谁所有,经济都会在高效的态势下运行。据此,环境污染可以视为一种权利,即污染权,拥有它就可以从中获取收益。拥有污染权的厂商可以生产能够带来污染的产品,从而攫取高额利润;社会公众拥有污染权便可以从厂商那里得到环境污染的补偿。通常认为社会公众有权获得优质的环境,即拥有污染权。由于缺乏选择性激励,虽然社会公众人数众多,但在与厂商讨价还价的竞争中仍然显得势单力薄,因此通常将这项权利交由政府代为行使。政府对生产外部成本产品的厂商课税,税负的轻重与其造成污染的程度(或从污染中受益的程度)相一致,从而实现了外部成本的内部化。总之,受益原则最适用于准公共产品领域,特别是价格排他公共产品。

(四) 受益原则的局限性

受益原则在实践中有很大的局限性。多数情况下,政府支出所带来的实际利益由谁获得、获得多少在当前技术条件下还难以测度。此外,受益原则也无法解释转移支付即收入分配问题,如社会福利支出的受益人主要是穷人和残疾人,在他们纳税能力很小甚至是没有纳税能力的情况下,根据受益原则应该向他们多征税,这显然有悖于公平。这些不足之处局限了受益原则的应用。受益原则不具有普遍意义,但这并不排除其在特定场合的运用。比如,对汽油消费和车船使用等征税,这就是受益税的一个典型例子。

二、能力原则

(一) 能力原则的内涵

能力原则也称支付能力原则,指的是政府所提供的公共产品或服务的成本的分配要与社会成员的支付能力相联系,即谁的支付能力越高,他就承担越多的公共产品或服务成本分摊。能力原则也可以理解"谁有钱,谁支付"。这样每一个人的公共产品或服务成本费用分担与所获得的边际效益无关。例如,收入能力较强的人,应当比收入能力较弱的人负担更多的费用。支付能力原则的主要优点在于,如果它能够得以成功地贯彻实施,那么政府所提供的公共产品或者服务的分配可以使社会成员的境况达到一种相对的公平的状态。但是能力原则在现实操作中也存在问题。按照社会成员的支付能力确定其所承担的公共支出成本的份额是一回事,怎样测度其支付能力是另一回事。经济学家在如何测度社会成员支付能力方面存在着很多的争议，有的主张以社会成员的收入、财产和消费支出的多少来测度其支付能力；有的则主张以社会成员承担公共支出的成本而在主观上感受的牺牲程度大小来测度其支付能力。

（二）能力原则的判定标准

能力原则强调根据经济主体支付能力的大小来安排其应承受的税收负担。该原则认为两个经济主体支付能力相同，则应承受相同的税收负担；如果能力不同，则承受不同的税收负担，以此来体现同等情况同等对待、不同情况不同对待的公平原则。如何来判定两个经济主体的支付能力相同还是不同，理论界有两种截然不同的观点：

1. 所谓的“主观说”

这种观点认为应该根据纳税人承受税收负担后主观心理所感受的痛苦（即纳税后减少的效用量，又被称之为“牺牲”）来判定其支付能力的大小，具体又分为三个原则：一是“绝对均等牺牲原则”，主张纳税人纳税后所减少的效用的绝对量应该人人相等，实际是主张等额纳税；二是“比例均等牺牲原则”，主张纳税人纳税后所减少的效用量与纳税前效用量的人人相等，这实际是主张等比纳税；三是“等量边际牺牲原则”，主张因纳税而减少的边际效用量人人相等，由于边际效用递减，所以这一原则实际是主张高收入者要把收入的较大份额交给政府，而低收入者则把收入的较小份额交与政府或者干脆不用交。由于效用是一种主观心理感受，在实践中难以判断纳税人纳税前后效用水平的高低变化，所以主观说的实际意义不大，但不能因此而否认其理论意义。在实际经济生活中，通常所采用的三种税率形式，即定额税率、比例税率和累进税率事实上是以主观说作为理论基础的。

2. 所谓的“客观说”

其与主观说的思路截然不同，主张通过客观标准来判定经济主体的支付能力相同还是不同。这又分为三个标准，即所得、消费和财产。用这三个客观的标准来衡量经济主体的支付能力通常被认为各有得失，因而三者不能相互替代，而只能是通过相互协调、相互配合来全面反映经济主体的支付能力。现代国家税制体系所包括的三大主体税类，即所得税类、流转税类和财产税类，其理论依据实际是衡量支付能力的“客观说”。

（三）能力原则的局限性

以主观说和客观说来判定经济主体的支付能力并以此作为财政公平原则的主要衡量标准，其最大的局限就是把财政收入负担的分配和财政支出利益的获取割裂开来，就收入负担论收入负担。而事实上，财政收支是连续的过程，政府筹集收入的目的是为了安排支出，而政府安排支出的目的则是为了向社会提供公共产品。因此,将收支联系起来考察,单纯以支付能力准则作为财政分配活动所应遵循的公平原则的判定标准,只能实现相对公平,即支付能力相同,收入负担相同,支付能力不同则收入负担不同。这并未考虑到纳税人从政府提供的公共产品或服务中得到利益的大小,进而可能导致获取利益大者少交税而获取利益少者多交税的情况出现,因而不能算是真正意义上的公平,由此而产生的负面影响体现在:

1. 容易引起纳税人的抵触情绪,不利于培养自主申报纳税意识

由于单纯按支付能力大小来确定税收负担,支付能力强的多交税,支付能力弱的少交税,没有支付能力的不交税,似乎税收负担的轻重仅仅和纳税人的支付能力相关,而与纳税人从政府提供的公共产品或服务中得到的利益大小无关。纳税人支付能力越强,缴纳税款越多,但支付能力的强弱有时并不与其从政府提供的公共服务中得到的利益大小成正相关关系。因而,那些支付能力相对较强而从政府提供的公共服务中得到的利益相对较少者,很容易产生抵触情绪,认为政府通过税收实现的收入再分配使其遭受了"剥削",侵害了其经济利益,从而不愿自主申报纳税,甚至产生逃、避税的动机和行为,进而导致征纳双方关系紧张,对立情绪严重。

2. 不利于提高资源配置效率

单纯以支付能力大小来安排税收负担,特别是按支付能力的大小累进课税时,易使税收产生明显的替代效应,使投资者以消费或储蓄替代投资,劳动力供给者以闲暇替代劳动等。这显然会加重税收的超额负担,不利于资源配置效率的提高。

第三节 公共收入的规模与水平

一、公共收入的规模

(一) 公共收入规模的含义

公共收入规模是指一个国家或地区在一定时期内(通常为一年),各级公共部门从市场经济主体转移来的价值总量。考察公共收入规模应当从三个层面思考:① 时间:通常为一定时期内的收入流量;② 空间:一般指一个国家的中央政府的公共收入,也可以指一个国家的某一级政府的公共收入;③ 数量:各级政府以税与非税形式所占有经济资源的价值总量。

1. 公共收入规模的绝对量

公共收入规模的绝对量是指一定时期内公共收入的实际数量。从静态观察,公共收入的绝对量在一定程度上反映一国或者一个地区在一定时期内的经

济发展水平和财力集散程度，体现了政府运用各种财政收入手段调控经济运行、参与收入分配和资源配置的范围和力度。从动态上，看按时间序列对财政规模的绝对量进行分析，可以看出公共收入规模随着经济发展和政府职能变化而增减变化的情况和趋势，进而分析出市场机制与政府财政机制在调控经济运行资源配置和收入分配中的范围、力度与变化趋势。

2. 公共收入规模的相对量

公共收入规模相对量则是在一定时期内公共收入与经济变量的比率。这类指标通常有两类：一是财政收入占 GDP 的比重或税收收入占 GDP 的比重；二是非税收入占 GDP 的比重。由于公共财政收入的 90％来源于税收，税收是最主要、最稳定和最可靠的公共财政收入，因此，财政收入占 GDP 的比重，也可以用税收占 GDP 的比重来衡量，即我们所说的“宏观税率”。非税收入占 GDP 的比重反映的是非规范性收入的量。按照市场经济国家的一般做法，政府所收取的合理费用，是公共财政受益原则的体现。认为公共财政中只存在税收，不能存在非税收入，有点绝对。政府所收取的正常费用，在公共财政框架中是无法完全取消的。非税收入，只要在 GDP 中占有一个合理的比重，对政府所从事的公共经济活动来说是有利的。因为税收收入与非税收收入的功能是不同的，在体现公平与效率的收入原则上也有差异，同时在政府公共财政预算处理方式上也是不同的，税收相对集中和规范，而非税收入则相对分散和不规范，但它具有体现受益原则和灵活性的特点。所以，只要从分配制度上加以严格规范，不使非税收入侵占税基，适当的非税收入也有单独存在的必要。

（二）公共收入规模的影响因素

公共收入规模受制于各种政治经济条件的制约和影响，包括经济发展水平、生产技术水平和分配体制等，其中最主要的是经济发展水平和生产技术水平。

1. 经济发展水平

从经济发展水平来看，经济发展水平对公共收入规模构成基础性制约。经济发展水平反映一个国家社会产品的丰裕程度和经济效益的高低。经济发展水平越高，产品越丰富，公共收入相应地越多，不管是公共收入总量，还是公共收入占 GDP 的相对量，均如此。

2. 生产技术水平

从生产技术水平来看，一定的经济发展水平总是与一定的生产技术水平结合在一起的。据测算，在发达国家技术进步对经济增长率的贡献在 19 世纪初约为 5.2％，而从 20 世纪 70 年代开始达 70％～80％。

3. 分配体制与分配政策

从分配体制与分配政策来看，1994 年，我国为了构筑“公共财政”框架，借鉴西方国家的“联邦制财政体制”的某些有益经验，实行“分税制”公共财政体制改革。而1995年公共财政收入占GDP的比重却下降到10.7%，2001年也基本上保持在10%～11%左右，2004年因政府对宏观经济调控力度的加大和市场经济的进一步发展，将这一比例提高到20%左右。这种GDP分配格局的变化是分配体制与分配政策影响的直接结果。

4. 价格水平

从价格水平来看，价格水平对于公共收入规模的影响是通过如下机制所实现的。首先，通过价格机制，实现“通货膨胀税”。虽然《中华人民共和国中央银行法》规定：公共财政赤字不能由中央银行增发货币加以弥补，可实际上公共支出的扩张，导致了物价总水平的上升，已实现了对公共收入规模“虚增”的影响。假如政府公共财政赤字允许由中央银行通过增发货币加以弥补，则情况更加严重。公共财政赤字所导致的物价总水平的上升，最终将“纸币”的一部分购买力“贬值”转移到国家手中，形成国家的一项经常性收入。其次，可以通过收入分配制度。以累进所得税为主的收入分配制度使公共收入得以增长。当出现通货膨胀造成纳税人适用税率的“档次爬升”效应时，会使公共收入有所增长；以比例税为主的收入分配制度，会使公共收入与物价水平名义“同增”，实际“不增”；以定额税为主的收入分配制度，会使公共收入增长小于物价上涨。最后，可以通过水平上升的“相对结构”，改变公共收入的来源结构。物价上升并不是均匀的，它可引起GDP在各经济主体之间的再分配，公共收入的财源结构也会因此而发生变化，最终导致各经济主体之间税率差异造成公共收入的不同变化。

二、公共收入的水平

（一）公共收入水平的变化趋势

公共收入水平是否合理直接关系到社会运行、资源配置，国民收入分配、使用，财政职能的发挥，国民经济和社会事业的稳定、协调发展。尽管存在经济、文化和历史方面的原因，世界各国公共收入规模存在较大差异，但总的来说无论是比较成熟的市场经济国家，还是发展中国家，公共收入占国内生产总值的变动都呈现一些共同的特征。

1. 公共收入规模随国家职能的转变而逐渐扩大

20世纪30年代之前西方国家奉行经济自由主义政策，政府更多的是起到为社会再生产的顺利进行制造外部条件的“守夜人”的作用。与此相适应，财政收入主要是作为公共权利的维持费用，因而公共收入一般不太大。随着市场经济的发展，产生了由政府作为整个社会代表出面，通过一系列的公共政策对社会的生产和再生产过程实行调节，对经济活动中的某些方面加以指导、纠正和补充，保证经济机制顺利运行的客观需要，财政收入规模随之扩大，财政活动成了国家赖以生存、经济得以发展、影响人们生活的重要成分。

2. 公共收入与经济发展之间存在着相互促进、相互制约的关系

公共收入与经济发展密切相关，公共收入需要通过经济发展来取得，经济发展水平高，国民生产总值就多，公共收入就多；而公共收入对于保证经济的增长、政府职能的实现以及经济社会的稳定协调发展，都具有重大作用。因此，公共收入与经济发展之间存在着相互促进，相互制约的关系。

（二）公共收入的最优水平确定

在对公共收入合理水平的确定上，西方学者从公共产品供求均衡这一视角来进行衡量，林达尔、萨缪尔森和马斯格雷夫都提过相应的均衡模型。公共收入主要表现为财政收入，因此一般用财政收入的规模大小来衡量公共收入的水平，具体则用财政收入占国民生产总值（GNP）或者国内生产总值（GDP）的比重来衡量。中国的学者则从财政分配的对象——国民收入出发，以财政收入占国民收入的比重作为衡量其合理规模的标准，一般从两个方面进行：一是财政收入占GDP的比重；二是中央财政收入占全国财政收入的比重。

1. 财政收入占GDP的比重

该指标主要是用于描述财政收入与经济发展的关系，即财政收入增长要同步于宏观经济增长。这就要求财政收入的增长速度与GDP的增长速度保持合理的比例。财政收入占GDP比重并非越高越好，在计划经济时代占到30%以上，显然已经不利于经济发展和各方面的积极性的调动，而改革开放初期大幅度降低财政收入占GDP比重，又不利于中央宏观调控。同时财政收入占GDP的比重也不能盲目进行横向比较，因为这里涉及的因素很多，既有经济基础的因素，也有政治方面的考虑。

2. 中央财政收入占全国财政收入的比重

根据国际经验，市场经济国家的政府管理权限逐步向地方下放，支出责任也同时交给地方，但财政权力并没有相应分散，集中仍然是主流，大部分国家中央政府财政仍然控制着财政收入的主要部分。不论国家政治体制和政府组织形式如何，世界各国中央财政收入的比重都要在60%以上。

第四节 公共收入绩效的评价

一、公共收入绩效评价的内涵与意义

（一）公共收入绩效评价的内涵

作为政府绩效评价及财政绩效评价的重要组成部分，公共收入绩效评价是基于结果导向及公众满意度导向，运用科学、规范的方法，依据统一的指标体系

及评价标准，对公共收入的行为依据、过程及其产出效果进行的综合测量与评判的活动。

公共收入绩效评价基本内涵：一是评价理念。与政府绩效评价理念一脉相承，凸现公共责任和公共财政思想，是民主制度的技术工具及预算民主的方法论，也是财政治理能力的具体体现。二是评价目的。旨在追求公共财政的公信力，或者说，有公信力的执行力。三是评价主体。可分为内部主体和外部主体。前者作为财政管理活动，在我国体制中，本级人大、政府及上级部门可成为评价主体，后者可视为第三方评价，社会组织机构或公民可成为评价及评议主体。四是评价对象。征税及收费的责任主体为评价对象，主要是地方政府及其部门。五是评价内容。这是公共收入绩效评价与政府绩效评价及财政绩效评价的主要差异，但同样体现政府绩效评价的经济性、效率性、效果性与公平性。六是评价方法。如关键指标评价，针对增量、兼顾存量，指标体系的统一性与多层次性等政府绩效评价的方法论。

（二）公共收入绩效评价的意义

与公共支出不同，公共收入几乎直接涉及每个公民及社会组织，正如富兰克林所说，“只有死亡与纳税不可避免”。对收入的评价维度及指标既是社会公众高度关注的内容，又是社会公众切身体验与熟悉的常识，因而容易成为公共议题。但是在热议或关注诸如税收规模、税收增长、税负水平等方面指标及其变动趋势的同时，有必要对公共收入绩效评价的方向与内容进行反思。学者认为，进行公共支出绩效评价时，应将基本立足点锁定于更深层次、更具实际意义的问题：政府使用这些钱为我们做了哪些事？政府的做事水平怎样？效率如何？为此花费的钱究竟值不值？如果换作你来操作，是否可以再省一些钱？如果说公共支出绩效评价强调政府公共支出行为过程的科学性、合理性、合规性、经济性、效率性、效果性与目标实现程度，那么，公共收入绩效评价在上述基础上，更追求收入行为的民主性、合法性与收支关系的可持续性，聚焦的问题是：征税（费）是不是符合法律规定？税费结构是否合理？收税（费）程序是否繁琐？收税（费）成本有多高？税费对于促进收入分配公平是否有益？民众对此支持吗？经济增长是否因为税负过重而受到影响？等等。

二、公共收入绩效评价的价值导向与工具理性

（一）公共收入绩效评价的价值导向

作为预算收入评价的一项标准体系，公共收入绩效评价内置了预算民主的价值导向，这也与我国建立公共财政制度的改革方向相一致。如果说从国家财政到公共财政是经济体制转轨的客观要求，那么，从中国特色的“公共财政”走向“民主财政”则是由概念民主走向实质民主的重要变革。但应该看到，这种论断

很大程度是基于当前国内社会保障投入不足的国情而言，两者不能简单等同，因为除了改善民生之外，财政承担国防、外交、环保、社会管理等职能。因此，从社会主义财政的本质讲，"民主财政"比"民生财政"定位更具理论的前瞻性。原因在于：民主财政本身指向公民利益需求，包含了民生财政的内涵；同时，民主财政涉及公民与政府之间关系，强调财政背后的政治合法性。

公共收入绩效评价的民主属性本质上由公共收入来源所决定。改革开放之后，建立社会主义市场经济体制，私有制经济蓬勃发展，我国税收来源结构发生了重大变化，公共收入对私营企业纳税与个税依赖度大大提高。由于税收来源的变化，公民开始以纳税人身份提出政治诉求，要求参与并监督预算过程，以改变以往全能型政府的决策模式。这就推动了我国财政观念的转变，即从所谓家计财政向预算民主转变，形成民主财政的价值基础。因此，不论从政府绩效评价的内涵，还是从公共收入来源的角度，公共收入绩效评价的价值导向即是民主导向。纳税人及全社会有权了解、判断、监督为什么要纳税？应纳多少税？税收去哪了？效果怎么样？通过绩效评价，组织将可以获得市民的信任，市民们会觉得他们在缴税后得到合理的回报。当然，以预算民主为价值导向并不意味着财政绩效收入评价简单地等同于纳税人的满意度评价。民意测量技术和环境条件的复杂性决定了主观评价不可避免地呈现非理性特征，甚至导致"多数人对少数人的专制"。即是说，预算民主本身存在前提条件，也不乏局限性。囿于纳税人环境、素质、立场等差异性，当一个平民发现自己不能或者不愿意拒绝这个愿望时，是他自己承担这种行为的代价，而政治家们则要对全体选民负责。但事实上并非如此，因为在公共选择机制作用下，官员受个人利益最大化的激励驱使，可能导致财政目标发生偏离。经验表明，在预算民主过程中，官员行为存在两种效应：一是"效率效应"（即通过政绩巩固自己政治地位），二是"可见效应"（提供能最大化自身利益的公共产品）。前者当然符合公共利益的要求，而对于后者，制度本身很难进行监督。

（二）公共收入绩效评价的技术工具

政府绩效评价的工具理性决定了公共收入绩效评价的技术属性及功能。从政府绩效评价的历史看，评价是一项技术手段，服务于特定的价值目标，置于西方国家的制度环境，体现预算的民主导向。当然，我国社会制度有别，但在推进中国民主预算的进程中，人大监督乏力、政府预算行为随意、公众预算监督不足是不争的事实。尽管组织法、预算法对人民代表大会监督预算的权利做出明确的规定，但普通公民参政意识薄弱、参政能力不足、主动参与缺失、利益参与特征明显等问题相当普遍。其背后有着复杂的原因。从技术层面看，社会缺少具有公信力与专业性、用以公众行使预算参与权及监督权的参照依据和技术标准。

公共收入绩效评价为公共收入绩效提供测量工具，它以效率性、效益性、经济性与公平性的绩效内涵展示评价维度与内容，向社会提供可量化的评价结果，为公众参与预算监督、理性表达偏好提供可参考的依据

公共收入绩效评价是提高公共收入绩效的助推器。公共收入绩效既体现产出效果，也直指经济性，即征税（费）成本。税收的主要目标是以最小的效率损失获得适量的公共收入。显然，征税（费）成本控制是征税（费）的基本原则与导向。但现实状况下，我国税费成本居高不下。

三、公共收入绩效评价体系构成

评价是一项系统工作，服务于评价目的，围绕“为什么要评价、谁来评价、评价谁、评价什么、如何评价”等基本问题。公共收入绩效评价体系是实现评价的内在要求及其技术工具，一般包括组织体系、技术体系、制度机制等内容，其中，评价主体、评价对象、指标体系等构成评价体系中不可或缺的基本元素。

（一）评价主体与对象

1. 评价主体

评价主体即谁来评价，涉及谁有权力评价与谁有能力评价，决定评价的公信力。与公共支出绩效评价一样，公共收入绩效评价包括内部评价主体和外部评价主体。内部评价在我国制度环境中又包含两种情况，一是政府系统，如一级政府或政府部门，主要是财政部门（作为下级政府部门的评价主体）。二是政府之外的政权系统，如党委、人民代表大会。外部评价主要指与政府没有隶属关系及直接利益关系的社会组织与个人，或称第三方评价。从过去十余年的实践看，在体制内部，我国冠以政府绩效评价（考评）的活动，作为组织管理手段，评价主体大多为上级政府及上级部门，社会公众、企业人士或专业人士（如专家学者、两代表一委员）等可能参与评议，但并非评价主体。具体到公共支出绩效评价，评价主体为上级政府，财政部门理论上为评价的组织者（拥有评价的实际组织权），如对省级财政支出绩效评价，省政府为评价主体，财政厅为评价的组织者，省级的资金主管部门及资金使用单位为被评对象（可延伸至下级政府部门）。学界及社会对此的疑虑在于：财政部门是财政资金监管者，本身对预算编制、项目设立、资金分配、流转控制等负有法定责任，由财政部门行使评价组织权进行绩效评价存在角色冲突。与此同时，财政资金具有高度的专业性，财政信息主要由财政部门掌控，在财政透明度不足及法制环境不成熟的情况下，政府之外的组织（包括社会组织）难以开展评价。然而，社会组织游离于评价主体之外有悖于政府绩效评价的本义。民主财政的制度框架是政府与公民间的契约框架。政府扮演公民代理人的角色，通过向公民收取税费提供公共服务。作为纳税人的公民是国家的主人，有权对税负牺牲进行评价，既拥有评议权，也可成为评价主体，以体现评价

的正当性及公信力。

2. 评价对象

评价对象也就是评价谁，即评价的客体。按照政府绩效评价的理念，政府绩效评价对象为能推动绩效改进的责任主体。通常而言，公共收入由一般财政收入、政府性基金收入、国有资本经营收入和社会保险基金收入等组成。逻辑上，涉及上述收入过程、负有法定责任者为评价对象，但不包括纳税（费）人，因为他们是政府服务的对象。同时，在税费管理过程的责任主体中，可分为决策者、监管者和执行者，他们法定职责不同，角色定位有别，产生的绩效属性存在差异，我们不妨对应定义为决策绩效、监管绩效和执行绩效。

（二）评价内容与指标体系

公共收入绩效评价内容遵循政府绩效评价的内容维度，体现经济性、效率性、效益性、公平性的“4E”内涵结构，与公共支出绩效评价内容存在一定的对应关系。指标体系是评价内容的具体量化，体现评价内容的内涵要求。依据公共收入过程中，资金流的主要路径节点及涉及的责任主体，借鉴公共支出绩效评价指标框架，充分考虑到可操作性，我们认为，可构建前期准备、过程监管、目标实现与社会满意四项一级指标组成的三级结构的公共收入绩效评价指标体系。二级指标包含（税费）项目论证、目标设置、项目监管、资金监管征收任务完成、征收及时性、征收公平性、征收可持续性、其他社会经济目标实现和纳税（费）、专家满意度等。

对收入绩效评价而言，涉及评价内容及指标体系的主要问题：一是征税及收费的绩效评价内容的异同性。严格而言，征税与收费的性质有别。税收具有法定性，在我国主要有两种形式，即由全国人大表决通过确立税法，或由国务院以暂行条例、试点等形式推出具有法律效力的税收政策。费用一般为政府行为。在评价内容上，针对税法或税收政策的评价应关注征收过程的合规性，针对其他税费政策的评价更应强化论证过程的民主性、科学性与社会满意度。二是指标体系的统一性与差异性。政府绩效评价是关键指标评价，统一评价指标体系是发挥评价功能的基本要求，但与此同时，不同税费项目涉及的责任主体的职责不同，统一指标体系可能忽略不同被评对象的差异性，因此，科学合理的指标体系必须兼顾差异性与统一性的平衡。在技术层面可行办法：一是指标结构多层次化，在统一指标之下允许设立个性化指标；二是指标评分标准针对评价周期内增量，兼顾存量，形成历史比较与横向比较相结合指标评分方法；三是宏观绩效、中观绩效与微观绩效关系。宏观绩效指向税费决策，是对是非标准的价值判断与审视。中观绩效可视为监督绩效，是对税费征收过程的控制，强调监管的有效性。微观绩效对应于执行过程，关注合法合规程度。理论上，公共收入绩效评价更强调宏观绩效评价，体现民主导向，对决策形成一种纠错机制，但同时不排斥中观绩效和微观绩效，因为宏观绩效构建于中微观绩效之上。亚当·斯密曾提出“平等、确定、便利与最少征收”四大原则，公共收入绩效评价指标设计可以多样，但不外乎指向民主决策程度、财政收支缺口、公共服务满意度、法规办法的平等性与确定性、实施办法便利程度、个人所得税占公共收入比重、税收占所有公共收入比重、税负痛感，等等。

第十章　公共税收

本章重点

1. 掌握公共税收的内涵、特点与分类
2. 把握公共税收的基本原则
3. 了解公共税收的转嫁与归宿

恩格斯指出："为了维持这种公共权力，就需要公民缴纳费用——捐税。"19世纪美国法官霍尔姆斯说："税收是我们为文明社会付出的代价。"这些都说明了税收之于国家的全部意义。当然我们在这里研究的不是国家税收，而是公共税收。

第一节　公共税收概述

一、公共税收的含义与特征

（一）公共税收的含义

公共税收只是一种与市场经济体制相适应的国家税收的表现形式。在本书中我们认为公共税收是国家为解决市场经济的失灵现象和满足全社会公共需要，凭借公共权力，按照法律所规定的标准和程序，参与国民收入分配而取得财政收入的一种特定分配方式。

从目前已有的《公共经济学》教科书中，很少使用公共税收这一概念，一般使用的仍然是"国家税收"，或"税收"。就像前面我们所说的"公共收入、财政收入、预算收入、政府收入、国家收入在概念上基本上是相同的，可以相互替代使用"一样，我们在这里也同样认为"公共税收""国家税收"，抑或"税收"，一定意义上同样可以相互替代使用。

公共税收与国家税收的不同主要体现在两个方面：一是体现经济体制不同，国家税收可能涵盖一切税收的规定；但公共税收体现的是市场体制下的资源配置方式。二是国家税收体现国家的意志；而公共税收体现市场经济体制下的公共理念。基于这样的认识，我们认为公共税收的概念要从下面几个方面理解：

（1）按照"以市场资源配置方式"的要求，税制设计要坚持税收中性与非中性的结合，坚持“效率、公平、简便”的基本原则，坚持“简税制、宽税基、低税率、严征管”的改革方向。

(2) 按照“市场经济中公共财政”的要求，税收之用途主要体现为“公共性”，即主要定位于提供公共产品与服务、提供市场经济运作所需要的外部条件，并尽量不去投资一般性竞争领域。

(3) 按照“市场经济中服务型政府”的要求，税务机关应该进一步做好纳税服务工作，构建和谐的税收征纳关系。

(4) 按照“市场经济本身就是法治经济”的要求，税收征管应当置于法律的约束规范之下。

因此，公共税收实际上是为市场经济服务的税收，是一种服务税收。它致力于建设与市场经济相适应的现代税制，为政府提供公共服务和市场经济外部条件予以财力上的保障，为市场经济主体提供纳税服务，并按法治化的要求来规范管理，这是公共税收的基本内容。①

(二) 公共税收的特征

1. 国家税收的特征

在我国传统上对税收特征概括为所谓“三性”，即强制性、无偿性和固定性。(1) 强制性特征体现在两个方面：一方面税收分配关系的建立具有强制性，即税收征收完全是凭借国家拥有的政治权力；另一方面是税收的征收过程具有强制性，即如果出现了税务违法行为，国家可以依法进行处罚。(2) 无偿性体现在两个方面：一方面是指政府获得税收收入后无需向纳税人直接支付任何报酬；另一方面是指政府征得的税收收入不再直接返还给纳税人。(3) 对于税收预先规定的标准，征税和纳税双方都必须共同遵守，非经国家法令修订或调整，征纳双方都不得违背或改变这个固定的比例或数额以及其他制度规定。

2. 公共税收的特征

传统的国家税收“三性”在理论上是说不通，在实践上是危害的。税收的“强制性”，使纳税人觉得自己处于被压迫的地位；税收的“无偿性”，使纳税人觉得自己处于被剥削的地位；税收的“固定性”，使纳税人觉得自己被套上了“紧箍咒”，即使遇到灾害情况，也无减免的余地。根据前面对公共税收的理解与认识，我们认为在市场经济制度下，公共税收也有相对于国家税收的“三性”特征：

(1) 法律性。相对与强制性，税收的“法律性”表现在我国《宪法》第 56 条明确规定：“中华人民共和国公民有依照法律纳税的义务。”为了保证税收的正常进

① 邓力平、胡巍：《依法治税和纳税服务——基于国家税收和公共税收的视角》，载《当代财经》2010 年第 1 期。

行,我国《刑法》又规定违反税收法规的处罚条款。我国所有开征的税种,国家都颁布了相应的税收法律法规。依法纳税、依法征税、依法管税、依法治税,都离不开法。税收的"法律性"是极为明确的。

(2) 公用性。市场经济建立后,市场机制不是万能的。市场失灵,财政必须参与社会再生产活动,特别是政府要向公民提供市场难以提供的公共产品和公共福利。一般地说,私有物品由市场提供,公共产品由财政提供。公共产品是一种理想的财政支出对象,其财政收入的主要渠道是税收。因此,税收成为国家提供公共产品的经济来源。公共产品的提供,是政府对纳税人偿还的一种主要形式。

(3) 调节性。传统上,人们把税收仅作为收入来对待,但是,随着市场经济的建立,人们更加看重了税收的调节作用。税收既是调节经济的自动稳定器,更是他动稳定器。

二、公共税收的构成因素

(一) 课税权主体

课税权主体是指那些通过行政权力取得税收收入的政府及其征税机构,它说明了谁征税。具体的看,不同的税又有不同的课税权主体。各个课税权主体之间存在着平行或垂直的关系。前者指的是不同国家之间或同一国家中同级政府之间的关系;后者指的是一国内的中央政府与地方政府之间的关系。按课税权主体的不同,税收可以划分为以下两类。

1. 本国税与外国税

每个国家都是一个课税权主体,但一国的课税权在客观上受该国政治权力所能达到的范围的制约。一般来看,一个国家的政治权力所能达到的范围,从地域上看是这个国家所管辖的全部领域,包括领土、领海和领空;从人员上看是一个国家的全部公民和居民。以地域作为课税权行使范围被称为属地原则,以人员作为课税权行使范围被称为属人原则。遵循属地原则的本国税,其课税权可能因外国公民或居民的跨国经济行为,扩展到外国公民或居民。按照属人原则建立的本国税,其课税权可能因本国居民或公民的跨国经济行为,扩展到在外国境内的本国公民或居民。无论怎样,这都会产生国家之间的课税权范围的重叠,造成国际间的重复征税。在研究国际经济交往以及区域经济中,确认和协调各课税权主体的权限范围是税收理论关注的重要问题之一。

2. 中央税与地方税

中央税是指以中央政府为课税权主体的税收。一般指由中央立法,中央税务机构进行管理,为中央政府提供财政资金来源的税收。而地方税则是指以地方政府为课税权主体的税收,它由地方政府立法或由中央政府授权,由地方税务机关征收管理，为地方政府提供财政资金来源。在大部分国家中，都存在着中央税与地方税，差别在于地方税的大小不同。在研究中央与地方财政关系时，如何合理划分中央税与地方税是税收理论分析的重点。

（二）纳税义务人

纳税义务人，简称纳税人，是指税法所规定的直接负有纳税义务的自然人或法人，也称“纳税主体”。无论征收什么税，其税负都要由有关的纳税人来承担。这是法律上的纳税主体。而经济上的纳税主体则是指税收的实际负担人，也称负税人。事实上，负税人并不是由税法所规定的，因为税收最终由谁来负担在很大程度上取决于市场对该项税收的反应，这就涉及税负的转嫁问题了。

按照纳税人的不同，税收又可以划分为以下两类。

1. 对自然人的课税与对法人的课税

税收可以自然人为纳税主体，向特定的个人征收。例如向个人或家庭征收的个人所得税、遗产税等。税收也可以法人为纳税主体，向具有法人资格的、能独立承担责任的经济客体课税。例如向企业征收企业所得税、增值税、营业税等。

2. 买方税与卖方税

在商品和要素市场上，纳税人不是处于交易的卖方就是处于交易的买方。根据纳税人在交易中所处的位置，可以将税收分为卖方税和买方税。例如，在商品市场上，向销售产品的企业或商店课征的税收就属于卖方税；在要素市场上，向资本所有者、劳动力所有者以及土地所有者的利润、工资和地租所课征的税收也属于卖方税。而对商品消费者支出课征的税收就属于买方税。这两者只是在形式上有所区别，在本质上并无多大差别，对资源配置和收入分配的影响基本相同。

（三）课税对象

课税对象，又称征税对象，是指税收法律关系中征纳双方权利义务所指向的标的物或行为，是国家据以征税的依据。这就解决了对什么征税的问题，也是区分不同税种的主要标志。我国现行税收法律制度都有自己特定的课税对象。具体来说，这些征税对象又可以分为三类。

1. 所得税

所得税(income tax)是以所得为课税对象的税收。根据所得税的计税依据不同，可以将所得税区分为综合所得税和分类所得税。综合所得税(general income tax)是指以各类所得的总和为计税依据的所得税。分类所得税(classified income tax)是指按照不同性质的所得分别计征的所得税。分类所得税根据具体的计税依据不同，又可以分为工薪所得税(以通过劳动所取得的收入为课税对象)、利润所得税(以占有资本所取得的利润为课税对象)和土地所得税(以地租为课税对象)。

2. 商品流转税

商品流转税(commodity tax)是以流通过程中的商品和劳务为课税对象的税收。商品流转税起源在当今发展中国家和部分发达国家,都是政府税收收入的主要方式。商品流转税与所得税都课征于产品生产与消费中的货币资金循环过程。不同的是,所得税课征于要素交易,而商品流转税课征于产品交易。根据计税依据的不同,商品流转税可以划分为周转税和增值税。周转税(circulation tax)是以商品的交易额为计税依据的税收,构成交易价格的所有组成部分都必须纳入周转税的计税依据中。由于产品通常要经过一系列的流水作业过程,每个销售过程都是周转税的课税环节,因此周转税是一种多环节的商品流转税。增值税(value added tax,VAT)也是一种多环节的商品流转税。增值税与周转税的区别在于,增值税是以商品的增值额为计税依据的,即只以产品交易价格中的工资与利润为计税依据。在计税时要将产品价格中的固定资产折旧和中间产品的价值扣除。在课征多环节的商品流转税时,是以交易额为计税依据还是以增值额为计税依据,会对生产和消费产生不同的影响。因此,采用什么方式征收商品流转税就成为税收政策的一个重要问题。根据课税对象范围的不同,商品流转税又可以划分为一般商品税和特定商品税。一般商品税(general commodity tax)是指对所有商品课征的商品流转税。特殊商品税(specific commodity tax)是指对某一类商品进行课征的流转税。对消费品课征的商品流转税也被称为消费品税(consumption commodity tax);对某些特定消费品进行课征的商品流转税被称为特殊消费品税。商品流转税应采取一般商品税、消费品税还是特殊消费税,对哪些产品应予以特殊的课征是税收理论需要考虑的重要内容。

3. 财产税

财产税(property tax)是以财产为课税对象,根据财产的数量或价值课征的税收。对财产的税收课征又可以分为两类。一是对财产持有的课税,即对一定时期内个人、家庭、企业所拥有或支配的财产数量或价值进行课征。这类税收还可视其课税对象范围的大小分为一般财产税与特殊财产税。前者对所有财产课征,后者对某一特定类别的财产进行课征,不仅包括房产税、地产税,也包括动产税。二是对财产转让的课税,也就是在财产所有权发生变更的时候,对转让财产的数量或价值进行课税。财产所有权变更主要有两个原因:赠与和原所有者去世。因此,对财产转让的课征就有两种税收形式:赠与税以及遗产税或继承税。

(四) 税率

税率(tax rate)是应纳税额与课税对象之间的关系或比例,是计算税额的尺度,代表课税的深度,它所解决的是征多少税的问题。税率的设计要体现国家政治、经济政策,要保持公平、简化的性质。

1. 税率有名义税率和实际税率之分

名义税率就是税法规定的税率,实际税率是指纳税人实际缴纳的税额占课税对象的比例。在大多数情况下,名义税率和实际税率是存在着差异的,这主要是因为各种税收优惠的存在和征收管理上的缺陷所造成的。

2. 从量计征税与从价计征税

在实际应用中,税率有两种形式,一种是按绝对量的规定的固定征收额度,即定额税率,它适用于从量计征的税种;另一种是按照相对量的规定征收比例,它适用于从价计征的税种。

3. 平均税率和边际税率

平均税率是指纳税人缴纳的税额与课税对象的比率。边际税率则是指随着课税对象数额的增加,纳税人所缴纳税款的变动额与课税对象变动额之间的比率,即最后一单位课税对象所适应的税率。在对课税对象全额按照固定比率课税的情况下,平均税率与边际税率相等。但在很多情况下,平均税率与边际税率是不相等的。比如在对部分课税对象免于征收或税款的计征使用非固定比率的税率。

4. 零税率与负税率

零税率是以“零”表示的税率,是免税的一种方式。它表明课税对象的持有人负有纳税义务,但不需要缴纳税款。负税率则是指政府利用税收形式对所得额低于某一特定标准的家庭或个人予以补贴的比例。负税率主要用于负所得税的计算。所谓负所得税,是指现代一些西方国家把所得税和社会福利补贴制度结合的一种主张和实验,即对那些实际收入低于维持一定生活水平所需费用的家庭或个人,按照一定比例付给所得税。

第二节 公共税收的原则

税收原则是为了税收而制定的原则,它可以判断税收制度和税收政策是否合理。税收原则不是根据人们抽象的主观意志的随想得来的,而是在现有的、具体的社会经济历史的条件下,在实际生活中通过实践得来的。因此,更符合政策意义上的税收原则被定义为制定税收政策和设计税收制度所必须遵循的基本准则和规范。具体来说,就是指导课税对象选择、税制结构布局、税率设计和减免措施等的战略要求。它不仅是国家课税的准则，也是评价一国税制优劣与否的基本标准。

一、效率原则

从西方税收原则理论发展过程来看，效率原则在资本主义不同时期呈现出不同的发展趋势。亚当·斯密所处的自由竞争资本主义时代，更多的提倡发挥“看不见的手”——市场的作用，税收则应该尽量少地干预经济运行，这也可以看作是税收中性原则的理论起点。西斯蒙蒂及瓦格纳在其著作中均有类似思想的阐述。此后，马歇尔总结前人思想，并将其阐述为税收中性原则，即税收应尽量避免给经济带来额外负担，从而避免影响纳税人选择和市场资源配置。进入垄断资本主义时代之后，市场失灵及其带来的经济危机不断出现，人们开始反思税收中性原则的正确性，因为此时市场经济迫切需要政府的调控。凯恩斯学派适时提出了税收应该具备自动稳定器和相机决策作用，从而应对经济周期性变化、熨平经济波动，这也被称作调控原则。本书认为，调控原则更应该被放入稳定这个大原则中去，这一点也将在后续章节中予以阐述。

如此看来，税收效率原则的发展也基本经历了三个阶段：第一个阶段是亚当·斯密本人提出的，体现于中性税收主张之中的税收效率思想。他主张可以为自由竞争创造优良环境的中性税收政策，更呼吁在税收政策执行过程中单纯以提供国家收入为目标，尽量避免给纳税人造成额外负担。同时，为提高税收效率，税务机关应尽力降低费用，精简机构。第二个阶段的税收效率思想建立在福利经济学基础之上，如何配置资源，使国民收入达到最大值，从而达到经济福利最大值。只有增加了社会经济福利，税收才是有效率的。第三个阶段的税收效率思想建立的基础是凯恩斯主义。凯恩斯主义认为，经济的自我运行永远无法达到宏观经济均衡，必须引入国家的力量，使用税收杠杆调节经济运行，保证经济有效、稳定运行。因此，凯恩斯主义的治税思想更加强调通过税收经济职能的实现，达到宏观经济均衡。值得一提的是，强调税收的经济职能并不单纯拘泥于调控这一原则上，而应该广义的理解为中性原则与调控原则的有机统一。总体看来，这些税收效率思想的共同点在于赞同经济型治税方式，目的在于发展经济、增进社会福利、保证财政收入，而这一切的基础是实现税收的经济效率。所谓经济效率一般是帕累托效率。帕累托效率定义：资源配置和使用达到这样一种状态，即无论如何改变资源的配置，都无法在其他人境况不变坏的情况下使一些人的境况变好。也就是说，社会分配已经无法更进一步，在不削减其他人福利的情况下使任何一人的福利增加。这就是效用最大化，此时的资源配置达到了帕累托最优。同资源配置最优状态联系最紧密的就是资源配置的效率问题，资源配置如果能实现帕累托改进，即在不损害其他人利益的情况下，增进任一人的利益，那么这就是一种效率的提高。税收效率的基础在于实现经济效率目标，而经济效率目标的实现依赖于资源配置的有效率。这包括提高资源配置效率和减少效率损失两个方面。经济资源配置大致可以从市场配置和政府配置两个角度考察。当市场方式的资源配置已经达到帕累托最优时，政府方式的配置将会影响经济效率；当市场方式的资源配置无法达到帕累托最优，政府方式的配置将有可能提高经济效率。由于帕累托最优的实现理论上需要完全竞争市场的存在，这显然不符合现实中的情况，所以通过税收调节和干预经济，调整市场资源配置状况是可行的。但如果税收干预不当，往往会造成税收超额负担，影响效率目标的实现。这一点可以通过均衡分析法，使用“哈伯格三角”予以衡量。见图10-1。

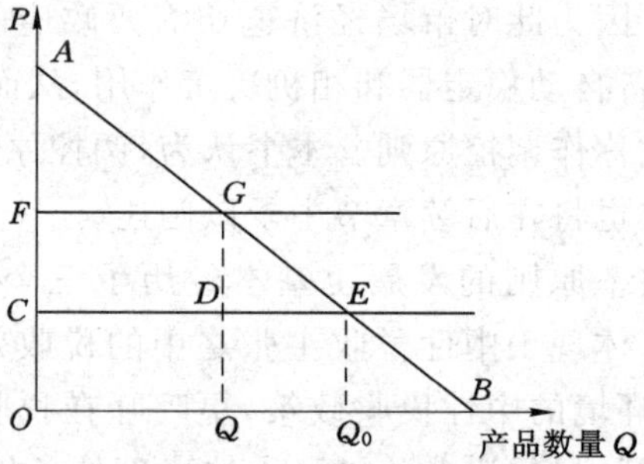

图10-1　哈伯格三角

AB 为某产品的补偿需求曲线（不考虑收入效应），假定该产品的边际成本为固定常数，所以供给曲线 *CE* 平行于横轴，*E* 为无税收条件下的供求均衡点，此时的消费者剩余可以用△*ACE* 来表示。假设对每一单位该种产品征收 *FC* 的税，税后供给曲线变为 *FG*。此时消费者净收益为△*AFG*，税收收益为 *FGDC*。社会总收益净损失为三角形 *GDE*，这也就是税收的超额负担。

西方税收原则理论中效率原则应当是指，政府在进行税制设计时，除了应考虑税负的公平分布之外，更应该考虑税收的效率效应，即税收对于社会经济和资源的合理配置方面的内容。毫无疑问，当代税收原则理论是在当代西方社会的背景下形成的，当代西方社会经济危机、失业等经济问题日益严重，这就要求国家必须干预经济，保证经济平稳健康发展，而这一系列的干预活动，都无可避免地反映到了当代税收原则理论中来。基于此，我们认为现代税收原则理论中的效率原则应当定义为：税制在设计和运行中必须保证税收活动在资源配置、经济运行、行政等方面符合效率准则的要求，具体细化为三个原则：

（一）收入原则

经济效率目标的达成必然会使经济进一步发展，国家财政收入水涨船高，而税收"为国聚财"本就是其最基本的职能之一，古今中外无不把满足国家需要作为税收的头等大事。国家和民众各自的权力和义务通过法律等形式被固定下来以后，国家便会通过税收从民众那里获取收益，而获取收益的过程也是其他税收原则贯彻落实、发挥效用的根本途径。同时，收入原则还应注意充分与弹性两方面问题：税收收入必须充足稳定可靠，调整税率或减免优惠政策时必须正视其对国家收入的影响；税收收入必须具有随财政需要伸缩变化的可能性，这不仅要求税收随经济情况而增减伸缩，做到取之有度，避免"杀鸡取卵"，更要求税收具备政策弹性，通过对税收政策或税法进行以收入调节为目的的调整或修改。我们可以利用图 10-2 拉弗曲线来说明税收取之有度的重要性。

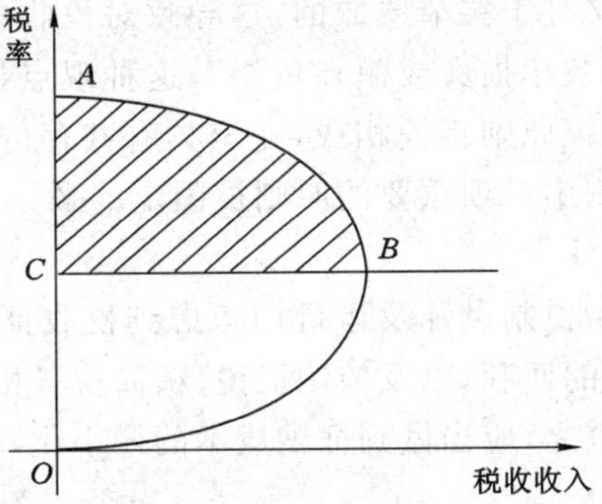

图 10-2　拉弗曲线

如图 10-2 所示，纵轴表示税率，横轴表示税收收入。不难发现，当税率从 O 到 C 断提高时，税收收入随之增加，并在 C 点达到最大值；此时如果继续提高税率至 CA 段，税收总额不但不会增加，反而会随着税率的提高而不断减少，在 A 点降为 0，此时 A 点对应的税率应该也为 0，人们不愿再继续工作、投资、经营，因为不管怎样辛苦，全部收入都会被征收。因此阴影部分的 ABC 区域应当是税收尽量避免进入的区域。

（二）中性原则

中性原则应当是与经济效率关系最为密切的一个原则。完全中性的税收并不存在，因为在完全竞争市场条件下，资源配置可以通过市场方式达到帕累托最优，任何税收或者政府的介入必然导致效率的损失。那么，在更贴近实际情况的混合市场条件下，税收更不可能做到完全的中性，即不带来任何的效率损失。所以，中性原则实际上带有另一层更易被人接受的含义，正如有学者为其下的定义"国家征税除使人民因纳税而发生负担以外，最好不要再使人民承受其他额外负担或经济上的损失。国家征税应尽量不影响市场对资源的配置，应把税收对经济活动产生的不良影响减到最低限度"，这说明中性原则并非要求税收不带来任何影响，而是指额外负担最小。相反，有学者认为："赋税成为调控手段，就不可能是中性，要中性就不可能调控，这是人所共知的道理"。调控与中性并非是不可调和的矛盾，实际上中性原则更强调微观角度税收对资源配置效率的影响，而调控原则更强调宏观角度税收对经济的调控作用，促进宏观经济运行稳定是其主要目标，这也正是本书未将调控原则列入效率大原则而将其列入稳定大原则的重要原因。如此，分别从微观和宏观角度出发的两条原则似乎并不是不可共存的，反而是微观原则的贯彻落实助力宏观原则目标的实现，宏观原则目标的实现又为微观原则的运行提供优良环境。简单地以"矛盾"看待两条原则的观点似乎是对于"中性"的定义过于狭窄造成的，这导致对税收中性原则的含义理解拘泥于"税收不带来任何效率损失或额外负担"，这种观点显然是略显僵化并值得商榷的，中性原则与调控原则相辅相成，完全具有共存的必要。当然，中性原则应当被作为效率大原则中一项重要的原则被固定下来。

（三）征纳效率原则

征纳效率原则是指税制设计及运行用考虑到税收征纳流程的效率，人员的效率，税款征收与缴纳的便利，以及依法征税、精简税务机构、税收信息透明流畅等几方面的内容。换言之，应当做到征纳成本的最小化，征纳成果的最大化。

二、公平原则

公平原则一直被作为设计税制的基本原则和基本目标，税收公平与否往往是检测一国税制好坏的标准。笼统的讲，公平是指税收对所有纳税人必须公正、平等。

（一）税收公平原则的理论

1. 早期的税收公平理论

早期的税收公平理论包括了霍布斯、洛克、尤斯蒂等人的观点。霍布斯和洛克阐述了基于消费的税收公平，即：课税的公平在于个人之间消费的均等，而不在于同等消费的人之财富的均等。霍布斯更提出了税负的平均分担，并且个人税负与从国家享受到的利益成比例等观点，这也被视为受益原则的理论起点。税制设计上，他们主张国家实行单一消费税制。尤斯蒂从其官房学派的国家观出发，认为国家征税需注意不得妨碍纳税人的经济活动，他具体提出了六大原则，"平等课税"便是其中一项重要原则，这体现出了平等原则。

2. 萨伊的税收公平理论

萨伊的赋税理论体现在其《政治经济学概论》一书中，他将赋税定义为部分国民产品在个人与政府之间的转移，以便政府支付公共费用。因此，萨伊认为税收收入是非生产性的消费，无助于生产。但是，当赋税投入再生产之中时，它所带来的收益可以与收税带来的非生产性的损失相抵消，如果政府将税收收入的较大比例用于非生产性的消费的话，将会对国民经济产生相似比例的有害影响。基于这种认识，萨伊提出了赋税五原则，其中“各阶层人民负担公平”直接体现出了公平原则，而“有利于国民道德的增进”是对亚当·斯密赋税四原则的补充和发展，更充实了公平的内容，将道德观念加入到公平之中去。

3. 穆勒的税收公平理论

约翰·斯图亚特·穆勒在赞同斯密四原则的基础上，提出了自己对公平原则的独到看法，他认为人民对于公平缺乏正确的基准判断，公平原则之所以是征税原则之一，是因为政府在一切事务中都要遵循平等的原则，所以要使全体民众做出的牺牲(赋税)降至最低限度，唯有所有人承受同样的压力。这一观点也被称为均等牺牲说。均等牺牲说的观点引起了后来学者的广泛讨论，并为税收公平原则的确立奠定了基本框架。穆勒对于税收公平原则的贡献不仅限于此，他还主张对所得征收税率为 3% 的比例税，反对累进所得税；主张以消费税为税基，奠定了消费税的理论基础。

4. 瓦格纳的税收公平理论

19 世纪中叶的德国正处于资本主义的复杂巨变之中，这种特殊的历史条件催生出了瓦格纳的财税思想，他反对自由主义，提倡国家积极干预经济活动。在其著名的“四项九端”原则①中就包括了社会公平原则，即税收负担应当普遍而平等的分配到各个阶层，涉及普遍、平等两方面内容。普遍原则实际上是要求赋税覆盖所有社会成员。平等原则则要求社会成员按能力大小承担赋税，体现出量能负担的原则。

5. 庇古的税收公平理论

作为垄断资本主义时期出现的福利经济学创始人，其观点大多集中于如何调和日益激烈的社会阶级矛盾。他认为社会福利极大化的条件在于有效配置资源，而资源的有效配置依赖于国民收入总量的大小和国民收入分配的平均化程度。因此，公平与效率也就成了庇古研究课税原则的重要标准。庇古将公平原则区分为横向公平和纵向公平，一言以蔽之：经济情况相同的人被课以相同的税，经济情况不同的人课以不同的税。

6. 当代税收公平理论

萨缪尔森在传统的利益原则和牺牲原则基础之上提出了“公平合理”原则，即对情况相同的人征收相同的税，对情况不同的人征收不同的税。马斯格雷夫

① 四项九端是一种税收原则，由德国新历史学派代表人物瓦格纳在其代表《财政学原理》书中所提出，因其一共为分四大项九小点，故称四项九端原则。

将前人观点予以概括提炼，总结出六条税收原则，其中三条涉及公平：第一，税负分配应公平；第二，当政府征税是为了某些特定目的时，也应该尽量不影响税收的公平性；第三，征税要明确，便于纳税人理解。詹姆斯·麦吉尔·布坎南从税收的伦理极限出发，研究了税收公平问题，他的研究侧重于研究税收中多大的比例要拿出来用于公共目标才算是公平。他试图从广泛接受的伦理规范中推导出税收的极限，他以罗尔斯的第一正义原则作为公平的含义并以此为基础分析税收的极限，这使得他的理论带有浓厚的哲学味道，但确实具有非凡的创造性。

（二）税收公平原则的内容

我们可以将现代税收原则理论中的税收公平原则归结为两个方面、三个原则的内容。

1. 两个方面

所谓"两个方面"是指税负公平和社会公平。税负的公平又依赖于两个要素：一是税负的分配应当合理。这包括了"横向公平"与"纵向公平"。横向公平就是指条件相同的纳税人缴纳等量税收，纵向公平就是指不同条件的纳税人缴纳不等的税收。二是税负规模总量应当合理。超额的税负规模总量体现出国家与其民众之间的不公平，过高的税收负担可以看作是国家对民众财富的掠夺，从经济角度看，这对保护税源、发展经济毫无益处。尽管已经有众多学者对税负进行了数量上的研究，但我们仍无法给出对于税负"高"与"低"的实际标准。事实上，税负高低需要考虑具体国情，如我国处在社会主义初级阶段，市场发育尚不完全，政府所承担的职能相对纷杂，这与西方发达国家的情况大为不同，将税负（宏观税负）进行简单的数字比较并无多大意义。本书认为，税负的高低与否需要联系税款用途和政府职能来综合考虑。若政府将税款的用途过多的扩展到提供公共品的范畴之外，那么政府支出的增加往往会导致税负的提高，同时政府承担职能过多，不仅不能保证行政效率，而且不利于市场领域的资源配置。因此，对于税负规模总量合理性的考量不能仅仅包括征税合理，更应当包括用税合理。将所得税款更加高效、透明地投入到公共支出中去，使政府真正发挥弥补市场失灵的职能，这才是税负规模总量控制合理的关键所在，也应当是税收公平原则的重要内容之一。

社会公平包含两层意思：一是税收不应当受经济因素之外的因素影响。也就是说所有人都应当承担赋税，无一例外，这一点从原则的角度看，对应的是普遍原则。这一观点的最早提出是针对封建社会时西方的特权阶级，他们往往享有不纳税或少纳税的权力。正如《国富论》中所言："一国国民，都必须在可能范围内按照各自能力的比例……缴纳国赋、维持政府"，也正如美国政治家富兰克林所言："人生中只有两件事必不可免，那就是税收和死亡"。使税收真正覆盖到全体国民，使全体国民普遍纳税，这真正是税收社会公平精髓的体现。二是税收应当促进财富公平。大部分经济学家都认同税收应当起到社会财富公平分配作用的观点，比如罗尔斯在其《正义论》一书中提到的“逐渐的、持续的纠正财富集中的错误，并避免有害于政治自由的公平价值和机会公正平等的权力集中”。

2. 三个原则

所谓三个原则指的是能力原则、普遍原则和收入分配原则。能力原则原则主要对应的是前文提到的税负公平方面的内容，即根据纳税人能力的不同而承担不同的税负，使其税负水平相对公平。普遍原则和收入分配原则主要对应的是前文提到的社会公平方面的内容，普遍原则是指但凡享受到国家利益，并有纳税能力的人都应当纳税。普遍原则不仅体现出公平正义的基本要求，更体现出税收收入原则的部分要求。收入分配原则是指税收应当有利于收入的再分配，如可以设置累进税率，再通过转移性支付实行再分配，以防止两极分化。从财富积累的过程来看，能力、天赋、资产收入等等都是拉大财富差距的重要因素。税收要体现出公平，必须具备收入分配功能，调整财富在社会成员间的分布，使其具备合理结构。

三、稳定原则

从中西方税收原则理论的发展历程来看，稳定原则并没有被作为单独的一项原则而提出来过，它的含义往往分散在其他原则的各个分项中。这一方面说明了人们对于税收稳定功能的不重视，另一方面也体现出税收原则理论的不全面。事实上，与公平、效率两项大原则一样，稳定也是贯穿整个经济过程的重要内容，因此将稳定原则提升到与公平、效率同等重要的程度也是应当的。我们认为，所谓稳定原则，是指税收制度应当有利于财政政策的运行，促进宏观经济稳定，并对社会不稳定中的经济因素产生修正效果的原则。内容上，稳定原则涉及经济和社会两个方面，具体的，我们可以将稳定原则叙述为两个小原则，即调控原则和社会稳定原则。

正如前文在效率原则的论述中提到的，调控原则应当出现在稳定大原则之中。随着市场经济的特征由自由向垄断的不断变化，政府开始积极干预经济，税收作为一项重要的干预宏观经济政策的手段，必须起到稳定经济的作用。凯恩斯主义的兴起为此提供了理论依据，凯恩斯学派适时提出了税收应该具备自动稳定器和相机决策作用，从而应对经济周期性变化、熨平经济波动。其自动稳定作用是指，税收体系对于经济活动的变化反应非常敏感，特别是累进所得税制下，即使不通过税率调整，税收本身也可以通过税制内在机制，使税收收入随经济情况的上下波动而增加或减少，从而产生对经济波动的自动抵消效果，起到自动稳定宏观经济的作用。一般来讲，当经济过度繁荣时，税收收入会随国民收入的增加而增加，并且税收收入增幅大于国民收入增幅，纳税人实际可支配收入"相对减少"，从而抑制需求，防止经济过热；当经济衰退时，税收收入会随国民收入的减少而减少，并且税收收入减幅大于国民收入减幅，纳税人实际可支配收入"相对增加"，从而防止需求过度萎缩，减缓经济衰退。其相机决策作用是指，政府针对经济形势，采用不同的税收措施，以达到消除经济波动的目的。比如经济过度繁荣时，政府可以通过提高税率、开征新税等措施抑制需求，防止经济过热，反之亦然。总结起来，调控原则是说税收既可以主动地增加或减少税收收入，有意识的针对不同经济形势进行宏观经济调节和干预，又可以在既定设置下，自动的产生大于经济变动的反向变动，从而调节并稳定宏观经济。另外，我们应当看到经济增长与稳定间的重要关系。这里所说的稳定并不仅仅局限于经济稳定，而应当是包括社会稳定在内的全局稳定。经济的增长必须建立在稳定的基础之上，而稳定的实现也必须以增长为目标，在不断增长的动态过程中追求稳定。因此，税收的稳定大原则中也应当包含社会稳定原则。社会稳定原则是指，税制设计应充分考虑到对于影响社会稳定的不利因素，尤其是经济因素的修正，这一点对于还是发展中国家的中国十分重要。在国家发展和重要机遇期内，能够影响到社会稳定的因素往往都是经济因素，正所谓"人无利而不往"，这一点在当今乃至未来很长一段时期内会体现的非常明显。具体的，这些"经济因素"应当包括了收入分配、税负高低、社会福利等内容。税收应该尽可能的促进收入分配优化与社会福利提高等等。这实际上与效率和公平原则中的一些内容是相通的，它们具有异曲同工之妙。

第三节　税收的转嫁与归宿

一、税收的转嫁

（一）税收转嫁的概念

所谓税收转嫁，是指纳税人不实际负担国家课征于他们的税收，而是通过购入或卖出商品价格的变动，将全部或部分税收转移给他人负担的过程。税收转嫁的结果最终总有人承担，最终承担税收的人称为负税人，税收最终落到负税人身上的过程称为税收归宿。在税收转嫁的条件下，纳税人和真正的负税人是可以分离的，纳税人只是法律意义上的纳税主体，负税人是经济意义上的承担主体。对税收转嫁的理解应把握几点：① 税收转嫁问题是和商品价格直接联系的，和价格无关的问题不能纳入税收转嫁的范畴；② 税收转嫁是一个客观过程，没有税收价值的转移过程不能算转嫁；③ 税收转嫁应理解为纳税人的主动行为，与纳税人主动行为无关的价格再分配性质的价值转移不能算转嫁。

（二）税收转嫁的基本形式

1. 前转

前转也称顺转，它是指纳税人在进行交易时，按课税商品的流转方向，以提高售价的办法，把所纳税款向前转嫁给商品的购买者或消费者。

2. 后转

后转也称逆转，它是指纳税人以压低购价的办法，把税款向后转嫁给货物或劳务的供应者。例如纳税人通过压低购进原材料的价格，将税收转嫁给原材料的供应者。前转和后转是税收转嫁的基本形式，其他形式皆因它们而衍生。

3. 混转

混转亦称为散转，它是指对纳税人而言，前转和后转可兼而有之，也就是将税款一部分向前转嫁给商品的购买者或消费者，另一部分向后转嫁给商品供应者。

4. 税收资本化

它是税收转嫁的一种特殊形式，是指应税物品（主要是土地、房屋等具有长期收益的资本品）在交易时，买主将物品可预见的未来应纳税款，按一定的贴现率折算为现值，从所购物品价格中作一次性的扣除。此后，税款名义上虽由买主按期纳税，实际上税款已经由卖主负担了。因此，税收资本化是后转的一种特殊形式。

（三）税收转嫁实现的前提条件和课税对象

税收转嫁的途径是通过商品价格的变动来转嫁纳税义务的，转嫁的幅度取决于商品的供求弹性，如果没有价格的变动，也就没有税收转嫁的发生。由此可见，商品价格的自由浮动是税收转嫁实现的基本前提条件。以商品或劳务为课税对象的流转税，其课税对象在流转过程中与价格关系密切，因此，可以改变课税对象的价格来转嫁税负，而以财产和所得为课税对象的税收则不具备这些条件，因此，财产课税和所得课税一般不能转嫁。

二、税收的归宿

（一）税收转嫁与需求弹性

需求弹性，指价格变动的比率所引起的需求量变动的比率，即需求量变动对价格变动的反应程度。各种商品的需求弹性是不同的，一般用需求弹性系数来表示弹性的大小。需求弹性系数是需求量变动的比率与价格变动比率的比值。

各种商品的需求弹性是不同的，根据需求弹性系数的大小，可将其与税收转嫁的关系划分为以下三种情况：

（1）需求弹性系数等于0，即需求完全无弹性，说明当某种商品因政府课税而导致企业以抬高售价的方式销售时，购买者对价格的变动毫无反应，其购买量不会因价格的提高而受到影响，此时企业完全可以通过提高售价的方式将税负前转给商品的购买者或消费者。

(2) 需求弹性系数大于0小于1，即需求缺乏弹性，说明当某种商品因政府课税而导致企业以抬高售价的方式销售时，购买者对商品加价的行为反应较弱，即其购买量下降的幅度低于价格提高的幅度，此时因价格抬高的阻力较小，企业可以将税负通过前转的方式转嫁给购买者。

(3) 需求弹性系数大于1，即需求富有弹性，说明当某种商品因政府课税而导致企业以抬高售价的方式销售时，购买者对商品的加价行为反应强烈，即购买量下降的幅度高于价格上涨的幅度，甚至购买者会寻求替代商品而停止对该商品的购买行为。这表明，企业因为提价得到的边际效益已弥补不了销售量减少而带来的边际损失，企业所纳的税款便无法实现前转，而只能谋求逆转方式将税收转嫁给原材料供应者。倘若后转不能实现，企业在作为直接的纳税人的同时，又不得不成为终极的负税人。

(二) 税收归宿与供给弹性

供求弹性是指商品或劳务供应量对市场价格所作出的反应程度，供求弹性系数是供给量变动的比率与价格变动比率的比值。

各种商品的供给弹性也是不同的，根据供给弹性系数的大小，可将其与税收转嫁的关系划分为以下三种情况：

(1) 供给弹性系数等于0，即供给完全无弹性，说明当某种商品因政府课税而价格又得不到相应提高时，生产供应企业对价格的相对下降没有任何反应，其生产量不会因价格的相对下降而受到影响，此时，企业无法将税负进行前转，只能将税负通过后转方式转嫁给原材料供应者，甚至无法进行转嫁。

(2) 供给弹性系数大于0小于1，即供给缺乏弹性，说明当某种商品因政府课税而价格又得不到相应提高时，生产供应企业对价格的相对下降反应较弱，生产量下降的幅度低于价格相对下降的幅度，由于此时生产供应量变化不大，价格难有较大幅度的涨幅，企业无法将税负进行前转，只能考虑后转。

(3) 供给弹性系数大于1，即供给富有弹性，说明当某种商品因政府课税而价格又得不到相应提高时，生产供应企业对价格的相对下降反应强烈，使得其生产供应量下降的幅度高于价格相对下降的幅度，由于有效生产供应量的下降，出现供不应求，进而会直接导致价格上涨的趋势，此时企业可将税负的大部分甚至全部以抬高商品售价的方式前转给商品的购买者，最终使税负落在购买者身上。

(三) 税收归宿与供求弹性

供给弹性与需求弹性的比值即为供求弹性。在商品价格和供求关系变动的影响下，税收转嫁与归宿的一般规律可用图10-3和图10-4来表示。

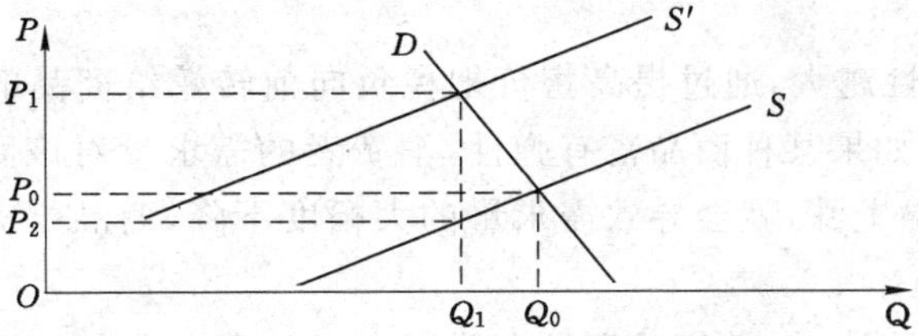

图 10-3 供给弹性大于需求弹性的负税转嫁与归宿

在图 10-3 中，S 为税前供给曲线，D 为需求曲线，需求曲线 D 和供给曲线 S 相交的均衡点决定了均衡价格为 P_0，均衡数量 Q_0。由于税收成本的存在，供给曲线由 S 变为 S'，即 S' 为税后供给曲线。此时需求曲线 D 和税后供给曲线 S' 相交的均衡点决定了均衡价格为 P_1，均衡量 Q_1。从图中可以看出，需求量变动的比率小于价格变动的比率，即 $0<E_d<1$，需求缺乏弹性，需求曲线表现为一条比较陡峭的线。而从供给量来看，供给量变动的比率大于价格变动的比率，$1<E_s<\infty$，供给富有弹性，供给曲线表现为一条比较平坦的线。

由于供给弹性大于需求弹性，税后的购买者支付的价格由 P_0 上升为 P_1，供给者所得到的价格由 P_0 下降为 P_2，P_1-P_2 为全部税收，$P_1-P_2=(P_1-P_0)+(P_0-P_2)$，这时税收由购买者和供给者共同负担，消费者负担 P_1-P_0，供给者负担 P_0-P_2，且有 $P_1-P_0>P_0-P_2$，说明由于供给弹性大于需求弹性，税收的大部分向前转嫁给商品的购买者或消费者负担，小部分由商品的供给者负担。

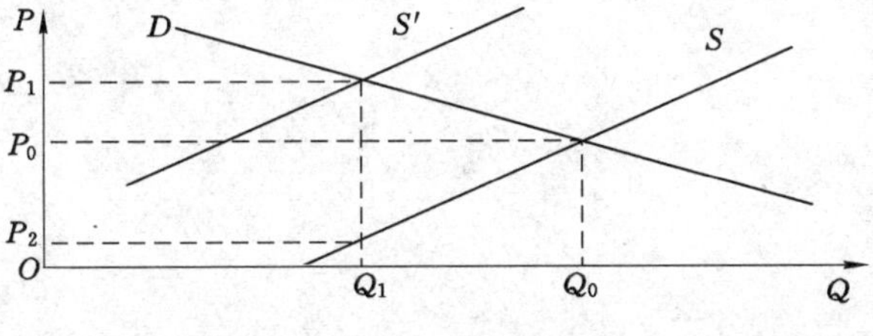

图 10-4 需求弹性大于供给弹性的负税转嫁与归宿

图 10-4 是说明需求弹性大于供给弹性条件下税收转嫁与归宿的情况。由于需求弹性大于供给弹性，税后的购买者支付的价格由 P_0 上升为 P_1，供给者所得到的价格由 P_0 下降为 P_2，P_1-P_2 为全部税收，$P_1-P_2=(P_1-P_0)+(P_0-P_2)$，这时税收由购买者和供给者共同负担，消费者负担 P_1-P_0，供给者负担 P_0-P_2，且有 $P_1-P_0<P_0-P_2$，说明由于需求弹性大于供给弹性，税收的小部分向前转嫁给商品的购买者或消费者负担，大部分由商品的供给者负担。

（四）结论

(1) 需求弹性越大，通过提高售价把税负向前转嫁给商品的购买者或消费者越困难。因为如果某种商品富有弹性，消费者的需求量对该商品的价格变动很敏感，价格稍微上涨，就会导致需求量的大幅度下降，商品供应者的销售量减少，利润下降。

(2) 需求弹性越小，税负越容易由购买者或消费者负担。因为如果某种商品缺乏弹性，消费者的需求量对该商品的价格变动不是很敏感，即便是该商品的价格略微有些上涨，也不会导致需求量的大幅度下降。比如，生活必需品，即使价格再高，人们为保证基本的生活需要也要购买。在这种情况下，购买者或消费者选择的余地不大，税负自然容易转嫁。

(3) 某种产品的供给弹性高，意味着该产品的生产者能适应市场的变化调整生产结构，因而在与原材料厂商及消费者的关系上处于比较主动的地位，易于把税收转嫁出去。反之，若产品缺乏弹性，税负不易转嫁出去。①

① 此部分内容主要参考李燕：《税负转嫁与归宿分析》，载《金融经济》(理论版)2007年第1期。

第十一章　公共债务

本章重点

1. 掌握公共债务的概念与作用
2. 理解公共债务的经济效应
3. 把握公共债务的适度规模
4. 了解地方公共债务现状与对策

公共债务，即公债，指的是政府为筹措财政资金，凭其信誉按照一定程序向投资者出具的承诺在一定时期支付利息和到期偿还本金的一种格式化的债权债务凭证。善用公债，可以避免税收的负效应，平衡使用、充分发挥社会的闲置财力，因此，我们要认真地研究与分析公债问题。

第一节　公共债务的概念与作用

一、公共债务的概念

（一）公共债务的内涵

公债的全称为公共债务，顾名思义就是指公共部门举借的债务，它是相对于私债而言的。公共债务有广义和狭义之分。广义上的公共债务是指政府、公共企业和公共事业三个主体所举借的债务的总称，亦称政府性债务。而狭义上的公共债务则专指政府举借的债务。

许多经济学家从不同的角度对公共债务进行了定义。马克思认为："公债不过是资产阶级增加税收和满足资产阶级掌握政权所造成的新需要的一种新方式。"①显然，马克思试图从阶级的角度来揭示公共债务的本质。我国清代著名思想家梁启超也对公共债务做了阐述："公债者，民以财贷诸国库而取其息也。"他对公共债务的定义中强调了公共债务还本付息的特性，并且指出了债务借贷的双方为官与民。美国经济学家布坎南认为：对政府来说，公共债务是代替税收

① 《马克思恩格斯全集》第5卷，人民出版社1965年，第313页。

的一种筹集公共支出所需资金的方法，在有限的程度内几乎总是可以利用的。布坎南指出了公共债务是税收的一种替代形式。

在我国许多的学术论著中，“公债”和“国债”这两个词语常常混用。有些学者认为二者可以相互替换，当然，也有一些学者则认为应该严格进行区分。我国著名财政学家邓子基教授认为，国债特指中央政府债务，而地方政府债务不属于国债，但是它属于公共债务的范畴，简而言之，公共债务包含国债和地方政府债务。

(二) 公共债务的特征

1. 自愿性

自愿性是指公共债务的发行或认购建立在认购者自愿承购的基础上。认购者买与不买，购买多少，完全由认购者自己根据个人或单位情况自主决定，国家不能指派具体的承购人。

2. 有偿性

有偿性是指通过发行公共债务筹集的财政资金，政府必须作为债务如期偿还，并且还要按事先规定的条件向认购者支付一定数额的利息。

3. 灵活性

灵活性是指公共债务发行与否以及发行多少，一般完全由政府根据国家财政资金的丰裕程度灵活加以确定，不必通过法律形式预先加以规定。这是公共债务具有的一个非常重要的特征，与税收的固定性形成了明显的区别。

二、公共债务的分类

(一) 按偿还期限分类

按偿还期限划分，可分为短期、中期和长期公共债务。所谓短期、中期、长期并无绝对的划分标准。一般而言，1 年以内到期的债券为短期公共债务，1～10 年到期的为中期公共债务，10 年以上到期为长期公共债务。其中，中期公共债务在各国政府发行的公共债务中占有较大比重。

(二) 按发行区域分类

按发行区域划分，可以分为内部和外部债务。内债和外债的界定都遵循属地原则，内债对货币的种类和购买者没有限制，只强调在本国发行。外债由本国发债主体在别国或国际市场发行，要经本国政府同意，必须以外币购买。

(三) 按发行主体分类

按发行主体可分为中央公共债务和地方公共债务。中央公共债务就是中央政府直接发行并承担直接债务的国债，中央预算包括国债收入部分。为更好履行中央政府的职能，规定中央政府对国债收入有支出和使用的权力，但也负有还本付息的偿还责任。由地方政府直接发行和负有直接偿还义务的债务称之为地方公共债务。地方政府收入预算中包括地方债务收入，地方政府有直接支出使用的权力，同时也负有还本付息的责任，地方公共债务也可以超出本地区发行。

（四）按流通性质分类

按流通性质可将政府债务划分为可转让公共债务和不可转让公共债务。可转让公共债务是指可以通过金融市场交易转让的公共债务，亦称之为上市公共债务。这种公共债务流通性强，认购者可以根据金融市场上的行情和自身的资金状况随时在二级市场上出售和转让，因而对投资者很有吸引力，是各国政府筹集资金的一种主要形式，一般占全部公共债务比重的70%左右。上市公共债务按其偿还期限的长短可分为短期、中期和长期债券。不可转让公共债务是指不通过金融市场交易转让的公共债务，也称之为非上市公共债务。

（五）按发行对象分类

按发行对象可分为储蓄债券和专用债券。储蓄债券是政府专门为个人购买者设计的，用于吸收居民储蓄。其发行期限大多较长，发行条件较为优惠以提高居民的投资积极性。专用债券是政府专门向金融机构（如商业银行、保险公司等）发行的不可转让的债券。这种债券具有一定的政策性、针对性和强制性，其发行条件的优惠程度往往低于储蓄债券，甚至低于上市公共债务，而期限却大大长于储蓄债券。这种债券的作用一是为政府从某些金融机构稳定地取得资金提供工具，二是有利于中央政府调节货币供应量。

三、公共债务的作用

（一）实现财政收支平衡

公共债务弥补财政赤字的职能运用所产生的直接后果就是有助于实现财政平衡。实现国家财政收支平衡是保证国民经济良性循环的重要条件。在现实的经济活动中实现财政预算平衡的方法很多，但公共债务是主要方法之一。

（二）促进社会经济发展

公共债务筹集资本职能的运用，所导致的直接后果是增加国家集中的资金量，促进社会经济的发展。在社会主义国家，财政的性质是由国家性质决定的，财政承担着提供巨额建设资金的任务，公共债务自然成为取得财政收入，筹集建设资金的手段。在国家财政预算收支规模确定的基础上，根据国民经济发展的实际需要，考虑公共债务发行具有可靠来源，就可以发行公共债务来取得收入，然后再安排用于最急需的建设项目上，等于是扩大了投资需求总量，拉动经济增长，促进经济发展。

（三）促进经济结构协调与均衡

公共债务调节经济的职能运用，所导致的后果就是减少或增加生产或消费领域的资金量，从而促进经济结构的协调与均衡，保证国民经济持续快速地发展。公共债务通过发行对象的选择和公共债务收入资金用途的安排，来改变生产和消费的结构以及各自内部的结构。如果公共债务发行对象只选择生产企业，在形成公共债务收入后，相应是减少生产性资金，消费性资金相对扩大；如果公共债务用途全部安排在社会消费领域，则会与上述情况有别。

第二节　公共债务的经济效应

一、经济增长效应

由于公共债务对一个国家的消费总量，消费和储蓄的结构，资本的存量结构和积累都会带来影响，因此，公共债务同样也会影响一个国家的经济增长。

（一）公共债务、资本积累与经济增长

世界各国经济发展的历史证明，投资是经济增长的最重要因素之一。资金的筹集，首先来自一个社会内部的总储蓄量，社会储蓄率的提高能够增加经济发展所需要的投资量。发展中国家经济起飞的一个必要条件就是提高储蓄率。

（二）公共债务与总需求效应

从宏观层面上看，社会总需求是由民间消费、民间投资和政府支出所构成的。其中，政府支出包括政府消费和投资两个方面，是受国家宏观经济政策影响最大的两个方面，也是社会总需求中占较大比重的权项。债务收入使用的三个具体方向是弥补赤字，偿还旧债和用于建设投资基金，公共债务最终将用于政府的财政支出。

（三）挤出效应

增发公共债务，扩大政府支出，增加公共投资的财政政策，对国民经济发展起到扩张性作用，刺激和促进了国民经济的增长。但公共债务是政府部门向民间部门发行的债务，在一定时期，在社会资金总量一定的条件下，公共债务发行量的多少涉及资金总量在民间与政府之间流动使用份额的变化。因此，又会产生一定的挤出效应。

（四）挤入效应

挤入效应是指政府发行国债会诱使全社会私人进行投资，从而全社会的私人投资增加和社会总资本增加。公共债务的挤入效应有两种情况。第一种情况是当公共债务融资的政府支出形成了公共资本，提高私人资本的边际效率和私人投资的预期收益率。第二种情况是政府发行减税公共债务，且减税公共债务的目的是为了降低企业所得税和企业固定资产投资赋税。

二、财政效应

公共债务作为发端于财政政策的一种强而有效的工具，在具体的实施过程中，本身将会产生资源配置效应，收入分配效应和宏观经济稳定效应。

（一）公共债务的资源配置效应

政府举借公共债务时，公共债务认购者暂时放弃了一部分使用权，资源拥有量暂时减少，而政府资源拥有量暂时增加，这一增一减绝对值相等。政府的财政收入主要有税收和公共债务两种形式。税收是政府的主要收入，税收增加，政府财政收入增加；公共债务是政府财政重要收入，政府举借公共债务增加，表明政府所拥有的财政收入增加，可以弥补其他财政收入主要是税收的不足。

（二）公共债务的收入分配效应

公共债务发行会影响全社会的收入分配，这是公认的。一般认为，公共债务的发行不利于国民收入的公平分配。因为，在自愿认购原则下发行，公共债务吸纳的是社会闲置资金，而这些资金主要来源于富裕阶层，因此公共债务大部分为富裕阶层持有，穷困阶层拥有量较小。发行越多，社会财富分配越不平均。

（三）公共债务的宏观调控效应

公共债务管理作为一种宏观调控手段，主要是通过其对经济活动的流动性效应和利息率效应来发挥作用的。流动性效应和利息率效应是考察公共债务管理活动对宏观经济目标作用情况的两个中介指标。公共债务的流动性效应是指在公共债务管理上通过调整公共债务的流动性程度，来影响整个社会流动性状况，从而对社会总需求施加扩张性或紧缩性影响。

三、货币效应

（一）公共债务发行的货币效应

发行公共债务是政府弥补财政赤字经常采用的手段。在发达市场经济体系中，政府为弥补赤字而发行的公共债务，通常是由公众、商行和央行三个主体认购的。公共债务认购的主体不同，其产生的货币效应亦不同。央行认购公共债务对货币供给的影响最大，商行认购次之，公众认购对货币供给的影响最小。

（二）公共债务交易的货币效应

在一个发育较为成熟的公共债务交易市场中，公共债务的自由买卖不仅能融通资金，而且会产生较强的货币效应。这表现在两方面：一是公共债务扮演准货币的角色，充当流通手段和支付手段，事实上增加了流通中的货币量。二是公共债务交易对流通中货币的吸纳，它等于减少相应的货币供应量。公共债务交易所能吸纳的货币量是由公共债务的成交额与成交次数共同决定。与成交额成正比，与成交次数成反比。

（三）公共债务偿还的货币效应

政府发行的公共债务最终是要偿还的。偿债资金的来源有三个：发行纸币，发行新债和增加税收。政府通过中央银行发行纸币来偿还公共债务，虽然最省事且成本最小，但由于此举会直接增加市场上的货币流通量，导致需求拉上型通货膨胀，对经济长期发展极为不利。

第三节 公共债务的适度规模

一、基本概念理解

（一）公共债务规模

公共债务规模是一个多层次的概念，具体说来它有三层含义：第一层含义是指政府在一个财年中所发行的债务的总和；第二层含义是指政府在一个财年内需要还本付息的总额；第三层含义是指政府到现在为止所积累的债务的总和。很显然，前两个层次均是从流量的角度来界定的，最后一层含义是从存量的角度来看的。

（二）公共债务适度规模

关于公共债务适度规模概念，学术界也有着不同的定义。有些学者是从发行公共债务所带来的成本——收益这个角度来界定公共债务适度规模的，认为使得公共债务的积极效应达到最大化就是适度的公共债务规模。如我国学者贾康、赵全厚认为："从理论上说，公共债务的适度规模或者最佳规模，是指公共债务规模处于这样的一种数量条件下，该状态使得公共债务的积极效应达到最大化，或者更准确的说，使得公共债务积极影响抵消消极影响后的净积极影响达到最大化。"①换句话说，使得公共债务的边际成本与边际收益相等时的公共债务规模即为适度的公共债务规模。也有学者认为只要公共债务的规模不超过一国承受的范围，公共债务可以持续的发行而不会导致债务危机都可以算作适度的公共债务规模。另外，有些学者通过建立一个抽象化的模型，认为使得社会福利最大化或者成本最小化的公共债务规模就是适度的公共债务规模，或者叫做最优公共债务规模。

二、公共债务适度规模的测度

公共债务的适度规模在目前的公共债务管理中仍然是使用一系列指标来衡量的。在这些指标中，用得最多的就是常规指标。常规指标指的是直接用某些宏观经济变量、债务规模等指标来评价公共债务风险的一种方法，由于公共债务

---

① 贾康、赵全厚：《国债适度规模：我国国债的现实规模》，载《经济研究》2000年第10期，第46页。

的最大风险就是违约风险，而违约风险直接会关系到公共债务能否持续发行的问题，因此这一类指标也是公共债务可持续性分析中重要的依据。根据相关文献，这些指标陆续从20世纪40年代产生，笔者所接触到的最早的衡量公共债务规模的相对指标是多马模型中出现的公共债务负担率。随着资本市场的发展与各国公共债务规模的扩大，公共债务引起了众多学者的兴趣，他们对许多国家的公共债务规模指标做横向、纵向的分析，并提出了各个指标的警戒线，下面就简要介绍一些常用的公共债务规模指标。

（一）测度公共债务规模的指标

衡量公共债务规模的指标分为绝对指标和相对指标，由于绝对指标是公共债务规模的绝对额度，因各国而异。为了便于各国的比较，一般用相对指标。这里只概述常用来判断公共债务适度规模的四个指标：

1. 公共债务依存度

公共债务依存度是指一国在一定期限内（一般为一年）公共债务收入占财政支出的百分比，用公式表示：

$$\text{公共债务依存度}=\frac{\text{当年公共债务收入额}}{\text{当年财政支出额}}\times100\%$$

在实际运用中又分两个口径：

$$\text{国家财政依存度}=\frac{\text{当年公共债务收入额}}{\text{当年财政支出额}}\times100\%$$

$$\text{中央财政依存度}=\frac{\text{当年公共债务收入额}}{\text{当年中央政府财政支出额}}\times100\%$$

公共债务依存度有一个安全线，即国家财政依存度为15%～20%，中央财政依存度为25%～30%左右。

2. 公共债务负担率

公共债务负担率这个指标用公式表示为：

$$\text{公共债务负担率}=\frac{\text{当年公共债务余额}}{\text{当年 GDP}}\times100\%$$

这是衡量公共债务规模最为重要的一个指标。这个指标综合反映了一国经济综合的公共债务负担。欧盟成员国于1991年签订的《马斯特里赫特条约》中明确规定，公共债务负担率的最高限额为60%。

3. 借债率

借债率是一个国家在一定时期内（通常为一年）公共债务发行额与相对应的GDP的比率。

$$\text{借债率}=\frac{\text{当年公共债务发行额}}{\text{当年 GDP}}\times100\%$$

此指标越大,说明一国对于公共债务的利用程度越高,同时,也表明此国国民的负担越重。西方诸国的经验表明该指标应在3%~10%之间。

4. 偿债率

偿还率是指一国一年的财政收入用于偿还公共债务本息的比率。

$$偿债率=\frac{当年本息偿还额}{当年财政收入}\times 100\%$$

大多学者认为这一指标应该控制在10%以内。

当然,还有其他衡量公共债务相对规模的指标,例如专门用来衡量外债适度规模的外债偿债率(安全线为20%~25%)、外债负担率(安全线为20%)、外债债务率(安全线为100%)、外汇储备与外债余额比率(安全线为大于100%)等等,在此不再列举。

(二) 公共债务适度规模的测度指标的评价

常用的公共债务适度规模指标在衡量一国公共债务规模是否适度的问题上具有很强的可操作性。现在相关的国际机构、各国政府都在运用这些指标对本国的公共债务规模进行分析,特别是国际评级机构在评价主权债务时也采用了相类似的指标,充分的说明了它存在的合理性。但是,这一指标体系不可避免的存在种种问题。

1. 数据问题

常用的公共债务适度规模指标若用于国别间的分析,容易发生数据方面的问题。例如,虽然可以找到两国的数据,但是两国数据的口径是不同的。对于这方面的问题,虽然IMF通过《政府财政统计手册》等办法来规范各国统计指标的口径,但是由于涉及的指标过于庞杂,规范难免有些困难。同时,还有一个不可忽视的问题就是数据的可及时获得性。另外,各个指标临界值的选定也存在种种问题。虽然临界值的选定是根据历史经验得出的,但是由于各国的经济状况、公共债务管理水平等情况各不相同,因此就不存在一个可供各国使用的临界值。

2. 口径问题

在实际的分析中,即使是对同一个国家采用相同的数据口径来研究,采用不同的指标组合,得出来的结论也往往不同。

3. 其它问题

这些指标过于局限于公共债务的风险测度,忽略了其他很多的问题。一方面,没能全面地反映一国的负担,如认购者的负担、税赋的负担等等;另一方面,这些指标忽略了对公共债务效应的衡量。我们知道,公共债务的功能无非是以下几种:弥补赤字、调控经济、筹集建设资金,等等。调控经济、筹集资金这些功能都会产生经济效应,而现行的公共债务适度规模评测体系没有涉及到这些内容。

第四节 地方公共债务

一、地方公共债务的概念、特征及功能

(一) 地方公共债务的概念

地方公共债务,简称地方债,指的是地方政府债券,是与中央政府债券(国债)相对应的概念,指的是地方政府从地方经济社会发展状况出发,在承担还本付息基础上向社会公众公开发行的政府债券。在这里地方公共债务不是泛指地方政府的公共债务,同国债不是泛指国家公共债务一样,也不包括地方个私经济发行的债券如地方企业债等,地方公共债务指的是地方政府以自己财政收入及相关建设项目收益为保证发行的一种债券。与国债相对应,发行地方公共债务筹集的资金一般是用于本地区的基础设施和公共服务项目的建设,通过发行地方公共债务筹集地方建设资金是目前国际上通行的做法。在西方一些国家如美国,地方公共债务也称为市政债券。

(二) 地方公共债务的特征

地方公共债务按偿债资金来源不同可分为收益债券和一般责任债券两种。收益债券是地方政府以特定的建设项目产生的收益作为还债资金保证发行的债券,以建设项目的收益能力为还债保障,在性质上接近于企业债券。一般责任债券是由地方政府以其信用和税收收入作为担保发行的债券,还债保障主要是地方政府的税收收入,在性质上接近于税收。

地方公共债务按偿还期限长短可分为短期债券和长期债券。地方公共债务一般为地方基础设施和公共建设项目融资,属于资本性支出,相应的地方公共债务常见的是中长期债券形式。

地方公共债务是国家公共债务体系的重要组成部分,与国债一样,地方公共债务是一种政府公共债务,以相应的政府信用为担保,具有风险小、收益安全稳定的特点。但与国债不同,地方公共债务是以地方政府信用为担保,以地方财政收入或建设项目收益为还债资金来源,与国债以国家信用为担保相比,地方公共债务的信用要低一些,是一种“银边债券”。

地方公共债务的发行要受到严格的审批,债券资金用途一般有明确的规定。地方公共债务筹集的资金一般用于地方社会公益性项目和基础设施建设,这些建设项目一般具有投入建设资金数量大,建设周期时间久,项目使用周期长的特点,这也决定了地方公共债务一般具有发行数量较大,债券期限较长的特点。

地方公共债务具有地域性特点，地方公共债务是地方政府针对本地区经济社会发展的实际需要，针对本地区某一特定发展目标而发行筹集的资金，债券发行资金使用针对地方发展实际，灵活针对性强。不同地区的地方公共债务因发债地区经济社会发展水平不同在债券信用、债券收益及流通等方面存在很大的差异。另外，应对不同的建设项目所发行的地方公共债务也有不同。地方公共债务的使用具有很强的灵活性和针对性。

（三）地方公共债务的功能

1. 筹集地方建设性资金

当前中国地方政府承担着提供地方基础设施和公共服务项目，促进地方经济社会发展的重任，而地方基础设施和公共服务项目是地方经济社会发展的基础，其发展程度将直接决定本地区的经济发展速度和社会发展水平。基础设施和公共服务项目的建设具有建设周期长、投入资金数量大、项目受益期久的特点，私人资本难以进入这一领域，中央财政也只能承担关系国家经济命脉的重大基础设施和公共服务项目的建设，大量的地方基础设施和公共服务项目需要地方政府来承担。地方财政在运行过程中难以形成足额的专项资金投入这些项目建设中，发行地方公共债务则刚好满足这一需求。通过发行地方公共债务可以筹集到大量的建设资金投入城市公共基础设施建设中，不会造成地方税收在某一较短时期内突然大量增加的情况，有利于将地区居民的权利与义务公平分摊到项目建设使用周期中，实现代际公平。

2. 增加地方财政收入

地方公共债务是地方政府增加财政收入的有效途径。通过发行地方债券，地方政府可以筹集到大量的财政资金。与税收相比，通过发行公共债务筹集财政资金不受立法程序的制约，不会遭到纳税人的反对，不会影响经济的正常发展，不会扭曲经济行为，只是将社会上闲置不用的资金暂时集中到政府手中，实现社会资金使用权的暂时转移和经济资源的合理配置，不会对地方经济社会发展产生不利的影响。

3. 调节地方经济运行

地方公共债务是地方政府调节经济运行的有效手段。发行地方公共债务可以把居民和企业暂时闲置的多余资金集中到政府手中，用于地方生产建设项目中去，特别是城市基础设施和公共服务项目的建设中去，这对于改善地方居民生活条件，促进地方福利具有重要意义。当地方经济发展出现波动时，地方政府可以通过调节地方公共债务资金的投放和回收，平抑经济波动，实现地方经济的平稳增长。与此同时，政府通过发行地方公共债务筹集地方建设资金，实际上是把用于私人消费的资金转到生产性建设领域，通过建设地方资本性项目，可以改善地方经济结构，提高地方居民的物质文化生活水平。此外，地方政府通过地方公共债务形式筹集建设资金能发挥投资导向作用，引导地方投资方向，防止和避免出现重复投资、盲目投资的倾向，实现投资结构和产业结构的优化。

4. 满足投资者的投资需求

地方公共债务是以地方政府信用为担保发行的债券，与企业债券相比具有收益稳定，风险小的特点，是一种"银边债券"，适合私人和机构投资者等广大投资者投资。当前中国地方居民具有大量的储蓄存款需要找到合适的投资机会，各大银行、社保基金、保险基金等机构投资者手中握有大量闲置资金需要实现资产的保值增值，需要获取更多的投资组合来尽可能地降低风险并获得稳定的投资回报，地方公共债务作为一种政府公共债务，其信用略低于国债，但高于企业债券，容易受到广大居民和机构投资者的欢迎。

5. 丰富债券市场体系

地方公共债务是一国债券市场体系的重要组成部分，在发达市场国家中，地方公共债务在整个债券市场中都占有重要的部分，如果只有国债和企业债券而缺少地方公共债务的话，中国的债券市场是不完备的。发展地方公共债务，有利于满足相应的市场投资需求，丰富市场投资品种，活跃健全债券市场，促进中国资本市场的良性发展。

二、地方公共债务的效应与困境

（一）地方公共债务的效应

1. 地方公共债务的积极效应

首先，对地方政府行为的积极影响。举债对地方政府缓解金融压力是十分有效的。如果当地的财金资源不能满足地方政府履行职能的需要，意味着地方政府运行风险形成，甚至会面临瘫痪，轻者制约当地的经济发展，重者造成社会管理和社会秩序将十分无效。当地的财金资源不能满足地方政府自己的本地管理需求，通过债务增加来解决行政经费的不足，可以保证地方政府的正常运转，维护当地的经济和社会秩序保持正常运行。其次，对经济发展的积极影响。随着政府债务作为筹资方式的公允化，在财政收支规模确定的基础上，根据实际需要的国民经济的发展，可以安排债务收入，然后安排最迫切需要建设的项目，扩大投资需求数量、刺激经济增长和促进经济发展。地方政府债务问题引起的地方融资能力下降，主要有两方面积极作用。地方政府的融资能力下降是改善中小企业融资困难的有利条件。这是有利于中小企业发挥创造力，促进经济增长的。很长一段时间，以地方政府为代表的国有部门在资金获得上有绝对行政优势，可以远低于市场价格的成本获得资金资源，在一定程度上挤压了中小企业融资渠道。地方政府的融资能力的下降有助于房地产市场调控和抑制通货膨胀。

房价上涨的一个主要推动力是土地价格上涨,价格上涨的主要动力是当地政府唯GDP的发展观,适度降低地方政府的融资能力,促使地方政府在合理的价格上增加土地供应来获得足够的资本,可以引导土地价格回归理性并指引房价回归理性。

2. 地方债务的消极效应

首先,收入分配的消极影响。如果政府大量的债务融资,用于经常性消费支出,将导致资本形成和社会产出能力降低,以及整个社会可获得的福利水平下降。这种收入的分配是毫无意义的。即使政府集中的收入为公共部门投资支出,但资金从更高的部门引到较低的部门,那么它也造成了社会资本损失和整体福利下降,债务融资收入分布函数是消极的,低效率,甚至无效的。其次,对社会稳定和发展的消极影响。一些财政收入少、上级补助不够、地方政府或机构向银行,社会和私人筹集资金也无望的,往往被迫的利用职权之便向社会强行增加摊派或提高收费。少数地方政府和其部门长期无法偿还银行债务本息或拖欠工程款,并且对于筹集资金还债已是束手无策、疲于奔命。这不仅严重干扰着政府的正常运行,而且影响了政府在公众中的形象。这无疑成为了社会稳定发展的安全隐患。此外,尽管中国在预防金融风险方面已经做了很多工作,但相比之下,地方政府债务风险已经大量的积累,才刚刚开始解决。地方政府不能破产,债务风险对政府的权威和社会的稳定性造成直接的负面影响。

(二) 地方公共债务的困境

1. "蜂窝结构"

地方政府债务总体规模对于地方政府是相当大的,与此同时,地方政府债务筹集行为和渠道又非常分散,有各种各样的债务在不同程度上存在不同形式的债务违约行为,这部分债务包括由当地政府直接出面担保或间接变相提供担保而形成的向银行的贷款,也有因为短缺资金或挪用公款而引起如社保基金账户不足,既有粮食企业亏损挂账的政策性欠款,也有中小学教师工资长期拖欠、和地方政府违约逾期不能归还的企业工程建设项目预先垫付的款项,因此,债务结构形成了一个"蜂巢"模式。

2. "一盘散沙"

目前针对地方政府债务违约欠款项目,各级政府统计数据缺乏统一的管理记录,甚至统计口径的一致性也没有形成。由于存在详细的统计数据的缺乏,因此,不仅各级地方政府债务的真实大小无法统计,而且监控指标如负债率、偿债率也不能使用,最后也无法建立债务预警机制。虽然近些年来,中央和各级政府已经做了很多工作,也希望地方政府债务能受到控制,但地方债务管理制度和科学的管理方法还没有形成并实行起来，这种“支离破碎”的状态加速地方政府债务规模不断扩张，形成“蝴蝶效应”。

3.“黑盒效应”

“隐蔽的地方政府债务，可怜的透明度已经形成极大的风险隐患”。大多数的地方政府债务巧妙隐藏，充分遮掩。例如，一些地方政府通过各种各样的方式大搞形象工程，狐假虎威以该公司或项目为主体利用政府担保债务实现融资活动，项目失败或毁灭性的破产，地方财政清算责任就显而易见了。此外还有当地金融机构的不良贷款，社保基金账户不足，拖欠工资等。因为这些违法或违规行为是对“预算法”和其他有关法律法规的冲击，因此地方政府债务问题充分发挥着障眼大法，加之信息披露机制不完善甚至没有形成，缺乏必要的透明度，形成一个“黑盒子”。

三、化解地方债务风险对策

（一）合理确定地方政府的财权和事权，加大转移支付力度

造成地方财政困难、地方政府债务增加的一个重要原因是财政体制不完善，地方政府的财权与事权不相称。要彻底解决地方政府债务问题，必须从财政体制方面入手，在现有分税制财政体制的基础上，进一步核定中央和地方政府、地方上级和下级政府之间的财权与事权，科学划分上级和下级财政之间的收入与支出，进一步完善财政转移支付制度，按照经济发展水平和财政收入情况，加大对区县的转移支付力度，增加地方财政的可用财力，减少地方政府的举债规模。

（二）完善行政体制改革，去除改革中存在的弊病

一是采取切实有效的措施精简机构，淘汰冗员，提高行政效率，降低行政成本；二是转变政府职能，界定政府与市场的界限，财政性资金不要过多地投入生产性、竞争性领域；三是改善干部考核指标，将债务的多少纳入干部考核体系，而不是单纯地以 GDP 的增长作为提拔干部的主要标准。

（三）建立公开的地方政府融资渠道，规范地方政府举债融资管理

要通过建立公开的地方政府融资渠道，使地方政府举债规范化，并设法使地方政府存在隐形债务显形化，杜绝以往没有地方债务，没有“正门”只好走“旁门”的不合理现象，堵住各种隐形、违规的借债融资渠道。

（四）建立政府债务监督体系，防范债务风险

建立严格的政府债务监督检查机制。对政府债务项目，相关职能部门要实行跟踪检查和重点检查相结合，及时发现问题，督促项目单位整改到位。对政府重大举债项目，要委派财务总监或财政专管员，对举债项目的财务活动进行全程监管。审计部门要加强对政府债务资金使用情况和偿债计划落实情况的年度审计。项目竣工后，必须进行竣工审计。将政府及其所属部门的政府债务状况列

入领导干部经济责任审计范围，公开审计结果。对随意欠发工资、拖欠工程款，随意向干部职工借款集资的，要设立举报箱，公布举报电话，接受群众监督。纪检（监察）部门要加强对政府债务偿债责任人的违纪违规行为的查处，对非法挪用、侵占债务款，构成犯罪的，移交司法机关依法追究其刑事责任。

第四篇 经济政策

作为经济政策篇，本篇重点考察了宏观经济领域中市场失灵的治理，分析了公共经济政策目标与政策工具，重点考察了公共经济政策发生作用的两个方面：需求管理与供给管理。主要内容：第十二章分析公共经济政策基础理论，明确公共经济政策内涵，对公共经济政策目标体系进行分析，提出公共经济政策工具变量与选择；第十三章分析了需求管理，主要分析需求管理的两大政策，即财政政策与货币政策及其相互关系和相机抉择问题；第十四章分析供给管理，重点分析了供给管理理论与政策主张，分析了中国供给侧结构性改革宏观背景、本质内涵与政策建议。

第十二章　公共经济政策概述

本章重点

1. 深刻理解公共经济政策的基本内涵
2. 全面把握公共经济政策的目标体系
3. 懂得运用公共经济政策工具

经济发展不稳定是市场失灵在宏观经济上的表现为，作为调节经济失衡的经济政策其实是一种特殊的公共产品。从本章开始，我们将以公共经济政策如何促使宏观经济稳定为研究重点，从需求管理与供给管理两个方面探讨政府对宏观经济的调控。

第一节　公共经济政策内涵

一、政策与公共政策

（一）政策

对于“政策”一词现代人早已司空见惯。在中国古代并没有这一词语，不过“政”和“策”这两个字却是随处可见。

1. 政的含义

“政”，《说文》：“政，正也，从支，从正，正亦声。”古人对于政的常见解释有：匡正、政治、政令、法则、政权、治理等，例如，《左传·昭公二十年》：“政宽则民慢，慢则纠之以猛；猛则民残，残则施之以宽。宽以济猛，猛以济宽，政是以和。”由此看来，“政”的含义相当于现代所说的控制社会、管理国家事务、治理民众的意思。

2. 策的含义

“策”的本意为古代的一种马鞭子，头上有尖刺。古人对于策的常见解释有：鞭打、驾驭、督促、计谋、谋划等，例如，《礼记·仲尼燕居》：“策，谋也。”《吕氏春秋·简选》：“策，谋求也。”《释名》注：“策书教令于上，所以驱策诸下也。”由此分析，策的含义相当于现代所说的策略、计策、规定等等。

3. 政策的含义

根据古汉语的解释和习惯用法，政策的通俗说法就是治理国家、规范民众的谋略或规定。在西方英文中，政策源自政治（politic），而政治源于古希腊语中的“poiteke”，poiteke的本意是关于城邦的学问，即治理城邦的规则、准则。随着近代西方国家政治政党的发展，人们从它的本意逐渐演变出政策（policy）一词。当代西方所讲政策是指政党、政府或工商企业处理某种特定的事件或情形而采取的行动。从词的本意中可以看出，汉语中的政策是指统治阶级治理国家、规范民众的谋略和规定，英文中的政策是指政党、政府或企业的施政措施、行动。在这里略有不同的是，我国讲政策着重在国家、政府层面，而西方国家的政策则包括企业的行为，这种略微的差异主要表现在理念上。一般说来，政策就是一个国家或政府的政治、政务、政令，如我们常见的政策表述是“国家或政党为实现一定历史时期的路线和任务而规定的行动准则”。要完整准确地表述政策的概念，有三个要素值得把握：首先，政策制定的主体包括“个人”“团体”“政党”“政府”等，我们不能仅仅限定在“国家”、“政党”之内；其次，政策的本质是一种“计划”“纲领”“决定”“行动准则”，在某种意义上就是制定者对特定社会问题的目标取向；第三，政策的作用是用来“约束”“指导”执行者、接受者来达到某种“目标或目的”。

在此，对政策的概念作出如下的表述：某个组织（团体）或个人为某一个时期的目标任务制定出来的，并以此约束、指导、组织个人行为的纲领、准则、计划和行为规范。

（二）公共政策

1. 公共政策的含义

公共政策是一种同人类社会的生存和发展息息相关的现象。在一个国家的管理活动中，始终贯穿着公共政策的制定和执行，它是国家管理的一种重要手段。那么，究竟什么是“公共政策”呢？伍得罗·威尔逊所认为的公共政策是“政治家即立法者制定的由行政人员执行的法律和法规”；哈罗德·拉斯韦尔认为的公共政策是“一种含有目标、价值与策略的大型计划”；戴维·伊斯顿则强调公共政策就是对全社会的价值进行权威性的分配。我国学者张金马认为，“公共政策是党和政府用以规范、引导有关机构团体和个人的准则和指南，其表现形式有法律、规章、行政命令、政府首脑的书面或口头声明和指示以及行动计划与策略等”。陈庆云认为，“公共政策是政府依据特定时期的目标，在对社会公共利益进行选择、综合、分配和落实的过程中所制定的行为准则”。

纵观中外学者定义，我们可以看出：公共政策是公共管理主体为达到一定的社会政治、经济、文化目标，解决特定的社会问题而制定的一系列谋略、法令、措施、办法等的总称。公共政策具有价值性和工具性两重属性，其中价值性就是公共政策的价值取向。公共政策的实施目标是实现公共利益的最大化，而要保障公共利益的实现就必须坚持公平的原则。现代公共行政中，要求公共政策行为体现公平的结果，尽可能满足社会主体的公平要求，恰当地运用公平原则，平衡各方利益。因此，现代公共行政越来越强调将公平作为公共政策的基本价值目标。

2. 公共政策的要点

公共政策的基本要点：① 主体是国家、政府、政党或有广泛影响的政治、社会团体；② 客体则是主体所要管理的各项社会事物和目标团体；③ 目的是便于政策制定者的统治，服务于社会公共事务；④ 本质上是决策主体的价值行为，即对利益的分配和调节；⑤ 形式上表现为规范、约束人们行为的战略、纲领、计划、准则。

根据政策概念的思路，我们认为，公共政策是一个国家或政党为某一个时期的目标任务制定出来的，并以此来约束指导人们行为的纲领性、计划性的行为准则和规范。因此对公共政策的理解还要着眼于公共政策有其“政治价值”：政府代表政治统治者的利益，所以体现政府意志的政策，理当要维护统治阶级的利益与地位；有其“权威地位”：是以公共权力为后盾的，是社会的公共权威，其地位与影响力必然要求政策对象接受与执行合法的政策；有其“普遍效力”：公共政策不仅与社会的公共权威相联系，而且所涉及的面较广，它的实施会对社会的利益关系作普遍的、直接或间接的调整。

二、公共经济政策

（一）公共经济政策就是经济政策

公共经济政策其实就是经济政策。因为：经济政策属于公共政策范畴，或者说公共经济政策是公共政策的一种形式。如果从政策涉及到的管理公共事物的内容和范围考虑，政策将有社会、经济和文化等政策之分，公共经济政策是指在经济领域中的公共政策。另外，在前面的公共经济学基本理论的分析中，我们对“市场失灵”作出了两点规定，一是微观经济无效率，二是宏观经济不稳定。微观经济无效率对其行政规制，一般是基于企业，涉及的范围可能是部门的或者局部的；宏观经济不稳定对其政策调控，一般是基于国民经济，涉及的范围可能是全局的或者整体的。从这个意义上说，公共经济政策就是宏观经济政策。

（二）经济政策含义与内容

经济政策是指国家或政党为实现一定的政治和经济任务，或为指导和调节经济活动，所规定的在经济生活上的行动准则和措施。经济政策既是一定的经济基础和社会生产力的反映，又会对经济基础和社会生产力产生强大的反作用，能促进或阻碍社会经济的发展，所以它是经济科学研究的一个领域。一方面经济政策的制定和实施要保持连续性，左右摇摆的经济政策必然会给经济运行带来损失；另一方面经济政策的制定和实施还要有一定的“弹性”，一旦情况发生变化，必须对经济政策作相应的调整。经济政策正确与否，对社会经济的发展具有极其重要的影响。正确的经济政策可以对社会经济的发展起巨大的推动作用，错误的经济政策则会给社会经济的发展带来严重的破坏。国家或政党制定的经济政策主要有：

① 制定经济和社会发展战略、方针，制定产业政策，以控制社会总供给和总需求的平衡，规划和调整产业布局；

② 制定财政政策、货币政策、财政与信贷综合平衡政策，调节积累与消费之间的比例关系，实现社会财力总供给和总需求的平衡，控制货币发行，制止通货膨胀；

③ 制定收入分配政策，引导消费需求的方向，改善消费的结构，从而使积累基金与消费基金保持适当的比例关系，防止通货膨胀的产生。

三、公共经济政策的边界

根据经济自由主义者的观点，政府制定的公共经济政策必须不能妨碍私人的合理合法的微观经济行为，主要包含以下三个方面的含义。

（一）不得侵犯私有产权

经济自由主义坚持以个人自由为基础的私有财产制度，主张政府的主要责任就是保护这一制度。经济自由主义者认为，市场得以高效配置资源的原因在于个体基于所掌握的"知识"而进行自由交易，而有效的交易就要求个人对于交易的标的具有明晰的产权，而只有私有财产权才算是明晰的产权，也就是说，私有财产制度在市场经济中具有基础性的地位。在整个社会的自由交易中，只有私有制所规定的产权是明晰的，原因在于任何形式的财产公有都必然导致个人以某一集体的名义掌握财产，人性必然导致的个人道德上的不完美，最终，集体的财产权受到个人的侵犯或是集体为寻找合适的个人代理而付出不必要的代价。因此，经济自由主义者坚持认为只有私有财产制度才是符合人性的，才是高效率的，政府不但要尊重这一制度，还要保护这一制度不受任何侵犯。政府对于社会的经济管理也必须建立在这一制度之上，从而确定了政府公共经济政策的第一个重要边界，即不得侵犯私有产权。

（二）公平权利的保护

经济自由主义强调自由竞争的积极作用，主张政府的责任在于制定公正的规则，监督规则执行，而不是直接参与市场竞争。经济自由主义者认为，市场竞争的目的在于获得收益，政府的性质决定了政府不应该参与到经济竞争中去，经济竞争的参与者只能是具有同等法律地位的各类企业或是个人。经济自由主义者也注意到了过度竞争和不公平竞争所带来的危害，因此，他们特别强调政府作为经济秩序的维护者，必须制定并执行那些有利于竞争的规则，反对垄断和各种妨害自由竞争的行为。在具有公正的规则的良好制度环境之下,企业或个人充分享有订立契约的自由,也即经济选择方面的自由,在追求自身利益最大化的同时,实现对他人福利的有益增进。政府对经济规则的维护和对竞争主体公平权利的保护是政府公共经济政策的第二个重要边界。

(三)防止权力的滥用

经济自由主义倡导最低限度的国家介入,主张建立有限政府和法治政府。经济自由主义者认为,个人进行经济决策的基础是对于“知识”的掌握,由于知识具有分散性,任何组织都不可能完全掌握对于个人来说至关重要的知识,即便是为了说服公众而援引的基本信息也不是建立在共同的知识之上,而是建立在根据不同信息形成的各种观点之间达成的一致之上,因此,政府进行经济干预也就缺乏知识基础,必然导致低效率,因此政府对于经济的干预不但是低效的并且是有害的。在国家的经济管理过程中,经济自由主义者特别重视法律对于政府行为的约束作用。在法治原则之下,政府行为是可预见的,从某种程度上来说,消除了公权力任意干涉侵犯私权空间的可能性,市场参与者也就获得了稳定的收入预期。政府在执行公共经济政策的过程中必须依照法律规范进行,严格防止滥用权力,这是政府公共经济政策的第三个边界。

第二节 公共经济政策目标

在宏观经济运行中,政府实行什么样的经济政策,取决于政府的宏观调控目标。政府对宏观经济的调控目标可分为两类:一是总体目标,二是基本目标。

一、公共经济政策总体目标

(一)公共经济政策总体目标内涵

在现代经济理论中,把国民经济作为一个总体来考察,就称为宏观经济,它主要考察国民经济总量是怎样形成和实现平衡(亦称均衡)的。宏观经济总量平衡,最终归结为总供给(AS)和总需求(AD)的平衡,即:$AS=AD$。

(二)对公共经济政策总体目标的理解

1. 社会总需求

社会总需求,是经济社会在一定时期对产品和劳务的需求总量,表现为有货币支付能力的有效需求。总需求具体由消费需求(C)、投资需求(I)、政府需求(G)和出口(X)构成。即:社会总需求=消费+投资+政府购买+出口=$C+I+G+X$。影响总需求的因素有价格水平、收入水平、利率水平和对未来的预期等,以及政府购买、货币供给等政策变量。这里要注意以下几个关系:一是总需求与价格水平负相关。当价格提高时,消费会减少;如果货币供给量不变,由于对货币需求的增加会使利率提高、投资下降,二者导致总需求降低。二是总需求与收入水平正相关。收入增加,居民的消费和储蓄随之增加,从而提高消费和投资需求,致使总需求增加。三是总需求与利率水平负相关。利率提高,居民储蓄会增加、消费会减少;同时,投资者因投资成本较高也会减少投资,二者致使总需求下降。四是总需求与人们对未来的预期正相关。对未来经济看好,则消费和投资会增加,总需求提高。

2. 社会总供给

社会总供给,是经济社会在一定时期内生产的产品和劳务总量。一般而言,总供给主要由生产性投入(如劳动和资本等)的数量和质量以及这些要素配置的效率所决定。在市场经济的买方市场中,由于生产能力过剩,总供给水平决定于总需求水平。社会总供给可以从国民生产总值或国民收入去考察。如果从国民收入考察,总供给可分解为各种生产要素的报酬,即总供给=工资+利润+税收+进口。由于居民的收入最终将用于消费(C)和储蓄(S),再以 T 表示税收,M 表示进口,则有:总供给=消费+储蓄+税收+进口$=C+S+T+M$。

影响总供给的因素也很多,其中最主要的是价格水平。总供给一般与价格水平正相关。当价格提高时,所有者愿多提供生产要素,生产者愿多提供产品和劳务,总供给自然增加;反之亦然。但是,如果社会资源已被充分利用,总供给将达到极限,这一极限被称为社会的潜在产量。此时如果再提高价格,就不会使总供给增加,而只能引起通货膨胀。

3. 宏观经济不稳定的状态

经济社会的总需求同总供给的关系可能出现三种情况:一是总供给大于总需求 $AS>AD$,表现为价格下降、生产萎缩、失业增加,严重时会出现经济危机;二是总供给小于总需求 $AS<AD$,表现为价格上升,产品供不应求,生产扩大,就业增加,若供给缺口较大,会造成通货膨胀;三是总供给等于总需求 $AS=AD$,表现为物价稳定,经济发展比较协调。在这三种情况中,前两者称为国民经济总量失衡,而后者称为国民经济总量平衡。当然,我们一定要清楚 $AS=AD$,既有总量均衡问题,也有结构均衡问题。总量均衡是结构均衡的前提,结构均衡是总量均衡的基础。

二、公共经济政策具体目标

2002 年 11 月,党的十六大报告确定了公共经济政策具体目标是:“促进经济增长、增加就业、稳定物价、保持国际收支平衡”。这意味着我国公共经济政策目标体系的定位,向着与现代市场经济统一目标的规范阶段转变。

(一) 经济增长

经济增长是指一定时期内社会所创造的人均产量和人均收入持续增长。衡量经济增长，一般以国民生产总值GNP(或国内生产总值GDP)来衡量。考虑到剔除价格变动因素影响，要用按不变价格计算的GNP(或国内生产总值GDP)来衡量；考虑到剔除人口增加因素的影响，要用人均GNP(或国内生产总值GDP)来衡量，因此有用的衡量经济增长的指标应该是用不变的价格计算的人均GNP(或国内生产总值GDP)。经济增长是经济全面发展的主要指标，它既体现经济总量的增加，也体现人均收入的增长和生活质量的改善。同时，总量上的增长是建立在比例协调、结构优化和效率提升的基础上。只有经济适度增长，经济效益好，才能不断提高人民物质文化生活水平和综合国力，才能为各项事业的发展提供物质保证，这是宏观调控的首要目标。

（二）充分就业

充分就业是指所有愿意工作的人都能按照他们意愿接受的工资找到职业。但充分就业并不是人人都有工作，而是存在一定的失业率，这个失业率是社会允许并能被社会所接受的。西方社会的失业分为三种类型：摩擦失业、自愿失业和非自愿失业。西方经济学认为前两种失业与充分就业并不矛盾，二者之和占全部劳动力的比重称为“自然失业率”，因此，所谓充分就业就是使失业率保持在自然失业率之下的就业状态。随着经济的发展，与充分就业并存的“自然失业率”会有进一步下降的趋势。就业是民生之本。在我国，存在着劳动者充分就业的需求与劳动力总量过大但素质不相适应之间的矛盾，并将是一个长期存在的问题。因此，它是我国政府的一项重要职责。

（三）稳定物价

稳定物价是指一般价格水平的稳定或价格总水平的稳定，通常用价格指数来表示一般价格水平的变化，其中包括消费价格指数和批发价格指数。西方经济学认为价格稳定就是指价格指数的基本稳定不变，也就是保持一般价格水平的稳定。保持物价总水平的大体稳定是经济健康、平衡发展的保证，企业和个人可以在较为稳定的价格预期下安排生产和消费，促进经济平稳增长，避免大幅度波动。而无论是通货膨胀还是通货紧缩，都会带来对价格预期的紊乱，影响各类经济行为主体的判断和信心，扭曲资源配置，对社会稳定和经济发展产生负面影响。

（四）国际收支平衡

国际收支平衡是指国际收支经常项目不利用调节性交易而能达到的平衡，即只有那种由客观上已经发生的自发性交易形成的国际收支经常项目的自然而然的平衡才是真正意义上的国际收支平衡。长期的经常项目逆差会影响币值稳定、增加通货膨胀压力，同时会大量消耗国际储备并降低国际国内对本国经济的信心，出现资本外逃，投资环境恶化，削弱国家抵抗风险的能力，甚至可能会出现经济危机。因此,政府必须采取有效的汇率政策和资本流动管理等手段,保持国际收支的平衡。

经济增长、充分就业、稳定物价和国际收支平衡这四个指标既相互促进,又此消彼长。例如,在经济萧条时,经济增长速度放慢、停滞不前甚至负增长,同时伴随着物价下降、失业率上升;而在经济繁荣时,经济增长速度快、通货膨胀率上升,失业率下降。由于各国经济情况千差万别,四个经济总量指标之间的关系远比上述两种情况复杂。总的来讲,这四个经济总量指标可能走向一致也可能互相背离,往往呈现出周期波动。因此,宏观调控可以运用财政、货币政策等多种手段进行调节,恰当处理这四个方面的关系,寻求一个平衡点。

第三节 公共经济政策工具

一、公共经济政策工具的内涵与分类

(一)公共经济政策工具的内涵

对于工具概念的最常见的定义是一个行动者能够使用或潜在地加以使用以便达成一个或更多目的的任何事物。以此推论,政策工具就是达成政策目标的手段。事实上,政策工具既可以界定为一种客体,也可以界定为一种活动。一方面我们可以将工具看作为一种客体,例如,在法律文献中,人们往往将法律和行政命令称为工具。另一方面,工具也可以看作是活动,因而有学者将政策工具定义为"一系列的显示出相似特征的活动,其焦点是影响和治理社会过程"。

政策工具又称为治理工具、政府工具。国外主要有以下一些定义:尼德汉认为工具是"公共机构可以合法获得的统治可能性"。霍格威尔夫认为"工具是行动者能够使用或潜在地加以使用,以便达成一个或更多目标的事物"。林格林将工具定义为"致力于影响和治理社会过程的具有相似特征的一系列政策活动"。美国学者莱斯特和斯图尔特认为政策工具是政策执行的技术。澳大利亚学者欧文·E.休斯把政府工具定义为"政府的行为方式,以及通过某种途径用以调节政府行为的机制"。另一个美国学者萨拉蒙则认为工具是"一个行动者能够使用或潜在地加以使用,以便达成一个或更多目的的任何事物"。国内知名学者张成福、陶学荣、严强等都对政策工具的内涵发表了自己的看法。有的认为政策工具是实现政策目标或结果的手段;有的认为政策工具指的是政府将其实质目标转化为具体行动的路径和机制,是政府治理的核心,没有政策工具便无法实现政府的目标;有的则认为政策工具是"公共部门或社会组织为解决某一社会问题或达成一定的政策目标而采用的具体手段和方式的总称";等等。

要界定什么是政策工具,必须弄清楚几点。首先,政策工具存在的理由是为

了实现政策目标，它是作为目标和结果之间的桥梁而存在的。其次，政策工具仅仅是手段，而不是目的本身。“条条大路通罗马”，政策工具的范围相当广泛，对其的选择也可具有相当大的灵活性。最后，政策工具的主体不仅仅是政府，其他主体也可以拥有自己的工具。

那么什么是公共经济政策工具？简单地说就是在公共经济领域中人们为解决某一公共经济问题而采用的具体手段和方式。

（二）公共经济政策工具的分类

从特点上说，有三个最为重要的政策工具家族：管制类政策工具；激励类政策工具；信息传递类政策工具。

1. 管制类政策工具

所谓管制类政策工具的操作特点是要让社会行为者的行为规范化，诸如法律、法规、规定、规章、条例等等都应该属于这一政策工具家族。关于这类政策工具的功能应该具有四个最为关键的方面。首先，管制类政策工具不仅具有工具的功能，它们还具有规范和保障的功能。法律使政府的行为规范化，并为社会行为者得到保护不受政府干预，同时还限制了这类工具的管制能力。其次，管制类政策工具的使用通常需要组织监控和执行，不过政府常常会无法承担监控和实施的成本。第三，我们注意到，管制类政策工具常常具有强制的特征，而强制性可能会引发来自作为政策对象的行为者的阻力。第四，管制具有回应性的特征，管制规则的形成通常是经历了缓慢的过程，因而也可能滞后于社会的发展。总之，管制通常是一种在事发之后采取的政策工具，也就是说，发生了不希望出现的行为，于是只能采取管制，比如说对于犯罪行为的惩处。

2. 激励类政策工具

这种政策工具通过正反两个方面的激励来对人们的行为施加影响，大量的经济政策和一些社会政策都可以被归入这个政策工具家族的大类。激励类政策工具与管制类政策工具之间的一大差别就是前者的非强制性质，这也可以说明为什么这类政策工具在一些领域很容易得到流行。现代政府同样大量使用激励类政策工具，不过激励类的经济政策在实施方面具有一些局限性。首先，经济刺激可能会造成机制的转换。比方说，给予补贴的政策可能抵消原有的、非经济的和行为性激励（比如，道德鼓励作用）的效果。其次，经济激励由于其只有较弱的强制性质，就给予了目标行为者改变其行为的选择空间，这种改变有时并不符合原有的政策目标。最后，要想熟练地使用经济激励的工具，通常要求政策制定者和政策实施者具备充分的相关专业知识，这既包括了有关的理论知识，也包括了关于现实运行的精确数据和信息。

3. 信息传递类政策工具

近些年来，信息传递的重要性与日俱增，这些类型的政策工具很适合于现代社会成员之间的关系。这里所依据的理念是，基于国家强制的政策工具的作用日益萎缩。信息传递作为一种“软工具”，也许只是在它与目标群体的参照框架相容的时候才是有效的。相对于这些政策工具的应用来说，也还是有一个信息的问题，要理解目标群体的参照框架并非总是十分容易的。在解决所提供的信息并不总能引起目标群体行为变化的问题之前，首先要解决信息如何到达这些群体的问题。在解释信息传递功能方面，由中间的信息推广机构所作的与目标群体之间的接触看来是重要的环节。

二、公共经济政策工具变量与选择

（一）公共经济政策工具变量

工具变量是当局能很直接地控制的变量，这是从当局能够或多或少精确地确定这种变量的水平这个意义上讲的。因此人们认为，工具变量水平上的变化能通过某些联系影响目标变量，这些联系就是宏观经济理论所建立的一些模型。

由于公共经济政策的总体目标是实现总供给和总需求的均衡，即：$AS=AD$，那么考察工具变量及其选择就是依据 AS 和 AD 的失衡状态及原因。

由于失衡状态不外两种：总供给大于需求；总供给小于总需求。而究其失衡的原因也不外乎出自两个方面，一是在于供给方，一是在于需求方。如果宏观经济问题出自供给方，那就要选择促进有效供给的政策工具；相反，如果宏观经济问题出自需求方，那就要选择促进有效需求的政策工具。

（二）公共经济政策工具选择

需求管理与供给管理是宏观调控的两种具体形式，也是公共经济政策工具选择要注意的两个方面。在社会主义市场经济条件下，强调市场在资源配置中发挥决定性作用的同时也要加强宏观调控。市场经济本质上是市场决定资源配置的经济，市场经济中的供求机制、价格机制和竞争机制对供求关系平衡具有一定的调节作用。但是，市场机制的调节作用存在着自发性、盲目性和滞后性等市场失灵问题，难以避免供求关系严重失衡，难以克服经济波动和危机，所以客观上需要通过政府加强宏观调控来弥补市场失灵，防止和克服社会供求总量和结构的失衡。

作为宏观调控的重要形式之一，需求管理是一种总量导向的宏观调控体制，指在宏观经济调控中政府主要通过财政政策、货币政策等经济手段对需求总量进行调控，间接引导生产者增加供给，以实现总供给和总需求的平衡。需求管理具有间接性、诱致性、广泛性和短期性。间接性是指政府利用价格、利率、税率、工资、汇率等经济杠杆对企业和消费者的决策活动进行调节，以达到供求平衡的目的。诱致性是指政府的宏观调控手段体现的是一种利益导向，它通过对决策主体进行经济利益的诱导达到宏观调控的目的，不是强制性地要求经济主体服从政府的调控要求。广泛性是指政府利用价格、利率、汇率等经济杠杆对所有经济主体的决策活动进行调节，而不是只针对特定经济主体。短期性是指政府根据宏观经济运行现状和短期趋势的判断进行调控，以求在短期内达到调控的目的。需求管理的这些特点决定了需求管理具有自己的特定逻辑，即政府调控需求，需求引领供给。

与需求管理不同，供给管理则是一种结构导向的宏观调控体制，指在宏观经济调控中政府主要基于国民经济发展规划和相应的产业政策确定目标，通过经济、行政和法律手段对供给结构和供给活动进行定向调控，以实现总供给和总需求的平衡。供给管理具有较强的直接性、强制性、精准性和长期性特点。直接性是指政府运用经济的、行政的和法律的手段对包括产权结构、投融资结构、产业结构、产品结构等在内的供给结构进行直接干预，使其变化符合经济发展战略和宏观调控的目标，通过这种调控，政府往往能够对整个宏观经济运行形成较强的掌控。强制性是指政府对市场主体的决策行为和选择行为具有较强的约束力，要求市场主体的决策和选择服从宏观调控目标和任务，对符合宏观调控要求的市场主体给予鼓励和支持，对不符合调控要求的市场主体则要给予批评和处罚。精准性是指政府根据国民经济发展规划和特定时期宏观调控的目标和任务对特定市场主体进行定向调控和重点调控，以达到迅速取得宏观调控效果的目的。长期性是指政府根据国民经济规划，从宏观经济运行的大趋势和总目标、总任务出发进行宏观调控。由供给侧宏观调控的特点所决定，供给管理具有自己的特定逻辑，即政府调控供给，供给创造需求。可见，供给管理与需求管理各有特点，将二者结合起来，有助于提高宏观调控水平，有助于防止经济比例关系失调，有助于克服总供给与总需求的失衡，有助于实现国民经济健康协调快速稳定地运行。

第十三章 需求管理

本章重点

1. 掌握需求管理的内涵与政策主张
2. 把握需求管理基本两大政策工具:财政政策与货币政策
3. 学会财政政策与货币政策的协调运用

这一章主要运用需求管理理论与政策主张,研究在宏观经济失衡状态下,如何运用财政政策与货币政策对宏观经济进行需求管理,从而达到宏观经济稳定增长。

第一节 需求管理及其政策主张

一、需求管理的内涵

1929 年始发于美国的经济危机打破了古典经济学供给会自动创造需求、看不见的手会把资源配置得最好的理论框架和发展模式。对危机的最初反映是实践性的、政策性的。时任美国总统胡佛进行了一系列的干预,如扩大政府投资、阻止工资下调、颁布贸易保护法令等。1933 年罗斯福就任美国总统,实行了更为广泛干预的新政。新政以需求管理为核心,公布了法案和法规,建立了相应的旨在加强需求管理的机构,如联邦紧急救济署、公共事业振兴署和农产品信贷公司等。新政的具体做法很多,其基本内容是:整顿和重建紊乱的金融银行机构和制度;实行扩张性的财政政策,举办公共工程,增加就业机会,刺激人民群众的购买力;用奖励和津贴的办法,甚至包括减缩耕地面积等,缓解农业生产的萧条;对于农民和小农户,减少他们因抵押贷款过期还仍无法偿还而遭受的部分财产损失。纵观罗斯福治理萧条的措施,其基本特征是:一是反自由放任,着手政府干预。其着力点旨在通过扩大需求解决经济萧条。二是摒弃传统的财政平衡的做法,接受财政赤字或扩张性财政政策的观点,举办公共工程,鼓舞民众信心。三是扩大信贷,实行高杠杆率,扩大流通中的货币量,刺激投资。四是向国外转嫁危机。在采取了一系列旨在加强需求管理的措施之后,经济的确有所复苏,但复苏的确实比较慢,期间还有反复。

凯恩斯适时地出现了。他的出现是里程碑式的，可以这样说，如果没有凯恩斯的出现，扩张性政策就可能只是一种偶然的应急措施，而不会成为一种生活方式，更不会成为此后各国政府的经济政策选择。凯恩斯把扩张性政策上升到了科学的层面使扩张性政策有了普遍意义，使之成了一旦遇到危机时政府几乎不假思索的选择。

从以上的实践背景与理论背景中我们可以看到需求管理的基本内涵：假定生产要素的供给为既定的条件下对总需求的调整和控制。根据凯恩斯经济学的国民收入均衡分析，由于社会总就业量取决于总需求和总供给的均衡，如果在短期内生产技术、资本设备的数量和质量、劳动力的数量和技能等不变，即假定总供给不变，则经济调节的重点就应在总需求一边。按照凯恩斯主义经济学的说法，在通常的情况下，经济中的有效需求是不足的。所以，充分就业状态下的国民收入均衡不可能自行实现，而只有通过对总需求，即对有效需求的管理，才能实现充分就业均衡。

二、有效需求原理

按凯恩斯的说法，有效需求是指一个国家的总需求或总购买力。它包含三层含义：其一是指社会总需求，而不是指单个厂商或单个消费者的需求；其二是指市场上有支付能力的需求，它表现为收入的支出，包括消费需求、投资需求、政府需求和国外需求；其三是它反映的是总需求价格与总供给价格相等的社会总需求价格，也就是企业生产能够获得最大利润的总需求价格。当总需求价格大于总供给价格，资本家感到有利可图，就会扩大规模，增加就业，提高总就业水平，直到总需求价格与总供给价格相等为止。这时的社会总需求，凯恩斯称为有效需求。凯恩斯认为，就业水平的高低取决于有效需求的大小。因此，他根据市场运行规律详细地研究了影响有效需求的相关因素，这就是：边际消费倾向递减规律、资本边际效率递减规律、流动偏好规律。凯恩斯认为以上三个因素最重要的是资本边际效率影响因素，资本家认为爆发经济危机的原因是由资本边际效率突然崩溃造成的，因此，有效需求要达到充分就业的水平，就必须大力刺激投资和消费，尤其要创造良好的投资气氛和环境，增加资本家的投资信心。

三、需求管理的政策主张

凯恩斯认为造成失业和经济危机的根源是有效需求不足，就是消费与投资不足造成的，它是市场机制自发的产物。要提高有效需求以实现充分就业，就必须提高消费倾向以扩大消费与投资，这是市场机制本身所不能解决的，因此必须依靠政府的力量实行国家干预经济以提高社会的消费倾向和加强投资引诱，扩大有效需求，摆脱经济危机和失业困境，这是政策主张的核心。

具体有财政政策和货币政策。财政政策就是通过改变政府的购买支出、改变政府转移支付和税收对总需求进行调控的政策。主要手段有:对物品和劳务的购买、对个人和企业的转移支付以及对个人和企业征税。货币政策是中央银行通过调整整个社会的货币供应量从而影响利率,最终影响国民产出、物价和就业水平。主要手段有:公开市场业务、改变存款准备金率以及改变贴现率。凯恩斯认为,中央银行可以通过以上手段在经济衰退时降低利息以刺激投资,在经济高涨时提高利息以抑制投资。

根据凯恩斯理论,财政政策和货币政策都可以使总需求扩大或收缩,从而使国民收入增加或减少,但二者的作用机制和政策效应却不相同,主要表现在以下两个方面:第一,在用货币政策调节宏观经济失衡时,货币政策发挥作用的时滞要比财政政策发挥作用的时滞短,也就是说,货币市场调节得快,产品市场调节得慢。因此采用货币政策调节宏观经济比较快速、灵活。第二,货币政策和财政政策在调节经济失衡的过程中特别是对增量的调节方面是不同的。从根本上讲,财政政策作为国家政府的收支政策,反映的是一种再分配关系,其主要作用于产品市场而非货币市场。而货币政策的调节功能主要作用于货币市场而不是产品市场,调节意图只能通过变动货币供应量和市场利率来间接影响社会总借给与社会总需求的均衡。

在具体采用以上两种政策时,要根据宏观经济不同的调节目标适当选择、合理搭配、协调运作,以便收到比较理想的宏观调节效果。

四、需求管理的特点

随着市场在资源配置中的决定作用不断加强,一个以财政政策、货币政策等为主要内容的间接性宏观调控体系逐步形成,其基本特点是:

(一)以总量平衡作为调控的主要目标

宏观经济平衡被认为是总供给和总需求的平衡,宏观调控的总目标被确定为加强国民经济和社会发展中长期规划的研究和制定,提出发展的重大战略、基本任务和方针政策,把转变经济发展方式和推进结构调整、实现社会供求的总量平衡和结构平衡作为宏观调控的着力点。

(二)以反周期作为调控的主要任务

宏观调控的总目标是总供给与总需求的量的平衡,由于经济波动往往呈现出一定的周期性,所以,宏观调控的主要责任就是对周期性波动进行干预以便熨平经济波动峰谷。

(三)调控行为具有短期性

以总量和反周期作为宏观调控的主要内容,决定了宏观调控必须在短时间里减弱经济波动,化解经济危机,实现总供给与总需求的平衡。

（四）以间接调控作为调控的基本方式

政府不再直接对企业的生产活动进行管理，而是利用财政政策、货币政策等经济手段调节市场，进而间接影响企业微观经济行为，达到宏观调控的目标。

宏观调控体系对实现社会供求的总量和结构平衡以及国民经济健康稳定发展产生了积极作用。这种调控方式存在诸多不足：一是在解决总量失衡的短期问题上具有比较优势，而在解决结构失衡的长期问题上缺乏优势，当国民经济的总量和结构同时出现失衡时，调控的效果往往不明显；二是调控手段对经济主体具有诱致性而缺乏强制性，难以产生有力的调控效果；三是调控往往是在经济出现严重波动后进行的，而此时进行调控已经错过有效时机，调控的效果比较差；四是宏观调控手段简单，除了财政政策和货币政策之外缺乏更多的政策工具的选择。这些不足的存在大大抵消了需求侧宏观调控的效果。

第二节 财政政策

一、财政政策的含义

西方经济学家对财政政策的定义较有代表性的看法，是通过税收和公共投入的运作，以达到充分就业，通货稳定，国际收支平衡等经济目标的一种宏观经济稳定政策。我国经济学家对财政政策的定义，通常指政府根据宏观经济规律的要求，为达到一定目标而制定的指导财政工作的基本方针、准则和措施。从这个定义看，几乎所有的财政活动都可以加上“财政政策”，那么就等于什么都不是财政政策。

根据我国市场经济体制下的财政政策实践，借鉴西方财政政策理论，我们认为财政政策是指政府依据客观经济规律以及一定时期国家的发展战略目标和政治经济形势，通过预算、税收、公债、补贴、政府间转移支付等工具，调节社会供求关系，引导资源合理配置，维护社会公平，保持充分就业和通货稳定，促进经济发展的一系列政策和策略。

二、财政政策的构成要素

（一）财政政策目标

财政政策目标就是通过财政政策的实施所要达到的目的或产生的效果，它构成财政政策的核心内容，具体如经济增长、价格稳定、充分就业、公平分配等。财政政策目标是随着经济发展和社会政治状况的改变而不断进行选择和确定的。在自由资本主义时期，政府不干预经济，任由市场机制这只“看不见的手”发挥作用，政府担当“守护人”的角色，只课征一定量的税收以保证国家机器运转，财政政策的基本目标是实现收支平衡，不打赤字，不发国债。到了 20 世纪 30 年代，资本主义经济危机频繁发生，危害程度也越来越大，客观上需要政府进行干预。在凯恩斯理论指导下，西方国家政府用财政政策，扩大财政赤字，刺激消费需求和投资需求，实现经济稳定和均衡的层面，向着经济和社会目标转变。后来随着社会分配不公、通货膨胀等问题的日益突出，财政政策目标的种类进一步增加，内容也更为丰富。发展中国家为了加快发展步伐，纷纷实行政府主导型发展战略，经济增长成为财政政策的首要目标。从各国财政政策目标演进的过程看，目标的选择受社会、政治、经济、文化等因素的影响和制约。在现代社会里，财政政策目标是多元的，而不是单一的；在不同的国家、不同的时期、不同的发展阶段，财政政策的目标选择也不尽相同。

（二）财政政策主体

财政政策主体就是财政政策的制定者和执行者。财政政策主体行为的规范正确与否对财政政策的制定和执行具有决定性作用并直接影响财政政策效应的好坏、大小。财政政策工具就是财政政策主体所选择的用以达到政策目标的手段和方法。财政政策工具主要包括税收、公债、经常支出、转移支付、贴息等。在财政政策要素进行组合发挥作用的过程中，要注意政策运行环境。财政政策的运行和传导主要通过经济利益机制间接实现。因此，市场经济体制成熟和完善的程度直接制约着财政政策运行的质量。目前，我国正处于经济体制转轨时期，社会主义市场经济体制还不完善，在加快体制改革步伐的同时，也要注意避免和克服体制因素对财政政策的扭曲。

三、财政政策的分类

（一）自动稳定和相机抉择的财政政策

根据调节经济周期的作用来划分，财政政策分为自动稳定的财政政策和相机抉择的财政政策。

1. 自动稳定的财政政策

自动稳定的财政政策是指某些能够根据经济波动情况自动发生稳定作用的政策，它无须借助外力就可产生调控效果。这种自动稳定性主要表现在两个方面：一是税收的自动稳定性。税收体系特别是公司所得税和累进的个人所得税对经济活动和收入水平变化的反应相当敏锐。如果当初预算是平衡的，税率没有变动，而经济活动出现不景气，国民生产就要减少，这时税收收入就会自动下降；如果政府预算支出保持不变，则由于税收收入的减少而使预算发生赤字，这种赤字会“自动”产生一种力量，以抑制国民生产的继续下降。二是财政支出的自动稳定性。如果国民经济出现衰退，就会有一大批居民具备申请失业救济金的资格，政府必须对失业者支付救济金，以使他们能够进行必要的生活开支，使国民经济中的总需求不致下降过多；同样，如果经济繁荣来临，失业者可重新获得工作机会，在总需求接近充分就业水平时，政府就可以停止这种救济性支出，使总需求不致过旺。

2. 相机抉择的财政政策

相机抉择的财政政策是指某些财政政策本身没有自动稳定的作用，需要借助外力才能对经济产生调节作用。一般来说，这种政策是政府根据当时的经济形势，相机采取的财政措施，以消除通货膨胀或通货紧缩，是政府利用国家财力有意识干预经济运行的行为。西方学者汉森提出的汲水政策和补偿性政策都是典型的相机抉择财政政策。汲水政策，从字面上看，如同水泵启动时里面缺水，不能抽出地下水，需要注入少许水，以达到抽出地下水的能力。实际上，汲水政策是指在经济萧条时靠财政安排一定的投资以使经济恢复活力的办法。补偿性财政政策或叫周期性平衡的财政政策，是指政府以繁荣年份的财政盈余补偿萧条年份的财政赤字，财政收支平衡以年度为目标变为从整个经济周期来考察。与凯恩斯主张的区别在于凯恩斯主张用财政赤字解决经济萧条或经济危机问题，但解决不了繁荣时期的通货膨胀问题，而汉森则强调以财政赤字和财政盈余交替使用解决经济周期问题，减缓经济周期性波动。

（二）扩张性、紧缩性和中性财政政策

根据财政政策在调节国民经济总量方面的不同功能，财政政策可区分为扩张性财政政策、紧缩性财政政策和中性财政政策。

1. 扩张性财政政策

扩张性财政政策是指通过财政分配活动来增加和刺激社会总需求。在总需求不足时，通过扩张性财政政策能使总需求与总供给的差额缩小以至平衡。扩张性财政政策主要通过减税、增支进而扩大赤字的方式实现。

2. 紧缩性财政政策

紧缩性财政政策是指通过财政分配活动来减少和抑制总需求。在总需求大于总供给时，通过紧缩性财政政策有助于抑制和消除通货膨胀，达到供求平衡。紧缩性财政政策是增加政府税收，减少政府支出。

3. 中性财政政策

中性财政政策是指财政的分配活动对社会总需求的影响保持中性，财政的收支活动既不会产生扩张效应，也不会产生紧缩效应，实践中这种情况是很少存在的。有人认为实现财政收支平衡的财政政策就是一种中性财政政策，这是一种简单化、片面化的理解。因为财政的收和支的乘数是不同的，因此各自产生的效应不能完全抵消。

第三节 货币政策

随着我国社会主义市场经济体制改革的推进，货币政策在宏观调控中的作用日益突出，因此我们需要在理论上对货币政策进行考察。

一、货币政策内涵

狭义上，货币政策是指中央银行为实现既定的经济目标运用各种工具调节利率和货币供给，进而影响宏观经济方针和措施的总和。而广义货币政策是指政府、中央银行和其他有关部门所有有关货币方面的规定和采取的影响金融变量的一切措施。两者区别在于后者的政策制定者包括政府及其他有关部门，这些部门往往影响金融体制中的外生变量，如硬性限制信贷规模、信贷方向、开放和开发金融市场。而前者是中央银行在稳定的体制中利用贴现率、准备金率、公开市场业务达到改变利率和货币供给量的目标。

二、货币政策类型

（一）紧缩性货币政策

紧缩性货币政策也称为从紧的货币政策，指政府一般通过减少货币供给，提高利率等一些方式，缩减私人投资，抑制总需求，从而抑制经济的过热以及通货膨胀的货币政策。紧缩性货币政策通常在通货膨胀严重的时候被采用。

（二）扩张性货币政策

扩张性货币政策也称宽松的货币政策，是指政府通过降低利率，增加货币供给，进而刺激私人投资和增加总需求的方法来刺激经济增长、增加国民收入、实现充分就业的政策。所以失业增加的时候，会采用扩张性货币政策。

（三）中性货币政策

中性货币政策是使货币利率与自然利率完全相等的政策。换句话说，就是一种保证货币因素不对经济运行产生影响，从而保证市场机制可以不受干扰地在资源配置过程中发挥基础性作用的货币政策。

三、货币政策的工具

一般性货币政策工具是指中央银行所采用的、对整个金融系统的货币信用扩张与紧缩产生全面或一般影响的手段，是最主要的货币政策工具。包括存款准备金制度、再贴现政策和公开市场业务，被称为中央银行的“三大法宝”。

（一）法定存款准备金

存款准备金是指金融机构为保证客户提取存款和资金清算需要而准备的在中央银行的存款，中央银行要求的存款准备金占其存款总额的比例就是存款准备金率。存款准备金是中央银行货币政策的重要工具，是传统的三大货币政策工具之一。

法定存款准备金的作用主要有这样几点：一是保证商业银行等存款类金融机构的资金流动和现金兑付能力，众所周知，流动性是商业银行经营过程中必须时刻关注的一个重要问题；二是可以集中一部分信贷资金，央行进行宏观调控，需要一定量的并且可以支配的资金；三是可以调节货币供给量。存款准备金主要调控社会的货币供给量，并不仅仅调控商业银行。所以，它已经成为中央银行调节货币供给量，实施货币政策的一个强有力的工具。

法定存款准备金政策发挥作用的核心在于调整存款准备金率的高低。其作用过程可以简单描述为：为刺激经济增长，增加或减少货币供应量，央行通过调整法定存款准备金率，进而调整商业银行的超额准备金，导致商业银行贷款和投资规模做出相应调整（放大或缩小），市场利率随之降低或升高，最终导致投资、消费支出的增加或减少。

（二）再贴现

再贴现是指中央银行对商业银行持有的未到期票据向中央银行融资所作的政策规定。再贴现政策一般包括再贴现率的确定和再贴现的资格条件。再贴现率工具主要着眼于短期政策效应。

一般来说，再贴现的作用大致有四点：一是通过再贴现政策的调整能产生告示效果，表明中央银行的政策意向，从而影响到商业银行和公众的心理预期。二是再贴现政策的运用直接影响基础货币和货币供应量，它能够影响到商业银行的融资决策和贷款规模，使其改变放款和投资活动。三是它可以在一定程度上调整信贷结构和资金流向。一种方法是中央银行规定用于再贴现票据的种类和决定何种票据有贴现资格，另外一种是对再贴现票据施行差别再贴现率，从而影响各种再贴现票据的再贴现成本和数量。四是再贴现政策具有防止金融恐慌，维护金融稳定的重要作用。它能够充分体现中央银行最后贷款人的职能，央行通过办理贴现业务，从而影响基础货币和货币供给量，在一定程度上防止危机的恶化和蔓延，稳定金融秩序和公众信心。

中央银行根据市场资金供求状况调整再贴现率，以影响商业银行借入资金成本，进而影响商业银行对社会的信贷量，调整货币供给总量。在传导机制上，商业银行如果需要以较高的代价才能获得中央银行的贷款，便会提高对客户的贴现率或提高放款利率，其结果就会使得信用量收缩，市场货币供应量减少；反之则相反。中央银行对再贴现资格条件的规定则着眼于长期的政策效用，以发挥抑制或扶持作用，并改变资金流向。

（三）公开市场业务

公开市场业务是指中央银行在金融市场上公开买卖有价证券，以此来调节市场货币供应量的政策行为。当中央银行认为应该增加货币供应量时，就在金融市场上买进有价证券（主要是政府债券）；反之就出售所持有的有价证券。

公开市场业务作用有如下几点：首先，调控存款类金融机构的准备金和货币供应量，央行可以通过买卖有价证券增加或减少超额准备金。其次，可以影响利率水平及结构。公开市场业务通过买卖证券，导致相应的市场利率变动，从而影响利率水平。此外，买卖不同期限的证券也可以改变市场对不同期限有价证券的供求水平，进而改变利率结构。最后，公开市场业务还可以降低流通量的波动幅度。

公开市场业务的作用过程简单描述为：市场资金短缺或剩余时，中央银行买进或卖出证券，进而导致基础货币增加或减少，商业银行准备金就相应增加或减少。于是，商业银行的信贷能力就随之增强或减弱，导致贷款和投资的增加或减少。此时，市场中货币供给就出现供给量增大或缩减的现象，利率也开始变动。最后，刺激投资支出增减。

第四节 财政政策与货币政策协调运用

随着我国经济日渐市场化和全球化，经济运行的复杂程度大大提高了，财政政策与货币政策加强协调配合的必要性和复杂性也显著增强。

一、财政政策与货币政策协调运用必要性

财政政策与货币政策具有紧密的联系，这种紧密联系从根本上说植根于双方政策调控最终目标的一致性。两大政策调控的着眼点，都是针对社会供需总量与结构在资金运动中表现出来的有悖于货币流通稳定和市场供求协调正常运行状态的各种问题；两大政策调控的归宿，都是力求社会供需在动态过程中达到总量的平衡和结构的优化，从而使经济尽可能实现持续、稳定、协调发展。两大政策的紧密联系还来源于双方政策手段的互补性以及政策传导机制的互动性，一方的政策调控过程，通常都需要对方的政策手段或机制发挥其特长来加以配合策应，经济学理论对此可以作出很好的阐释。从社会总资金的运动来看，财政政策对资金运动的影响和货币政策对资金运动的影响，相互间必有千丝万缕的联系和连锁反应，各自的政策实施及其变动，必然要牵动对方，产生协调配合的客观要求。现阶段进一步加强我国财政政策与货币政策协调配合的紧迫性，源于我国改革开放新阶段的客观要求以及经济发展运行的实际状况。

我国加入世贸组织以来，无论是进出口规模，还是跨境资本流动规模都出现了迅猛增长，国民经济融入全球化的进程迅速加快，国内外经济运行的关联度和互动性大大加强，宏观调控既要考虑外部冲击对本国经济的影响，又要考虑本国

政策对其他国家的影响及其反馈作用情况。同时,人民币汇率浮动的弹性不断提高,汇率浮动为经济主体带来更多交易灵活性、便利度的同时,也带来了更多的风险和调控成本。因此,宏观调控任务的复杂性显著增加,要求两大政策在更广泛的领域达成共识,在更为复杂的环境下,对更为复杂的政策事项作出及时、合理的相互配合。同时,我国财政领域和金融领域的变革和创新都正向纵深推进,其最终目标都是通过体制改革适应社会主义市场经济的要求,这在本质上有利于促进两大政策的协调配合,但是,改革的过程也不可避免地带来一些阶段性的脱节、紊乱和矛盾,影响政策配合的有效性。为尽可能避免或减少这些问题,加强两大政策的协调配合也是必不可少的。

二、财政政策与货币政策的区别

(一)作用渠道不同

财政政策直接参与国民收入的分配并对集中起来的国民收入在全社会范围内进行再分配,调节各经济主体间的利益差别,保持适当合理的分配差距,防止过度的收入悬殊,从收入和支出两部分影响社会总需求的形成,财政政策更侧重于公平。货币政策是国家再分配货币资金的主要渠道,是在国民收入分配和财政再分配基础上的一种再分配,主要通过信贷规模的伸缩来影响消费需求和投资需求,引导资源流向效益好的领域,货币政策更多地偏重于效率。

(二)调节的方式和途径不同

财政政策由政府通过直接控制和调节来实现;货币政策则首先由中央银行运用再贴现率、存款准备金率、公开市场业务等手段调节货币投放量和存款准备金率,其次影响商业银行的经营行为,商业银行根据央行的政策调整改变经营行为,最后影响到企业和居民的经济活动,最终影响社会总需求,其调控方式是间接的。

(三)调节领域不同

财政政策主要通过参与社会产品和国民收入的分配来实现对国民经济的调节。货币政策主要从流通领域出发对国民经济进行调节。货币政策的核心内容是通过货币供应量的调节来对国民经济施加影响,其职能是向流通领域提供既能满足经济发展需要,又能保证物价稳定的流通手段和支付手段。

(四)调节的对象不同

财政政策调节的对象是财政收支;货币政策调节的对象是货币供应量。

(五)调节的侧重点不同

财政政策直接作用于社会经济结构,间接作用于供需总量平衡;而货币政策则直接作用于经济总量,间接作用于经济结构。财政政策对总供给的调节,首先表现为对经济结构的调节,财政政策对总需求的调节则主要通过扩大或缩小支出规模，达到增加或抑制社会总需求的目的，但这种调节从根本上说也是以调节社会经济结构为前提的。货币政策则通过货币投放和再贴现等措施控制基础货币量，通过存款准备金率和再贴现率等手段控制货币乘数，实现对社会总需求的直接调节，达到稳定货币和稳定物价的目的。当然货币政策也可以根据国家产业政策，通过选择贷款方向，间接对结构发生调节作用。

（六）时滞不同

从政策制定上看，财政政策的时滞较货币政策长，因为在决定财政政策时，政府提出的有关税收变动和支出调整财政措施，要经过一个较长的批准过程。而货币政策的制定过程则要短得多。从政策执行上看，货币政策的时滞要比财政政策长，因为货币政策首先要通过改变货币供给量进而影响到利率水平，最后才能对社会需求产生影响，这需要一个较长的过程。而财政政策一旦实施，就直接对社会总需求产生影响。

（七）调节的透明度不同

财政预算收支项目清楚明了，具有较高的透明度；而货币政策具有一定的隐蔽性，原因是商业银行“创造”货币的功能使得信贷投放的合理规模、货币发行的合理界限较难掌握。

（八）政策实施者不同

财政政策是由政府财政部门具体实施，而货币政策则由中央银行具体实施。政策有效性一定程度上依赖于二者的相互配合，财政政策能否顺利实施并取得成效与货币政策的配合密不可分，反之亦然。

总的来看，都是通过调节社会资金来影响国民经济运行，但着力点不同，作用机理不同，财政政策直接作用于国民收入再分配，内部时滞较长；而货币政策直接作用于流通中的货币量，并更具灵活性。同一的政策目标和各自不同的作用机理、政策时滞以及政策效果，使得财政政策与货币政策的协调不只是可能，而且成为必要。实践中应当根据财政政策和货币政策各自不同的特点和政策效应灵活运用。一般认为，财政政策在扩张总需求上更有效，因此在经济萧条时期，启动经济主要应依靠扩张性的财政政策；而货币政策在抑制通货膨涨、保持物价稳定上更有效，因此在经济过热时期，对经济适度降温则主要依靠紧缩性的货币政策。

三、财政政策和货币政策协调配合

财政政策和货币政策协调配合的必要性是由两大政策的相互关系决定的，不仅要使财政政策和货币政策具有统一性，而且财政政策和货币政策又是有差异的而且存在着相当大的互补性，保持密切的相互配合。由于种种因素的制约，每一政策都会受其政策功能及实施范围的限制而难以产生全面的效应，而且在实践中还可能产生政策手段之间的相互掣肘和抵触，如对社会总需求的调节，财政政策与货币政策之间存在着相互制约的关系。当财政实施扩张政策而货币实施紧缩政策时，它们对社会总需求的调节作用会产生相互抵消，反之亦然；又如财政政策与货币政策有时会产生联动效应。扩张性的财政政策有可能引起货币供应量的增加，而扩张性的货币政策又有可能引起财政预算的不平衡。这些都在客观上提出了宏观调控中财政政策与货币政策运行的一般原理及财政政策与货币政策相互协调、相互配合的要求。

一般情况下，财政政策与货币政策有四种常见的配合模式：

（一）双紧模式

当社会总需求大大超过社会总供给，出现较大程度的膨胀时，抑制通货膨胀必然成为政府调节经济的首要目标。这时，适宜的财政、货币政策的配合选择应为双紧政策模式。这时的财政政策应采取提高税率、扩大收入、减少支出等方式压缩社会需求。同时，货币政策也应采取提高存款准备金率和银行利率、减少贷款和再贴现等方式减少货币供应量。两者配合使用，可对经济产生有力的紧缩作用。

（二）双松模式

当社会有效需求严重不足，工厂停产，经济萎缩，失业增加时，扩大社会需求，促进经济增长就成为政府调节经济的首要目标。这时，财政、货币政策的选择就应为双松政策。即财政通过增加支出、降低税率等方式来扩大需求和刺激生产增长。同时，中央银行通过采取降低利率、扩大信贷等扩张性货币政策，增加货币供应量，将会更加有效地实现宏观调控目标。

（三）紧松模式

财政政策和货币政策"一松一紧"的配合模式有两种情况：财政政策从紧、货币政策偏松。当社会经济运行较为平稳，又不存在通货膨胀危险时，促进经济的快速增长成为宏观调控的主要目标。这时，适宜的财政与货币政策应为紧财政、松货币的配合方式。但在面临一定程度的通货膨胀风险，但社会需求相对不足时，则可采取松财政、紧货币的配合方式。松紧搭配的政策配合模式对解决社会供求矛盾的适应性强，有较大的灵活性，并且对经济运行的冲击较小，它既适用于全面性的总供求结构失衡，产业结构比例失调的情况，也可以适用于某些局部比例失调的情况，并且可以在不同的失调情况下使用，因此应成为中国财政政策与货币政策协调运用的研究实践中最为常用的配合模式。

（四）中性模式

当社会供求大体平衡，经济增长速度在适度区间时，保持经济平稳运行和增长就成为政府调控经济的主要目标。这时，适宜的财政、货币政策应采用中性的配合政策。财政应做到收支平衡并略有节余，货币供应量的增长应与经济增长相适应，以实现经济在低通胀或无通胀情况下的稳定增长。

以上四种财政、货币政策配合模式只是大致的划分，在实际选用何种配合模式时，主要还应根据当时宏观经济运行状况及政府的宏观调控目标来选择，有时还会出现其他的配合方式，如适度从紧、适度放松等。在确定政策措施的出台时机、各种政策的调节对象和力度以及如何协调运作时，都应明确化和具体化，以免彼此抵消效应而达不到预期的调节效果。

第十四章　供给管理

本章重点

1. 了解供给管理理论与供给学派
2. 掌握供给管理的政策主张与工具运用
3. 重点把握中国供给侧结构性改革的理论与实践

这一章主要运用供给管理理论与政策主张，在宏观经济失衡状态下，如何运用供给管理政策工具对宏观经济进行供给管理，从而达到宏观经济稳定发展。

第一节　供给管理理论与供给学派

一、供给管理理论

（一）供给管理基本内涵

供给管理与经济学理论框架中的“需求管理”合乎逻辑地形成一对概念，后者强调的是从需求角度实施扩张或收缩的宏观调控，供给管理则强调税收中性和减税等减少干预、使经济自身增加供给的原则。供给管理包括两个方面：一是当总供给过剩时，采取措施抑制总供给。二是当总供给不足时，采取措施刺激总供给。实际上，当供求关系表现为供给过剩时，其矛盾的主要方面在于需求不足，宏观管理的方向总是放在刺激需求而不是抑制供给上。平衡本身并不是目的，宏观管理的真正目的在于经济稳定增长，抑制供给以适应需求无异于削足适履，即使真的要抑制供给，也无需政府专门控制，因为需求不足本身就是对供给的有力约束。

因此，所谓的供给管理，大多是指有效供给不足情况下的供给管理，其方向是增加有效供给以适应需求的增长。供给不足的原因在于供给收缩。因而，供给管理的重点就在于通过生产技术方面的重大改造和供给动力机制的重构，充分挖掘供给潜力；合理规划与调整产业结构，使供给结构适应需求结构，减少资源闲置和供给滞存。显然，与需求管理相比，供给管理难以在短期内收效，需长期不断地努力。然而，一旦供给基础得到真正改善，就能从根本上协调供求矛盾，为社会总供求的长期平衡打下坚实的基础。

（二）供给管理理论支柱

供给管理有三大理论支柱：经济增长理论、萨伊定律、拉弗曲线。供给管理相信市场经济的自动调节机制，反对国家干预经济；主张供给侧管理，反对凯恩斯主义刺激总需求的政策。

1. 经济增长理论

供给管理理论认为：要提高社会总产出水平必须采用提高生产能力的方式。供给管理的理论基础来自经济增长理论中的生产函数，一般形式是：$Y=F(A,K,L)$其中，Y代表总产出，K代表资本存量，L代表劳动投入，A代表全要素生产率。产出Y是一个关于资本K、劳动L与全要素生产率A的函数，资本K的不断积累以及劳动力L的不断丰富将会极大的提高社会总产出，但该函数的二阶导数为负，意味着每一种生产要素对于产出的贡献会逐渐减少，当资本K与劳动L到达一定存量值的时候，社会总产出会进入一个瓶颈，此时，我们能够继续提高社会总产出的唯一方式就是提高全要素生产率A。因此，供给管理理论的核心就是通过不断提供全要素生产率A来促进经济持续增长。

2. 萨伊定律

萨伊定律的核心思想是供给创造自己的需求。在萨伊之前，亚当·斯密、詹姆斯·穆勒等古典经济学家都表达过这一思想。萨伊定律的本意不是商品只要生产出来就一定能销售出去，而是强调市场具有自动出清机制。生产只是手段，消费才是目的。萨伊的逻辑是：在市场经济条件下，生产者生产的目的是与其他生产者进行交换，以获得自己需要的产品来消费。要想换回自己需要的产品，就要使自己生产的产品满足别人的需求。只要市场上有供给，就自动存在一种相应的需求。因此，处在社会分工体系的各个生产者，既是供给者，也是需求者。简言之，生产者是为买而卖。因此社会所生产的产品都会被卖掉，局部的供求失衡会出现，但社会不会出现整体性生产过剩，社会资源会被充分利用，社会趋于充分就业状态。凯恩斯（Keynes）指出，萨伊定律描述的充分就业只是一种特例，由于“三大心理规律”的存在，国民收入不能全部转化为有效需求，导致生产过剩危机出现。从短期看，凯恩斯的分析是正确的，但从长期看，萨伊定律还是具有某种程度的合理性。一个国家生产能力越强，无疑就可以消费或出口更多。因此，供给学派注重宏观经济政策长期的供给效应，认为经济刺激会破坏市场自动出清机制，加剧结构扭曲。生产过剩不一定是有效供给过剩，在资源稀缺的世界中，商品过剩是表面的，商品过剩不是由于有效需求不足，而是缺乏创造性生产。供给学派还认为社会存在闲置资源是因为价格太高，只要价格有充分弹性，闲置资源就会被重新利用。而凯恩斯用政府干预来利用闲置资源的主张违背价格机制，必然不可持续。

3. 拉弗曲线

拉弗曲线是供给学派的代表人物阿瑟·拉弗描绘的一条表明政府税收额与税率之间关系的曲线。该曲线表明,政府税收额随着税率的升高呈倒U形变化。当税率为0时,政府税收额为0。随着税率的升高,政府税收额一开始是增加的,但当税率升高到一定值时,高税率削弱人们投资和消费的积极性,从而削弱税基,导致税收额下降。当税率为100%时,生产活动停止,政府税收额为0。可见,政府税收收入与税率并非是线性关系,税收额取决于税率和税基两个因素,同样的税收额可以由高低两种税率获得。只有当税率达到一个最优值时,实际税收才是最高的。最优税率的条件是边际税收收入和税收弹性为零。供给学派认为,税率的高低影响供给总量及结构,是刺激经济主体进行经济活动,从而刺激商品和劳务供给最重要的因素。最优税率和最高税率之间是税率"禁区",在这个区间的税率不仅不能使政府税收最大化,而且抑制供给,降低国民收入。供给学派以拉弗曲线作为减税主张的理论依据,认为20世纪70年代美国经济中的很多税率都已进入禁区,必须降低边际税率。减税可以激发人们更加勤奋地工作和刺激企业多投资,增加有效供给,从而可以增加就业量,促进经济增长。虽然税率降低,但政府税收因税基扩大反而可能增加。为保证减税效果,供给学派在货币政策上主张稳定币值,极力反对通货膨胀。他们比货币主义者更为保守,甚至主张恢复金本位制。

(三)供给学派

供给管理的理论源头,可以追溯到20世纪70年代末80年代初兴起的供给学派学说。供给学派于20世纪70年代中后期在美国兴起,其政策主张得到了里根政府的认可,并在随后的一段时期取代了凯恩斯主义成为美国经济政策的理论基础。

第二次世界大战后,欧美国家普遍依据凯恩斯主义制订经济政策,从需求端刺激经济需求,并取得了一定效果。但是,在20世纪70年代,欧美出现了严重的"滞胀"问题,凯恩斯主义对此束手无策。于是,经济学界出现了一波对凯恩斯主义的挑战,并研究可替代凯恩斯主义的理论和政策,供给学派从中脱颖而出。供给学派反对凯恩斯主义,肯定萨伊定律。他们认为,在供给和需求的关系上,供给是居于首要的、决定的地位的,而不是如凯恩斯所强调的"有效需求"论,把"需求"放在首位。在供给学派看来,社会的购买能力取决于社会的生产能力,人们在向社会提供商品的过程中自然会创造出多方面的需求。这也就意味着,社会的供给能力越强,社会创造的需求就越大。他们认为,经济之所以会出现"滞胀"局面,原因在于政府实行的错误政策。政府实行的需求管理政策,导致了需求过度和供给衰退,"滞胀"由此而生。因此,凯恩斯需求决定供给的理论必须坚决摒弃，经济学的首要任务应该是研究如何促进生产、增加供给。供给学派反对政府干预，强调市场机制的自我调节功能。供给学派从萨伊定律出发，认为在自由竞争的市场经济中供求总是均衡的。既然供给处于主导地位，那么处理“供给”的最好办法就是依靠私人资本的积极性，依靠市场机制。他们认为，企业家的创业精神和自由经济活动是促进生产、增加供给的关键因素，而能够充分发挥企业家才能的经济体制就是市场经济体制。因此，政府根本就没有必要对市场进行干预，政府干预带来的后果是破坏市场机制的自我调节，损害经济中的供给力量。总之，供给学派认为，政府过多地干预经济弊大于利。供给学派反对过高消费，鼓励智力投资。供给学派反对凯恩斯鼓励消费，忽略储蓄的思想。在凯恩斯看来，因为人们过度储蓄，导致有效需求不足，从而导致市场萧条和百业凋敝。在凯恩斯主义的影响和熏陶下，重消费轻储蓄的思想贯穿于战后政府的政策之中，“消费主义”蔚然成风。供给学派主张恢复“节俭是美德”的传统，削减过多的社会福利，鼓励人们进行储蓄和投资。他们尤其重视智力投资。供给学派认为，一国实际收入的增长，取决于其有形资本与智力资本的积累，也取决于其劳动力的质量与努力程度。因此，资本，尤其是智力资本是人类福利的源泉，应当鼓励人们进行智力投资。为了解决“滞胀”问题，供给学派提出了如下主张：把庞大的社会资源从政府支配中解放出来供企业和私人自由支配，把这些资源从用于追加社会“总需求”转为用于增加储蓄和投资，从而遏制通货膨胀和减少人们对政府开支的依赖。如何实现上述战略性转变呢？供给学派认为最重要的手段就是减税。将“减税”作为最基本的手段，与“拉弗曲线”有一定关系。由于企业主、劳动者关心的是纳税后可支配的收入净额，因此，税率变动影响着劳动力的供应及其结构，影响着储蓄、投资等经济活动。高税率会减少人们的净收入，从而挫伤劳动者的积极性，进而降低储蓄，导致利率上升投资萎缩，生产增长缓慢，社会供给不足；低税率的作用则恰恰相反。为了使减税真正达到提高储蓄与投资的目的，供给学派还要求严格控制货币供给，减少政府开支和实现预算平衡。供给学派的政策主张在里根政府、撒切尔政府中都得到了青睐，并且也取得了较好的效果。

二、供给管理特点

（一）着眼点在于结构

供给管理认为经济下行是结构问题，是一个深层次的问题，是一个长远的问题。结构问题的实质是在经济快速发展时大干快上，以致上了很多不该上的项目，形成了一些产业的产能过剩，资源错配。产能过剩是低层次的产能过剩，高层次的产能仍然短缺。低层次的产能过剩的产业只是满足了人们一定阶段的需求，人们潜在的需求是永远没有尽头的。供给管理相信企业的供给可以创造出新的需求,这就是结构调整。结构调整包括产业方面的调整,即进,调整出新的产业、新的产品;退,使过剩产能能够顺利退出,使稀缺资源能够重新有效配置。一句话,吐故纳新。结构调整还包括从一个产业、产品的产业链的低端上升到产业链的高端,结构调整引领的经济发展是高质量的,是永远没有尽头的。

(二)动力源来自企业

供给管理认为经济发展来自于企业的活力,来自于微观层面,供给是企业的供给,不是政府的供给。正是因为如此,他们才主张减税,主张藏富于民,藏富于企业,让企业更有钱创新,让人民更敢于消费。结构调整的本质是创新,没有创新就没有结构提升。创新可以探索到新的经济增长点。市场经济下的创新主要是企业的创新,企业是市场经济下创新的主体。创新是探索未知领域,具有风险和不确定性。这种风险和不确定性主要来自两个方面:一方面是创新的方向和技术层面的不确定性。创新能否成功取决于创新者掌握的信息是否充分,做出的判断是否符合事物的发展方向,以及必须攻克的技术难关是否能够取得突破。人们期盼成功,但成功的概率并不确定。另一方面的风险来自于市场。创新者选择的方向只是自己的预判,按照这个方向即使在技术上创新成功的产品还要接受市场的检验,市场遵循的是投入和产出的规则,是效益原则,以效益最大为选择标准。马克思指出,商品能不能通过市场检验是一个惊险的跳跃。创新的这些特点表明企业最适合成为市场主体,这正是供给管理的出发点。

第二节 供给管理政策主张

一、经济学发展中的供给要素

从经济学发展历程来看,供给侧理论在历史上居于主导地位,可以说供给理论与整个经济学发展相伴随。重农学派代表人物弗朗斯瓦·魁奈强调恢复“自然秩序”,强调土地要素供给和农产品供给的重要性;英国古典政治经济学创始人威廉·配第提出了“劳动是财富之父”、“土地是财富之母”的观点。经济学鼻祖亚当·斯密在《国富论》认为增加国民财富只有两种方法,一是提高劳动生产率,二是增加有用劳动者的人数;资本积累增加会增加雇佣有用劳动者的人数,所以一个国家的财富增长取决于分工发展的快慢和资本积累的多寡。可见,《国富论》就是从供给方来探寻经济增长的源泉的。可以说,整个古典经济学就是供给经济学。德国历史学派的先驱者弗里德里希·李斯特强调了技术进步对经济发展的作用。现代微观经济学体系的奠基人,剑桥学派和新古典学派的创始人阿尔弗雷德·马歇尔在《经济学原理》中强调人力资本对经济发展的作用。柯林·克拉克将技术知识的增进和规模报酬递增看作是决定经济发展的主要源泉;

R·哈罗德和E·多马分别论证了资本积累对经济发展的决定性作用。中国发展经济学创始人张培刚教授将经济发展视为工业化过程，而工业化的发动因素为企业家的创新管理才能、生产技术、有利的社会制度，限制因素为资源或物力、人口、不利的社会制度。索洛、斯旺、米德等论证了技术进步对经济发展的决定性作用。舒尔茨明确提出人力资本是当今时代促进国民经济增长的主要原因。丹尼森、肯德里克、乔根森等人循着索洛的思路，通过经验实证分析发现"余值增长"是由要素生产率提高带来的。罗默论证了专业化知识（知识资本）是经济发展的决定因素。卢卡斯将人力资本作为内生变量，论证了人力资本是经济增长的发动机等。迈克尔·波特认为一国财富主要取决于本国的生产率和所能利用的单位物质资源，取决于动态的竞争优势而非静态的比较优势。

二、供给管理的政策工具

供给管理就是政府用于调整商品和服务供给的各种手段（除价格手段外）。因此，供给管理政策的工具有以下几种：

（一）技术进步

许多人认为技术进步是长期的事情，对短期宏观调控没有用。实际上，对于一些特定国家而言，技术进步可以很快，比如技术上比较落后的经济体，可以通过学习和模仿迅速提高自己的技术水平，因而在短期内可以影响宏观经济的运行。但对于美国这个处于世界科技前沿的国家，技术进步在短期内的作用可能会慢一些。但现在也有一些宏观经济学理论，比如真实经济周期理论，认为技术可以在短期内发生变化，因而导致经济波动。

（二）制度变迁

同样，对于许多制度较为成熟或制度变迁难度较大的国家而言，制度是个慢变量。但对于中国这样处于转轨过程中且政府倾向于改革的国家，在特定领域的改革可以很快，因而可以在短期内对经济产生影响，比如20世纪80年代初在农村实施的家庭联产承包责任制。

（三）调节税收

调节税收相当于调节企业的生产成本，同时也影响到对生产者的激励，因此可以用于短期调控。

（四）调节要素成本

通过科技进步引入新的原材料或能源，或者通过对外开放引入国外资源，可以降低相关要素的价格，从而降低要素成本。通过资源税或其他形式的税收，可以调节相关资源的使用成本。这些可以对短期总供给产生影响。

（五）鼓励产品创新

新产品的出现可以给经济创造新的供给，同时创造新的需求，因此它同时是供给管理政策和需求管理政策。新产品刚进入市场时，对消费者的边际效用往往很大，因此需求很大，相应的供给也就是有效供给。

三、供给管理影响宏观经济绩效的内在机制

供给管理政策影响宏观经济绩效的参与机制主要围绕生产率等经济增长决定因素而展开，包括影响不同产品部门之间、部门内部不同生产率厂商之间的资源配置，影响现存厂商的生产率。通过改变创新激励、决定新产品和新工艺取代旧产品旧工艺的速度来影响生产率增长。具体而言，供给管理影响宏观经济绩效的内在机制是：

（一）影响企业资源配置

配置效率影响不同产品部门之间、部门内部不同生产率厂商之间的资源配置。大量文献指出，降低税率和贸易监管、减少价格控制和其他政府干预、使得产出市场更加富有竞争性，价格将更接近成本。因为减少了扭曲性，从而导致静态效率，资源从较低生产率的部门流向更加有效率的生产部门，构成了总体经济增长。相反，破坏资源流动的监管壁垒过多干预经济，或容许企业存在较低生产率活动，或抑制企业采纳较高生产率活动，由此构成了总体经济衰退。因此，通过推动或阻碍作为增长基础的经济重构和资源重新配置的动态变化，供给管理政策具有潜在的显著宏观结果。

（二）影响厂商生产效率

生产效率影响现存厂商的生产率。产品市场的监管改革也对现有厂商的生产率具有直接效应。更多的竞争刺激了企业“X效率”的提升，并有效组织生产。诸多经济学代理人模型就更多的竞争倾向于减少偷懒给予了充分解释，包括可以更加有效地监督管理者、规避破产后果、需求更富有弹性、导致利润增加等等原因。同时，所有者从公众到私人的转换对于激励管理者和工人起到重要的作用，部分代理模型研究了激励有效性以及参与人数量的决定性作用。

（三）影响企业自主创新

动态效率通过改变创新激励、决定新产品和新工艺取代旧产品旧工艺的速度来影响生产率增长。降低税收和监管改革影响总体宏观绩效的关键机制在于处在市场经济发动机地位的熊彼特式的“创新式破坏”——通过新技术取代旧技术的持续经济重构与资源重新配置。市场力量鼓励了新产品和新工艺的发展，是因为它提供了更高的创新回报，同时，市场力量的程度也影响了创新能力，因为它带来了内部金融资源的积累，而在创新活动由于信息不对称而难以获得外部资金来源时，这些内部来源的资金是关键的。

第三节 中国供给侧结构性改革

一、供给侧结构性改革的宏观背景

中国供给侧结构性改革的背景在于我国经济处于“三期叠加”的阶段，即：增长速度换挡期、结构调整阵痛期和前期刺激政策消化期。这就决定了当前经济发展的任务不仅是要解决前期刺激政策所带来的“后凯恩斯症状”，也要加紧进行产业结构升级和经济结构调整，同时还要防止经济增长速度下滑过快，影响民生。

（一）增长速度换挡期，下行压力较大

自2008年世界金融危机发生以来，我国的经济增长速度开始出现下滑，2011年，我国GDP增速告别两位数增长，2014年下降到7.3％，2015年GDP增速进一步下降到6.9％。在2016年增速是6.7％。这样的增长速度在全球范围内仍然属于中高速增长，但是对于我国正处于全面建成小康社会的决胜阶段，正处于跨越“中等收入陷阱”关键时刻的大国来说，无疑面临着经济下行的巨大压力。这种下行的压力既有来自全球经济复苏缓慢的外部影响因素，更是表明我国靠出口、投资、消费三驾马车拉动的经济发展方式已经不适应当前经济发展的需要。一方面，人口、投资、资源、外资等红利正在逐步消失，依靠传统的红利拉动经济发展已经无以为继。另一方面，这种经济增长方式造成了生态环境、资源等巨大的压力。留不住绿水青山，也就留不住金山银山。

（二）结构调整阵痛期，产业升级不足

当前，我国的经济发展面临严重的结构性问题。主要表现为旧的结构受到抑制，产能过剩，新的结构没有及时形成，呈现青黄不接的状况。这表现在：一方面，部分产业出现产能过剩，如钢铁、水泥、制铝、煤炭、玻璃等行业。据统计，2012年底，钢铁、电解铝、水泥、平板玻璃、船舶行业产能利用率分别为72％、71.9％、73.7％、73.1％和75％，远低于国际通常水平。另一方面，我国的产业结构仍然是工业为支撑的“二三一”模式，虽然服务业已经达到半壁江山，但是和发达国家70％的份额相比还存在很大的差距。且我国的服务业高端化、信息化水平都和国际先进水平存在很大的差距。同时，工业能耗高，污染物排放严重，我国的单位GDP二氧化碳、二氧化硫等主要指标均高于世界平均水平，造成了生态环境的巨大压力，影响了经济增长的质量。再加上，长期以来我国公共教育支出占GDP的比重就一直低于世界平均水平，使得人力资本积累不足，科技对经济增长贡献率低。这导致我国经济发展创新驱动力不足，产业升级缓慢，新型产业、新的经济增长点难以形成。

（三）刺激政策消化期，滞胀症状凸显

我国的经济政策一直是以供给侧为主，这和我国生产力发展水平相关。我国长期存在着供给不足，被称为“短缺经济”。20 世纪 90 年代末期，随着我国短缺经济的结束，亚洲金融危机的爆发，我国开始实行需求管理政策。特别是 2008 年全球金融危机以来，我国开始实行空前规模的财政支出刺激，用以投资基础设施和福利支出，同时开始根据经济形势，频繁地采用货币政策。在每一轮财政和货币扩张过程中，产能过剩问题越来越严重，经济对政府投资和出口依赖越来越严重；而每一次紧缩，又会造成金融垄断加剧、中小企业倒闭、股市震荡等问题。有学者指出这种在经济增速有所下滑的时候，拼命刺激“踩油门”，在通胀有所抬头的时候拼命紧缩“踩刹车”的宏观调控政策，使得中国经济越来越颠簸，经济周期也越来越短。这些问题从表面上看，确实存在着需求侧的问题，如世界经济复苏缓慢，导致出口需求减少，从而造成我国产值相对下降，产值下降导致投资下降，进一步加剧这种趋势。但是从本质上看，导致我国经济进入新常态的根本原因在于供给侧，在于过去那种经济发展方式已经不可持续了，而经济结构调整和转型升级没有完成，新的经济增长点和动力没有凸显。也就是说供给侧才是矛盾的主要方面，需求侧是矛盾的次要方面。20 世纪 80 年代，我国通过制度改革开启了“斯密增长”，即通过分工和专业化实现经济增长。20 世纪 90 年代我国通过大量的投资和要素增长开启了“库兹涅茨增长”。这两种增长方式带来了 30 多年来我国经济飞速的发展，实现了中国经济的腾飞。目前，这种经济增长方式遭遇了严峻的瓶颈，一方面，随着“刘易斯拐点”的出现，人口红利正在逐渐消失，同时随着劳动力成本、资源、资本成本的上升，资源、资本等红利都逐渐消失。同时高投入、高消耗、高污染的增长方式，带来了自然资源和生态环境的巨大压力，我国没能避免西方“先污染，后治理”的老路，自然资源和生态环境已经亮起了红灯。同时我国正处于跨越“中等收入陷阱”的关键时期，一方面随着低端劳动密集型产业向非洲、东南亚等国家转移，我国的传统制造业失去比较优势；另一方面我国高端技术密集型产业又与发达国家差距大，没有竞争力。这就导致了供给侧的“青黄不接”。国家在这个时候审时度势提出供给侧结构性改革是具有远大战略眼光的，抓住了当前我国经济发展存在的主要矛盾。

二、供给侧结构性改革的本质内涵

对供给侧结构性改革的理解，有权威人士指出：不妨用“供给侧＋结构性＋改革”这样一个公式来理解，即从提高供给质量出发，用改革的办法推进结构调整，矫正要素配置扭曲，扩大有效供给，提高供给结构对需求变化的适应性和灵活性，提高全要素生产率，更好满足广大人民群众的需要，促进经济社会持续健康发展。最简单的理解就是，从供给侧发力，通过重大改革的推进来解决重大的结构性问题。但很遗憾,人们对这一概念有许多自己的理解,其中有不少是误解误读。有人认为,供给侧结构性改革,是宏观管理或宏观调控方向的变化,由需求侧向供给侧转变,甚至有人主张要完全抛弃带有凯恩斯主义色彩的需求管理,以后的中国宏观调控将是新供给经济学的天下。而折衷的观点是,供给管理与需求管理两者要结合,在淡化需求管理的同时加大供给侧管理。

(一)供给侧结构性改革是针对性很强的改革

供给侧结构性改革是改革,不是管理,不是对宏观需求管理的替代。这一概念明明是在改革前加了两个限定词,具有明显的特指性,但一些专家仍然在偷换概念,尽管宏观管理本身也可以改革,如新一届政府关于宏观调控思路和方式的改革,形成"区间调控+定向调控"的新的宏观调控框架,但总的来看,是体制稳定不变下的选择。而供给侧结构性改革是一种针对性很强的改革。把它理解为宏观管理体制改革或管理重点的变化,不仅是窄了,而且偏了。供给侧与供给管理不是一回事,结构改革与宏观调控更不是相对应的概念。宏观调控应由需求端转向供给端,明显是对这两组概念的混淆。供给侧结构性改革不是宏观调控的改革,而是突出改革的难点在供给侧。我们的问题是:对供给的过多干预,这种计划经济体制弊端还未根本消除,特别是在一些重要领域还根深蒂固。如金融上的利率管制问题,一些行业存在大量的行政垄断问题,特别是服务业长期限制民营资本进入,城市建设中长期实行"容积率控制"等。这些领域的管制,既严重阻碍了有效供给的增加,影响需求的增长,又同时会产生巨大的寻租空间,产生严重的腐败问题。也就是说,我国的结构性矛盾和体制性矛盾主要发生在供给侧,许多需求侧的问题也是源于供给体制的不合理、不完善。因此,供给侧结构性改革就是把结构性改革聚焦在供给侧,聚焦在一些重大供给体制上。国企改革是供给侧的改革,户籍制度改革也是供给侧的改革,土地制度、金融体制、税收制度的改革都是供给侧,它们是改革的重点,属于"十三五"重点攻坚的主要方面。也可以说,新常态下我国的结构性改革主要是指供给体制的深化改革,从根本上改革残余的计划经济体制,建立发达完善的社会主义市场经济体制,释放改革红利,推进经济加快转型升级。

(二)结构性改革是重大或关键性领域的改革

结构性改革是重大或关键性领域的改革,而不是全面改革。结构性改革主要包括两层含义。第一层含义是指针对结构问题和体制缺陷而改革相应的体制机制。它包括两种情况,一种是针对经济发展的重大结构问题,而采取相应的制度创新,力求通过制度创新从根本上解决结构问题,这是标准的发展经济学概念。另一种是经济体制特别是财政、金融体制存在重大的制度缺陷,必须通过加强规制、完善监管来补上原有制度漏洞。第二层含义,改革不是对原有制度的推倒重来，一般的情况是在对原有制度尊重或肯定的基础上，对一些导致严重的经济问题或危机的关键性制度缺陷做重大修补，即对现在制度结构进行优化升级，是完善制度的过程。从这两层含义看，结构性改革不是全面性改革，而是重要或关键性改革，是牵一发而动全身的重大改革，如果不对那些重要部分或领域进行改革，那么经济发展和社会进步将会遭遇重大挫折甚至失败。今天，我国经济面临的问题正是如此，既面临重大的结构性矛盾，也面临重大的体制性矛盾，体制改革的不到位，既影响经济发展和经济结构转型，也影响社会公平，如城乡二元分割体制，既阻碍了消费的增长和消费结构的升级，使我国的消费率长期偏低，又使广大农民在收入分配和社会保障上处于弱势地位，不能有效分享改革和发展成果，导致严重的社会不公平问题。而破除二元结构和体制，就能促进新型城镇化发展，释放出巨大的内需潜力，成为稳增长、调结构的重要推进力量。这与全面深化改革并不矛盾，全面深化改革是指改革要五位一体整体推进，政治、经济、社会、文化、生态五大领域都存在重大的体制性机制性障碍，必须着力攻坚，整体解决。而就经济或其他领域来讲，改革不是对原有体制的全面否认，而是要抓重点，敢于碰硬，涉险滩，触及深层的利益调整，仅在浅滩摸石头是不行的。

（三）结构性改革重点是减少政府对市场干预

结构性改革的重点是减少政府对市场的过度干预，去“供给管理”，而不是加强供给管理。结构性改革不仅要通过体制改革和创新，促进经济结构战略性调整，而且要最大化的减少政府干预，增强市场和社会发展活力。就我国来讲，改革就是放权让利，就是政府干预在一些领域中逐步退出，并扩大到更广大的领域，不断由市场来代替政府进行资源配置的过程。我国的结构问题实际上是体制问题，由于存在严重的行政垄断和过度干预，市场被扭曲，政府配置资源的效率低下，阻碍了正常的结构调整过程。为了鼓励一部分人和一部分地区先富，我国采取了相应的优惠政策，长期发展的结果就会形成市场的严重扭曲和社会不公平。因此，必然对既得利益和权力参与分配问题进行重大改革。这里需要指出的是，不能让供给管理复苏，成为宏观管理的主要方式，相反，要努力去供给管理，即“去过度干预”。供给管理与供给体制是一致的，在我国改革开放前，计划经济体制就是高度集权的供给体制，供给管理就是计划管理，我们的改革就是要改革计划经济体制，走一条社会主义市场经济道路。在国际上，宏观管理中很少采取供给管理的方式，宏观调控主要是总量平衡和需求管理。供给管理有这么几种情况，一种是战时管理，是特定时期的计划管理和分配方式，对供给进行强管制，还有一种是价格管制，如美国 20 世纪 70 年代为抑制通货膨胀，采取范围较广的价格管制，抑制价格上升，也就是抑制了供给。抑制了供给，又压低价格，通胀很明显。所谓供给学派或里根经济学，就是放松价格管制，并在供给侧减税，促进供给增加，同时配合需求抑制政策，最终制服了通货膨胀，也促进了生产率的显著提高。这是供给端的改革或政策调整，不是加强供给管理，实际是“去供给管理”。

三、供给侧结构性改革的政策建议

（一）制度供给

1. 在公共产品和服务的提供方面，政府应大力推行PPP模式

目前地方财力不足已经成为制约经济结构调整和优化的瓶颈。如果我们要增强地方政府服务能力的话，首先应建立统一合理的地方政府融资平台，缓解地方政府财政压力。PPP模式是指政府在提供公共产品和服务时，引入私营资本与其建立合作关系从而使政府与社会资本各自履行其职责的融资模式。PPP模式是解决地方政府融资难的有效制度。而且，在时机和条件成熟时，则可引入国际资本，这样，一方面能缓解地方政府结构调整中的压力；另一方面又能引领社会资本投资方向，形成多元投资主体结构。这是社会主义经济机制实现多元化的重要方式。

2. 加快推进现行户籍制度改革，积极推动新型城镇化建设

结构调整的重要目标是扩大国内有效供给，而新型城镇化建设是提高国内消费需求的重要途径。但多年来，现行的户籍制度影响了农村剩余劳动力的有效转移，城乡差距也在近年来被逐步拉大。改革户籍制度，首先要逐渐取消农村与城市户口的划分，减少对于农村人口向城市流动的限制。其次，还要建立与户籍制度改革对应的配套措施，例如跨地区社会保障，异地就医等新型制度，确保对人口流动性起积极作用。同时，对阻碍城市化进程的相关制度进行改进，坚持完善社会主义市场经济体制，灵活运用市场化改革来推动城市化进程。

3. 推进社会保障制度改革和完善

中国国情决定了我们要避免发达国家的“高福利陷阱”。在基本公共服务均等化的进程中，要丰富社会保障供给主体及社会保障资金来源渠道，加强对社会保险机构的支持和监督。同时，整合各项社会保障制度，加强社会保障制度的顶层设计，解决城乡社会保障水平差异矛盾，保证社会保障供给的公平性，完善养老保险制度，完善职工个人账户制度，对养老基金实行全国性统筹，建立养老基金合理增长机制。同时还要加强社会救助体系的建设，逐步实现全社会收入分配的公平。

（二）财力供给

1. 积极推行结构性减税

我国正在积极推进的“营改增”是减轻企业负担、优化生产结构的重要手段。一方面，企业税负沉重会影响其生产发展，并最终影响全社会的经济活力；另一方面，企业税负的最终承担者依旧是消费者，消费者税负过重会影响社会消费结

构的优化。因而,减少全社会的税收负担,将是未来供给侧结构性改革的重点。虽然减税可能会带来政府赤字增加,但从马克思扩大再生产的理论来看,有利于实现长期的结构均衡。为避免在减税过程中出现严重的财政赤字,结构性减税和结构性增税也应当在实践中相互协调,适时开征遗产税、环保税等新税种对于调整税制结构具有重要意义。此外,还应考虑实施综合制个人所得税改革以及房产税改革,从而激发广大人民群众的消费需求。

2. 支持现代服务业发展

加强对现代服务业以及相关从事创新活动企业的资金支持,改善产业结构,增强企业核心竞争力。现代服务业的发展能够促进传统产业的发展,也是一个国家经济社会不断发展的强大推动力。而目前我国现代服务业的发展明显落后于其他产业,这严重限制了我国经济的发展。为了解决这一问题,政府应加大对现代服务业的资金投入,鼓励全社会的现代服务业发展。此外,企业的创新能力也是改变目前生产方式,促进经济发展的重要因素之一。要想提高企业的创新能力,就必然要对企业的创新活动提供资金支持,最直接的方法就是给予创新性企业一定的税收优惠政策,另外还要积极引导社会资本投入到创新领域,激发社会民众的创新热情。

(三)劳动力供给

1. 改革现有计划生育制度,积极应对人口老龄化问题

我国以往实行的计划生育制度虽然在很大程度上改善了我国的经济环境,但也致使我国劳动力在当下持续不足。因此,我国放开二胎的政策是符合供给侧结构性改革的需求的,因为它可以放开农村剩余劳动力向城镇转移的限制。同时,中央政府还应注意人口老龄化日益严重的问题,通过加快在全社会建立合理的养老保障体系,减轻年轻劳动力的养老负担;积极推动老龄产业发展,运用市场力量推动建立养老保障体系。

2. 大力发展教育事业,不断提高劳动力素质

由于我国劳动力素质的普遍低下已成为我国目前供给不足的重要原因之一,全面提高劳动力素质已成为当务之急。提高劳动力素质的根本在于大力发展教育事业,尤其是农村教育事业的发展。农村劳动力素质的提高减少了其向城镇流动的限制,能够推动新型城镇化建设。在发展教育事业时,不应只注重劳动力文化知识的培养,而应将文化知识培养与职业技术培养结合起来,不断提高劳动力的职业技能,从而适应目前我国经济发展的需要,在社会主义经济体制的大环境下,充分保障广大劳动者的权益,全面提高劳动者的素质。

结 语

本章重点

1. 认识公共经济学的学科品质
2. 理解公共经济学的思维方式
3. 把握公共经济学的未来发展

作为一门以公共经济活动为研究对象的学科，公共经济学在社会主义市场经济建设中担负着特殊的使命。理论和实践中的许多问题，包括公共部门效率、政府和市场如何共同实现资源有效配置等，均需要在公共经济学的框架体系中加以研究和探索。与经济社会和公共部门的发展相伴随，公共经济学的地位和影响也日益受到关注。在这一背景下，作为本书的结束语，我们将从公共经济学的学科价值、思维方式和未来发展三个方面展开讨论，以期对公共经济学加深理解，促进公共经济学学科发展。

第一节 公共经济学的学科品质：超越市场

一、从学科背景看

英国产业革命之后，新兴资产阶级要求摆脱封建残余的制约，认为最好的政府就应该实行最少的干预，主张实施“自由放任”的经济政策。这一时期古典经济学说背景下的财政理论主要研究的是财政收入与支出问题，尤其侧重对财政收入方面中的税收问题的研究。当资本主义经济发展到20世纪初期，在国家的物质财富迅速膨胀、国民的物质生活水平得到提高的同时，其固有的社会和经济矛盾也开始逐渐暴露出来。失业率上升、贫富差距拉大、经济危机爆发等问题日趋严重，破坏和抵消社会经济的发展成果。面对种种新的经济问题，市场调节机制这只“无形之手”开始失灵了。21世纪30年代的资本主义大萧条使经济学发生了重大变革，英国经济学家凯恩斯的宏观经济理论为国家干预经济、稳定经济运行提供了重要依据。美国总统罗斯福的新政使得国家宏观调控这只“有形之手”的作用得以充分地发挥。

在对市场进行调控和驾驭的过程中，政府逐渐显示出了它对经济运行所产生的重要作用,公众也越来越认同政府对社会经济事务的干预,并且期望政府在宏观经济和公共事务领域能够发挥更大的作用。社会生活的变革,总是会伴随着理论领域的创新。在政府调节职能和规制作用逐步扩大、社会成员对政府提供的公共产品的需求日益增长的同时,如何掌控和预测政府经济活动的全部结果、如何评价政府各种经济政策的效果、如何界定公共部门活动的范围以及如何科学地组织这些活动等等,都是传统财政学所无法解决的崭新问题。这样一来,用以解决上述问题的公共经济学便在20世纪中期诞生了。

20世纪50年代末出版的马斯格雷夫的《财政学原理:公共经济研究》一书,首次引入了“公共经济学”的概念。马斯格雷夫在此书的开篇就指出:“有此伟大的经济学家——著名的有李嘉图、魏克塞尔、艾奇沃斯和庇古——研究了税收理论,但很少涉及公共支出理论。……的确,我一直不愿把本书看作是对‘财政’理论的研究。从很大程度上说,问题不是资金问题,是资源利用和收入分配问题,而不是流动性或投资收益问题。因此,最好把本书看作是对‘公共经济’的考察。要是仍然用一般常用的题目,那也只是为了避免读者感到生疏的称谓。围绕着政府的收入—支出过程出现的复杂问题传统上称为‘财政学’。”马斯格雷夫认为,虽然政府的活动牵涉到收入的来源和支出的流向,但它本身并非一个资金问题。从这样的意义上讲,政府收支活动与资源配置、收入分配、充分就业以及价格水平稳定和增长之间关联程度,更胜于它与货币、资本市场之间的关系。所以,在马斯格雷夫看来,公共经济理论的任务更多的是研究公共预算管理中出现的经济政策问题。

二、从学科边界看

要准确地认识公共经济学的研究范围,首先需要对公共部门作出科学的界定。公共部门包括政府部门、各种非政府公共组织(NGO)和非营利机构(NPO),它泛指拥有公共权力,依法管理社会公共事务,以谋求社会公共利益为目的的组织体系以及由政府投资开办,并以国有形式运行的公营企业、学校、医院等组织体系。伴随着经济社会的发展,公共部门也相应地得到了迅速的发展。规模和范围都在日益扩大,而且在公共事务和经济发展中发挥着重要的作用。公共部门介入社会经济活动,需要运用各种经济资源,需要讲求经济效率和进行成本—收益分析。在由公共部门向社会提供各种类型的纯公共产品和准公共产品的过程中,需要确定合理的目标,并依据特定时期的目标。在对社会公共利益进行选择“综合”分配和落实的过程中制定合理的公共政策。公共政策以其所特有的导向功能和调控功能,保障市场经济的持续健康发展,满足社会成员对公共产品和服务的消费偏好,以达到既定的效果。越是发展市场经济,就越是需要强化政府的宏观调控作用,提高公共部门经济活动的效率,并为此制定和执行目标明确切实有效的公共政策。归纳起来说，公共经济学方面的研究领域主要包括三项内容：一是清晰地界定公共部门应该主要从事哪些经济活动以及如何有效地加以组织和实施；二是尽可能地把握和预测公共部门经济活动的各种结果；三是对各种政策的制定和实施情况科学、公正地进行评估。从这个意义上讲，各种类型公共产品的供求、公共部门的经济行为及其效应问题等，均是公共经济学研究体系中的重点内容。

三、从学科任务来看

美国经济学家萨缪尔逊教授有一句名言：市场是没有良心也没有理性的。这句话常常被一些人误解和误读，认为是对市场经济和市场制度的根本否定。其实，了解萨氏思想的人都知道，他的原意应该是，市场既是在人类现有智力水平和发展条件下唯一可用的经济制度，又是难改先天缺失的制度。那么，由谁来弥补市场的先天缺失呢？现实生活的答案只有一个，就是政府。由此，我们也可以进行同理性推论，依赖政府弥补市场的先天缺失，也是在人类现有智力水平和发展条件下唯一可行的选择。如此一来，政府在市场经济活动中的基本功能就非常清楚了——弥补市场缺失的良心和理性。良心的涵义，就是政府应该更能体现社会的公平和公正；理性的涵义，则是政府应当能够更好体现资源配置的效率原则。然而历史证明，政府并不是先天就能够起到弥补市场缺失的良心和理性的。政府要真正起到这样的作用，第一，靠严格的制度约束，这是政治学所要研究解决的问题。第二，靠政府行为理性水平的提高，这就是公共经济学所要研究解决的问题了。

四、从学科目标来看

长期来，许多大专院校设立财政、行政管理等专业，一厢情愿地为政府部门培养人才。然而，用人单位并不领情。个中原因很多，但与毕业生的适应面太窄有很大的关系。公共经济学的兴起，为实现从单纯为某部门培养人才转变到为整个公共部门培养人才开辟了道路。按照公共经济学的逻辑，公共部门的所有活动均须从成本—收益、供给—需求、公平—效率等经济原则出发去审视，这就意味着，所有公务员都应系统地学习公共经济学。令人不解的是许多公务员身处政府部门，却不知公共产品为何物，至于期望他们从公共经济学视角去关心和思考公共部门的活动也就成为奢谈。

举例来说，许多公务员对为什么要设立众多的政府职能部门说不出所以然。如果用公共经济学中的政府规制理论去解释，就很容易使人明白。由于自然垄断及信息不对称现象的存在，微观经济活动需要政府规制，通过规制可以降低人们搜索信息的成本。但是，政府规制又会引起寻租活动，规制成本也是相当可观的。这就是说，规制的范围不是越宽越好，程度也不是越深越好。可见，哪些部门该花钱或多花钱，哪些部门不该花钱或少花钱，总共需花多少钱，成本与收益状况怎样，对这些问题都必须做到心中有数。

第二节 公共经济学的思维方式：着眼公共

所谓思维方式，就是思维主体在实践活动基础上借助于思维形式认识和把握对象本质的某种手段、途径和思路，并以较为固定的、习惯的形式表现出来。

一、研究方法的多重性

任何一门学科，不仅都有其特定的研究领域，而且还应该有其相应的研究手段或研究方法。公共经济学是一门经济科学，要分析公共经济学的研究方法，首先需要掌握经济学研究方法的科学基础。与研究方法具有最紧密联系的三种科学基础是实证主义、规范主义和实用主义，这三种科学价值主张在形成经济思想和从事经济学研究的观念中发挥着主要的作用。实证主义，包括逻辑实证主义起源于自然科学，它强调实证的知识，以它为基础的经济研究注重客观性的重要性，即要提供可验证的证据以支持一个描述性的结论，并且要在可能的情况下更多地使用计量和数量表示。规范主义认为，关于条件、状况、事物和行为的好与坏的知识对于产生规则性知识是有效的，甚至是必要的。因此，在有关效率、福利等价值问题的经济研究中，规范主义更具重要性。实用主义强调如何更好地解决眼前的问题，它正在对经济研究产生日益增长的影响，使经济学家把更多的注意力放在解决问题上，各种决策的制定都在某种程度上体现着实用主义。

实际上，这三种科学基础在经济研究方法中是不应该被分割开来的。没有一种科学基础居于支配地位，三种基础都是有用的，并且可以相互融合，只是在研究不同类型的经济问题时，对实证主义、规范主义和实用主义这三种科学基础的应用上会有所侧重。因此，在公共经济学的研究方法当中，我们应该从这三种科学基础中汲取营养，依据要分析的不同问题而有重点地选择。例如，在进行公共经济学的基本理论研究、基本描述性研究时，以实证主义和规范主义这两种科学基础为主；而在公共政策研究时，可以更多地强调实用主义，但同时也不能忽略另外两个科学基础。

我们知道，实证分析主要研究经济活动的内在规律，寻找经济变量之间的关系；规范分析则强调价值判断，对经济现象按某一目的或方向进行论证和说明。实证分析和规范分析并不是对立的，而是一个问题的两个方面。规范分析为实证分析提供指导，实证分析又为规范分析的价值偏好提供了基础。公共经济学的研究恰恰需要实证分析和规范分析的有机结合。公共经济学将理性“经济人”的假设前提引入到公共资源配置领域之中，将公共部门模拟成市场经济中追逐效益最大化的利益主体，运用实证分析手段研究公共部门的活动领域和公共收入与支出的经济影响，揭示公共经济学中的基本原理；运用规范分析手段处理效率与公平之间的关系，评价可供选择的各种制度和政策的效果。

成本—收益分析法和公共支出绩效评价方法，应该是公共经济学中所运用的特有的分析手段和方法。用“成本—收益”方法来分析研究经济活动的效果，在微观经济领域使用比较多，在公共经济迅速发展的今天，公共部门对经济活动的介入，同样需要有效率地使用资源，因此也要运用成本—收益分析的方法来研究一项经济政策对社会产生的收益和社会为此而付出的代价。运用“成本—收益”方法来考察公共部门管理经济的活动，对公共部门管理经济所费成本和所得收益进行界定，从而科学地评价公共部门参与经济活动的合理性，并以此来确立政府管理经济的“度”，进而寻求最优的经济管理体制，促进经济的进一步发展。与成本—收益问题不同，公共支出绩效是指公共支出活动所取得的实际效果，它所反映的是政府为满足公共需要而进行的资源配置活动与相应的社会实际效果之间的对比关系，着重研究公共部门配置资源的合理性和有效性。公共支出绩效评价，是指按照统一的既定标准，对公共支出的行为过程及其效果进行的综合评价。公共支出绩效评价方法既要对公共支出情况进行评估和监控，又要考评公共部门职能的实现程度，强调公共支出管理中目标与结果之间的关系，从而形成一种面向结果和绩效的全新的评价体系和方法。

此外，诸如局部均衡分析与一般均衡分析方法、博弈论方法等，也可以在公共经济学的研究中发挥应有的作用。局部均衡分析是在许多经济变量中假定其他变量不变的条件下分析两个变量之间的关系。其中，一般均衡分析是以一组公设开始，研究体系中的所有变化相互作用的关系。这两种方法实际上是定量分析的方法，是对经济行为规律深入认识的表现。局部均衡分析常作为一种有用的手段对问题作初步的分析，而一般均衡分析无疑是最适合分析政策全部影响的分析框架。就博弈论而言，它的研究方法一般分析特定应用，通过提供一套研究利益冲突与吻合的方法，将特定经济问题纳入博弈理论要素以转化为待研究的博弈局势，而后加以分析解决。博弈论更加突出理性人假定，以个人理性为基础，均衡概念越精炼，理性的要求也就越强。博弈论对个人理性和集体理性的矛盾进行研究，探讨在决策个体内在个人理性基础上如何达到集体理性。它强调的是设计一种激励相容的机制，这种机制对个体理性具有自我实现的机能，即在这种机制中，个人理性自我实现并自发地达到集体理性。作为一门方法论科学，博弈论还提供了分析和解决经济问题的独特和新颖的具有战略思维的思想方法。公共经济学作为研究公共部门经济行为及其效应的学科，也包含对个人理性与集体理性的矛盾与相容的研究，因此，在公共经济学的分析方法中采用博弈论的方法将为研究各种经济现象开辟出全新的视野。

二、学科发展的交叉性

与其他相关学科进行交叉研究，从世界范围看公共经济学科的发展存在两个明显的趋势：一是学科研究对象在内涵上不断扩展，二是学科构筑基础不断拓宽。因此，构建理论框架要立足目前的实际情况，就必须结合有关学科进行交叉研究。现仅以如下三个学科的关系来说明。

（一）公共经济学与财政学的关系

公共经济学是对财政学的继承，公共部门的经济行为要依赖于国家财政的支持。因此，它与财政学有着最为直接的血缘关系。公共经济学又是对财政学的发展，在其研究领域、研究方法上都有一定的创新与拓展。公共经济学的研究领域比财政学要宽。财政学研究的主要是政府部门的收支行为，公共经济学研究的是公共部门的经济行为及其对经济的影响。

（二）公共经济学与公共管理的关系

公共管理学是从管理科学的角度研究公共领域管理的一般特点、规律、原则、方法和手段问题的学科，20 世纪 80 年代前后，公共管理在强调公共性的时候，往往会涉及公共利益、公共产品、公共服务、公共秩序、公共监督、公共道德等一系列问题，当然公共管理还涉及效率与公平问题，其目的是促进社会公共利益最大化的实现。公共经济学在研究公共部门经济行为的过程中，必然涉及公共经济部门中与效率、公平等问题有关的内容，公共管理科学理论成果的应用对公共经济学研究方法的创新。公共经济运行效率的提高具有积极的意义，而公共经济运行的一般特点、规律研究又必然会为我们认识和改进公共部门的管理提供科学的理论指导。

（三）公共经济学与公共政策的关系

政策科学的研究对象是政策实践、政策系统及其运行。它以行动取向，体现着理论与实践的有机统一。其目的和功能是提供政策咨询和指导，为现实政策实践服务。政策科学以其一系列独特、新颖的范式以及它对公共决策的科学化、民主化和对社会经济发展的巨大促进作用而备受关注。公共政策的研究同时也是公共经济学的一个重要组成部分。公共经济学为公共政策的制定提供理论基础。依据其效率、公平、增长、稳定的政策目标来衡量公共政策的决策环境、决策过程、政策执行以及政策的效果。从而提高公共政策的质量，做到决策的科学化，同时，政策科学的不断发展也充实和丰富着公共经济学，使得公共经济学的研究可以在市场机制发挥作用与政府的干预之间找到最佳的结合点。

第三节 公共经济学的未来发展:前途无限

一、公共经济学在中国的兴起

(一)适应经济环境变化的需要

经济学流派的兴起,新兴经济学分支学科的诞生,总是经济环境变化的产物。经济时代和经济环境的深刻变化,诱使经济学家们从过去单纯研究政府收支本身,转变到从更广泛、更深层的角度研究公共部门的经济活动。在国外,随着凯恩斯主义的逐渐兴盛,政府广泛地干预经济,公共部门的活动范围逐渐扩大。经济时代和经济环境的深刻变化,诱使经济学家们从过去单纯研究政府收支本身,转变到从更广泛、更深层的角度研究公共部门的经济活动。在国内,随着市场经济体制的逐步建立和完善,公共部门的体系要重建,职能要转变,行为方式要调整,效果评判标准也要发生变化。这样,客观上要求有一整套较为系统的理论,对公共部门的经济活动进行分析。

(二)适应财政学理论创新的需要

一些西方经济学家之所以主张以公共经济学取代财政学,原因之一是"财政学"这个名词不能概括公共经济活动,容易使人误解。正如马斯格雷夫所说,"财政这一名词,传统地应用于包含税收和支出措施的那套政策问题,这不是一个好名词,因为根本问题不是资金方面的,而是涉及资源配置、收入分配和就业水平的。"中国创立于20世纪五六十年代的财政学,以收、支、平、管为基本框架,具有明显的"就财政论财政"色彩。虽说20世纪90年代以来出版的财政学教材已开始摈弃这种体系,但在许多人心目中,仍认为财政学仅仅是研究政府收支的学问。财政学教学领域的专家学者,对理论创新有着强烈的冲动。在本土化的公共经济学一时还难以创立的背景下,引进欧美的公共经济学或据此进行改写,就不失为一条较为现实的途径。

(三)适应经济学方法创新的需要

盎格鲁—萨克森传统的财政学基本上沿用演绎和归纳的研究方法,斯堪的纳维亚传统的财政学把"边际革命"所产生的经济理论及分析方法引入到财政研究中,这种方法的创新推动了学科的发展。以后,以布坎南为代表的学者,基于对"经济人"假设的坚持,帮助人们打破慈善政治家、慈善官僚政府的幻觉,对隐含在支出和税收背后的政治因素进行了深刻的分析。公共选择理论的兴起大大拓展了财政学的视野,彻底改变了财政学"就财政论财政"的窠臼,开创了"就政治论财政"的全新局面。另外,自20世纪50年代以来,大量数学工具的运用又使公共产品、公共选择、最优税收等理论都得到严格的证明。

二、中国公共经济学发展的特点

（一）以公共产品的供求及其经济效应为主线构建框架体系

尽管各种版本的公共经济学教材和专著，在框架体系上各有千秋，但基本上是围绕公共产品这一核心概念展开讨论的。因为人们认识到公共需要、公共部门、公共支出、政府税收、公共预算、公共债务、政府分权、公共企业、公共定价等都与公共产品紧密相关。也即，人类欲望的满足需要公共产品，而公共产品的特点决定它只能由公共部门提供，公共支出是公共部门提供公共产品的成本，政府税收和公共债务是成本的补偿机制，公共预算是公共部门配置效率的制度保证，不同层次的公共产品供给要求实行政府分权，某些公共产品要由公共企业直接生产，有些具有公共产品性质的产品必须实行公共定价。

（二）以西方学者的公共经济理论成果为主要构件来源

公共经济学虽然只有几十年时间，但作为其前身的财政学却有200多年的历史，即使从斯堪的纳维亚的财政学算起，也有一个多世纪的发展史。经过几代人的探索和研究，已经产生了不少研究成果。对于西方学者的研究成果要批判地吸收，我国经济学界大体上已对此形成共识。然而，究竟什么层次上的成分更值得我们借鉴，这一点尚存在不同的看法。一种比较流行的观点是，西方学者的研究成果中，总的理论体系是非科学的，只有那些具体的做法和经验值得我们借鉴。其实，从建构和发展公共经济学的角度来说，西方学者的研究成果中，恰恰是那些比较抽象的、理论性较强的内容，对我们更有参考价值。这是因为市场经济体制是我国经济改革的目标模式，尽管我国要实行的是社会主义市场经济，但是理论和实践都证明，只要存在市场机制，就必然有缺陷，并不因为有“社会主义”的限定就不存在市场缺陷，社会主义市场经济同样不可能同时具备完全竞争市场所必不可少的几个条件。公共部门从事经济活动的目的仍然是为了弥补市场缺陷，公共经济活动同样要受一定政治制度的约束。倒是那些关于公共经济具体制度设计和运作的对策建议，恰恰没有多大的参考价值，毕竟每个国家都有自己的国情。举例来说，公共产品的非竞争性和非排他性决定，通过征税方式来补偿其供给成本是最理想的途径。这是带有规律性的结论，市场经济的国家都是如此，我国概莫能外。然而，具体税收制度的设计必须从特定时期的国情出发，照搬发达国家的某个税种，必然难以奏效。

三、中国公共经济学应重点研究问题

公共经济学是理论和实践结合较强的一门学科。实现公共经济理论的中国化，必须围绕社会主义国家、市场经济、经济转型时期这三大特征，注重研究中国的实际问题，研究影响改革和发展的主要问题。对于这些主要问题的研究，构成了中国公共经济学未来发展的基本框架。

（一）政府与市场的边界和效率问题

我国正处于经济转型时期，转型的过程是长期的，不断变动的。政府与市场的关系，也不是一成不变的，而是随着时代的发展和经济环境的变化不断作以调整。公共经济学必须适应并促进这一调整。政府与市场作用的范围和领域应有一个有效的边界，一旦超出范围，政府干预和市场机制都会带来低效率。"政府的失败既可能是由于它们做得太少，也可能是它们做得太多。"政府作用有效发挥，依赖于政府活动领域、政府规模和职能。应根据我国转型期的任务，合理确定政府活动领域和适度规模。政府规模的确定应该与我国的政治体制、经济体制、经济发展阶段、人口数量和质量、文化传统、自然资源等基本国情相适应。正确处理中央政府与地方政府的关系，做好二者事权和财权的划分。同时，还要注重研究政府的公共代理行为、政府本身的激励机制、X—无效率、权力寻租等问题，提高政府的运作效率。

（二）基本经济制度与公共产品供给问题

借鉴西方公共产品和公共选择理论，建立与我国社会主义基本经济政治制度相应的公共产品需求表达机制和决策机制，合理确定公共产品的供给范围、供给规模和供给方式，并合理划分政府间公共产品的供给职能和范围，提高供给效率，特别是针对当前农村公共产品严重缺乏现象，加强对农村公共产品的供给问题的研究。

（三）最优税收理论与税制改革和设计

对我国税制改革的效果进行全面分析和评价。从我国现实情况出发，借鉴西方公共经济学的分析方法，研究直接税与间接税的合理搭配问题，寻找一组特定效率和公平基础上的最适商品税，实现扭曲效应或超额负担最小。对于所得税，确定最适累进（或累退）程度，以便既实现公平又兼顾效率。研究逃避税和税收征管因素对税制设计的影响。在此基础上，对我国未来税制改革进行科学、合理设计。

（四）住房的公共产品性质问题

房子是用来住的，不是用来炒的。这个判断本身就表明住房不能完全由市场来解决，住房存在一定的正外部效应，在国际上欧美、日本、香港地区的实际住房政策说明了住房是准公共产品。至少可以说明我国的住房一方面是特殊的商品，因为住房可以用来交换和使用；另一方面又是准公共产品，因为我国土地是公有制土地，土地的公有制度决定了我国住房的公共产品性质，即使我国没有加入《经济、社会、文化权利国际公约》，我国住房也是准公共产品。相对稳定的居住是人类历史的进步，不仅如此，住房还是社会安定的稳定器。因此，政府对保障住房有自己的权利与不可推卸的责任。

（五）社会保障、教育、卫生、社会环境问题

分析我国现行社会保障制度，社会保障养老金、失业保险金、劳工补偿费以及对老年人、低收入人群的医疗保健和医疗补助等，所有这些都需要从理论上和经验上进行研究，并成为重点研究的领域。教育、卫生、社会环境事关我国经济社会的发展和人们生活质量的提高，因此，也应成为公共经济学的重点研究的领域。

（六）中国的财政分权问题

分析、评价 1994 年分税制财政体制效果，结合我国经济、社会形势的发展、变化，对财政分权作以新的安排，从制度上规范中央与地方的关系。财政分权的调整核心在于科学的界定政府间的事权和支出范围，在此基础上，合理确定各级政府的财权，使地方财政真正成为一级独立的财政。目前，中国财政分权问题主要表现为：① 财权和事权划分不对称，各级政府存在严重的机会主义倾向；② 转移支付不足，地区间财政不平衡程度过高；③ 县乡财政陷入困境，公共产品提供严重不足。这些问题亟待理论上研究，促进国家在财税体制上的深化改革。

（七）公共经济政策的分析和评价

研究公共经济政策的目标、工具、传导机制和政策效应，并对政策的具体实施情况进行分析和评价。评价手段和工具不能只局限于福利经济学提供的手段和工具，而要探求适合社会主义制度和我国现实的评价体系，并充分利用数理经济学和计量经济学的分析技术进行定性分析与定量分析，使分析的结果更加准确。

（八）我国的区域公共产品供给问题

区域公共产品是区域公共管理的核心问题。当前，区域公共产品供给与区域经济社会发展还不适应，其中一个重要原因是区域公共产品的提供上存在制度供给缺陷。研究解决区域公共产品的制度供给问题，对于提高区域公共问题管理水平，保障区域经济社会的协调、稳定发展具有重要作用。

（九）我国供给侧结构性改革研究

普遍的供给约束、供给抑制和供给结构老化是中国经济当前的主要矛盾，抓住了这个主要矛盾，就可以解决中国经济增长的新动力，开启中国经济增长的新周期。加强供给侧结构性改革，要求我们继续降低融资成本，加大减税力度，取消更多行政管制，放松供给约束。同时，解除对人口和劳动力、土地和资源、资本和金融、技术和创新、制度和管理等五大财富源泉的供给抑制，提高供给效率，降低供给成本，并依靠"大众创业、万众创新"刺激新供给、创造新需求。

（十）国际公共产品供给问题研究

随着全球环境问题、恐怖主义等问题的出现，国际公共产品的供给问题成为

各个国家关注的重点，各国对国际公共产品供应的要求也越来越高。人们渴望在享受全球化带来的好处的同时尽量避免遭受它的负面效应的影响，但是解决和管理这些问题的机构和机制都远远还没有建立起来，并且解决的成本也越来越高。